経済予測と因果解析

AIC（赤池情報量規準）が示す
世界経済のこれから

田中直毅
佐藤整尚

日本評論社

はじめに

経済予測の分野に田中が足を踏み入れたのは１９７１年だった。足元までのデータを使って将来像を描き出す作業だと認識したうえで、読み筋のようなものを浮上させたい、という願望がまず生じた。日本経済は１９６７年までは20億ドル程度の外貨準備高を駆使して成長率最大化を目指す、というゲームとして記述された。しかしこの年の外貨準備危機を最後に、日本の外貨準備高は次第に厚みを増し、外貨準備減をきっかけとした政策的引き締めの開始を基点とする景気循環は終わりを告げた。外からの制約による成長の抑制というモメンタムが消失すると、残るのは「最適な成長経路とは、またその実現手段とは」などの問いの体系となった。

これへの回答は険しいものだった。そこで、世界各国の経済のサーベイと、各国経済の繋がりの描出から入った。*The Economist* や *International Herald Tribune* にはお世話になった。金ドル本位制からの離脱や1ドル＝360円という固定レートの消失は、日本経済を世界のなかに意図的に位置付け直す作業を不可避とした。世界の各国で浮上する経済変動要因に見極めをつける作業が、まず求められた。

外貨準備高が制約要因のときの日本経済の循環モデルは、単純なものだった。金融引き締めによって在庫投資、そして設備投資が抑制されると貿易収支が改善し、かつ物価の沈静も同時に観察されるので、金融引き締め策は終焉する。外貨準備の厚みも回復し、設備投資もまた回復する。当時は金融引き締めの終了の折には、「本日はお日柄もよく慶事の御披露目となった次第です」という政策転換を茶化す表現が、エコノミストの仲間内で用いられていた。

1970年代に入ると、変動相場制の下での金融政策展開の基本が論じられなければならず、伝統的な財政支出増という政策が割り当てられた場合に、自国通貨高に帰結しないかどうかの見極めも必要になった。しかしこうした因果解析に、経済政策の実施主体も、また経済展望の担い手も極めて不器用だった。財政赤字の累積残高は積み上がるが、景気の改善の方は尻抜けという状況が続いた。そして1980年代を迎えるときには、持続するドル高の下で米国市場の開放が実現し、日本を含む東アジアの各地の経済は一挙に変貌の時期を迎えた。

これがきっかけで、赤池弘次先生から多変量自己回帰（MAR）モデルによる予測経路の導出についての御教示を受け、その後は北川源四郎氏や佐藤整尚氏との縁も深いものになった。そして、次のような認識上の道筋が浮上した。探索から利用に至るまでの過程で最も意味ある認識と行為は、いったん示した予測値とその後の実現値との乖離（誤差）こそが情報量そのものというべきであり、この誤差を詰めていく過程が探索に他ならないというものであった。この探索にあたっては、尤度（当てはまりの良さ）の改善を期すのは当然だが、採用する変数やその次数を制限するところが肝である。こうしたモデルの再選択過程を導き出すのが赤池情報量規準（ＡＩＣ）である。探索によって情報量は使いこなされたと判断されれば、その後はモデルの利用過程に入る。

田中と佐藤は30年近くも、日本経済の転機のたびにＡＩＣに則って予測経路の導出を試みてきた。探索から利用に至るモデルの（再）選択こそが、赤池先生の教えの肝だと了解してきた。こうした作業過程は、因果解析への手引きでもあった。そして２０２０年以降のグローバル経済の推移のなかで、帰納推論の展開を、ＡＩＣに依存しつつ、読者諸賢に具体的に示したいと思う局面が到来した。吉田素規さんはわれわれの意志を了とされ、編集の労をとってくださった。ありがたいことである。

２０２４年９月　執筆者を代表して

田中直毅

目　次

目次

序章　本書の全体像

本書の出版にあたって、数年来の共同研究の場での若い同僚から、本書で読者に伝えたいことは何なのか、との質問があった。その一問一答を提示して、本書の全体像をまず伝えたい。

質問1　本書が出版される今日の経済状況の特徴は何か。

グローバルエコノミーに3つの大きな変化が到来した。第1は、金融政策における量的・質的金融緩和（QQE）から量的引き締め（QT）への四半世期ぶりの変化を受けて、金融資産価格の変化に伴う調整や新対応が不可避となったことだ。経済・経営を取り巻く環境の急変があったにもかかわらず、過去10年や15年のデータの集積からだけでは、予測や制御にかかわる伝統的な手法を駆使しても、経済や経営の運営にあたって有効とはいえない状況が生まれた。金融機関の多くではバランスシートの調整を迫られることになり、ベンチャービジネスにとって資金調達は容易でない。また2020年からのCOVID-19という新型感染症の世界的な被害拡大のなかで、各中央銀行のバランスシートの不比例的な巨大化が進行した。そういう意味では経済政策展開の骨格を予測することも難しい状況だ。「物価上昇と賃金上昇の好循環」は観察されるのか、という視角だけが強調されている日本の現状は、どう考えても褒められたものではない。QQEを可能ならしめたものが何だったのか、そして、そうした状況に変化をもたらした転機は何だったのか、さらに、金利の付く世界における展開軸は何なのかを論ずる枠組みが必要なはずだ。

第2は、グローバルエコノミーの骨格の急変だ。decouplingやderiskingと呼ばれる枠組みの変容が到来したといってよい。2022年2月のロシアによるウクライナへの侵攻、中国による武断的な内外への対応が生ずると、「責任あるステークホルダー」とみなしにくい専制体制をとる軍事大国に対して、民主主義国家群はどう対応するのか、というテーマが一挙に浮上したといえよう。deriskingを掲げることは単なる供給網の組み直しによる「コスト高の受認」にとどまらない影響をグローバルエコノミーに与えるであろう。

第3は、中国経済の中期的停滞が避けられないことに伴う問題群の発生である。たとえば鉄鉱業やアルミ精錬業の分野では、中国の生産量は世界の半分以上を占める。こうした生産能力が余剰化するなかで、鉄鉱石、アルミ、銅などの価格は下押しを続けるだろう。また、中国市場の急成長に投機するように増産にかかわる複合的投資を図ってきた経済主体は、企業群、国家経済単位においても調整局面を迎えざるをえない。たとえばドイツは対中国市場向けの対応を、2010年代において国内でも、また対中直接投資においても積極化させた。しかしこれがドイツ経済の中期停滞の一要因となった。今後はより広範な影響がグローバルエコノミー全体に及ぶであろう。予測と制御の視点からは、中国経済の中期的調整にかかわる見極めの重要性は飛躍的な高まりを見せよう。

質問2　では、ひとつずつ聞く。米国でのQTへの変化は2022年3月からだった。しかし日本ではイールドカーブコントロール（YCC）で国債価格の下落（長期金利の上昇）も起きたといえるほどではない。四半世紀ぶりの金利上昇といっても、ピンとこない読者が多いのでは。

日本の金融機関も年金基金も、外債投資にはそれなりに積極的だった。このため外債価格の下落により、減損に追い込まれたところも少なくない。銀行ならば融資増に慎重にならざるをえないところも出る。2023年春先のシリコンバレーバンクの破綻例のようなケースはないが、日本の金融機関にもバランスシート上の変化は及ぶ。また、年金基金のバランスシートへの影響を通じて、年金受給者、ひいては年金拠出者も金利高への移行という状況から影響を受ける。

質問3　では、どのような分析手法をとるのか。

本書を通じて多変量自己回帰（MAR）モデルによる因果解析の手法を駆使する。従来のモデリングでは、まず現実経済における経済変数の相互間の関係性を抽出することに注力したものだ。そしてここから操作性を手にすべく、関係式への介入として財政支出増やマネーストックの拡大などを対置させる。しかしこうした構造方程式によるモデルビルディングとそれへの介入からは、有益な予測結果を手にすることは難しい。多方面に影響を及ぼす交絡因子の問題がまずある。また雑音（ノイズ）を排除することも簡単ではない。MARモデルでは、予測したい変数にかかわってトレンドを排除した周波数領域において、個別変数群の相対寄与度を見ることができる。また、実際の経済過程において大きな変動が生じたときこそがポイントだ。反事実を措定して、もしそうでなかったとすれば、すなわち、従来の構図が持続していたならば、という条件の下での予測経路の提示を図る。そうすれば、その後の実際の実現値と反事実のズレの観察が可能となる。

このズレ（誤差）を新しい情報量として生かすことを考えるわけだ。過去に観察された事実からつくられたＭＡＲモデルがはじき出す予測値は、現実に生じつつある条件変化がなかったならば生起したはずのもの、とみなすことができる。しかし、実際にはこの予測値は、起きた条件変化のなかで実際に生み出された実現値との誤差をはじき出すものという因果解析上の位置付けを受ける。そしてここから、赤池情報量規準（ＡＩＣ）を通じたモデル選択が、実現値に対する当てはまりの良さの改善を求めて繰り返される。尤度（当てはまりの良さ）がモデル選択にとって重要なことは明らかだが、取り巻く経済・経営環境が激変するときには、変化が乏しかったときのデータは極力無視して、変化を生み出した変数とそれに関連する変数への絞り込み、そして次数（ディメンジョン）は状況の大変化後のみに限定という規準が浮上する。ＡＩＣはこの規準を提示してくれる。工学分野における制御領域で確立したＡＩＣの手法は、経済や経営の分野にはなじまないと受け止められてきた。しかし、予測というわかりやすい目的との関連で、ＡＩＣ適用の適否が判定できるのではないか。

質問4　激変する外部環境の下、従来は説明力があったモデルの現実妥当性が怪しくなる。これは誰もが経験する。本書ではＡＩＣを駆使して新しいモデルをつくるというわけか。

モデル選択を通じて新現実に迫る努力を行うという意味では、ＡＩＣが駆使されることは間違いない。しかし、大きな転機の到来は、新しい検証命題が次々に浮上する状況でもある。検証命題の発見そのものが望まれている状況ともいえるだろう。新しい検証命題群を発見するためのロードマップが求められているといってよい。まず、状況急変を追いかけるためには、新しい視点からのデータ群の収集と、その関連付け（アソシエーション）が不可欠だ。情報量規準の駆使は、データ群についての新しい意味付けを行ううえで当然のことだが、新しい検証命題を発見するという意図の下に、モデル選択の繰り返しがなされることを想定している。検証命題発見のためのロードマップの提示を目指しているといってよい。

伝統的なモデル構築においては、内生変数と外生変数とを仕分けた。相互関係の把握を経済変数間でとり行うという目的に照らして、内生変数群が選びとられる。そして、こうした関係性が抽出される外側に、外生変数が所与のものとして対置される。こうした手続きを原理的に排除する必要はない。ただし、外生変数として扱ってきたデータが、内生変数に明瞭に影響を与えると受け止めざるをえない状況が発生すれば、話は出発点にまで戻り、ＭＡＲモデルの出番となる。

質問5　グローバルエコノミーを取り巻く国際政治の枠組みにも大きな変化が到来した。企業統治の枠組みについての議論の新展開もあり、新しい経済哲学についての挑戦も同時に開始されている。新しい検証命題の発見を謳うのだから、哲学的な考察にも至ると考えてよいか。

新しい検証命題群の発見こそが求められているといえる。そして数個の検証命題の提示と、この命題定立に必要なデータ群の意味付けを目指す。経済哲学への寄与はその先であり、まずは各経済主体の行動の新たな意味付けに踏み出したいというのが本書の目的だ。

質問6　状況急変のなかで、まず企業群に襲いかかる変貌する入力の見極めが第一となるのではないか。産業データと異なり企業データの利用は難しいのではないか。

上場企業は四半期ごとに基礎データを公表している。まずここから分析を開始する。しかし、1年間を4区分で表示するだけでは、因果関係について推論の到達できる範囲は限られたものだ。企業の内部では月次データや週次データも駆使して新しい現実に接近しようとしている。民間企業との間で守秘義務契約を締結して、新しい検証命題の発見の緒としたいものだ。もし新検証命題群の浮上が予想されるようになれば、ある種の情報共同体結成への道筋が浮上するかもしれない。本書がその呼びかけの第一声となれば、と思っている。

質問7　物価と賃金の好循環の確認がまず先、という日本経済を巡る一般的な総括はどうか。

物価上昇によって消費者の実質所得が損なわれ、かつ企業にとっての投入価格の上昇により企業利益に悪影響が及ぶことは当然考えねばならない。したがって、いわゆる好循環を巡るデータ群の収集とともに、悪影響がさらに経済活動を損なうというループにかかわるデータ群にも注意を払うべきだろう。こうした急速な条件変化が生ずると、これまで比較的安定的だった時期に行われた予測経路の束は、あやふやなものになるといわねばならない。ＭＡＲモデルを通じて必要なデータ群に迫るのが第一歩でなければならない。

質問8　これまでの公表データだけでは不十分ということか。業種を超えた企業群の観察が求められるということか。

２０２３年10～12月期においても、すでに過剰在庫が目立つ業界や企業群も存在した。「沖つ白波」となれば、浪はやがて足元に及ぶだろう。海底の張り出したところで白波が立ち、思惑外れの在庫増が生じたところで在庫減らしの値下げ行動が生ずる。データ群という点では、大企業だけでなく中小企業も、また構造不況業種とされるところも、不可欠なものだ。出版後はこうした新データ群の収集と分析にも踏み込みたい。

質問9　deriskingによるサプライチェーンへの影響についてだが、本書ではどう取り扱うのか。

同盟国内に調達のネットワークを限定するという類いの努力目標は、まだ掲げられたばかりだ。しかし、専制主義国家との過度の密着がリスクを意味する点については、すでに分析も可能だ。

本書ではP&Gとユニリーバを対比して、このテーマへの一次的接近を行った。この2社は家庭用消費財のメーカーとして世界的に並び立ち、100カ国を優に超える国々に市場を広げている。P&Gはオハイオ州シンシナティに本社があり、米国市場において圧倒的な売上比率となっている。ユニリーバは典型的なアングロダッチカンパニーで、欧州市場の比重が大きい。消費財カンパニーであるため、半導体企業や機械機器製造業者と異なり、サプライチェーン構築におけるフレンドショアリング（同盟国内における供給網の支え合い）の要請とは縁遠いが、市場という面からは、消費財供給企業としても明瞭なアプローチが個々の市場に対して求められる。P&Gは、たとえば中国の市場の伸び率が期待外れとなれば、米国市場を深掘りする努力ができるし、結果としても昨今では北米市場の比率を再度上げてきた。これに対してユニリーバは、もともと欧州の比重が高く、ロシア、ウクライナ、ベラルーシも市場として重要視してきた。しかし専制主義国家という位置付けがこれらの諸国に対してなされるようになっても、簡単な切り離しはできないため、売上や収益面で足を引っぱられるようになった。そして、米国における売上比重を高めることも容易ではない。

このことは売上予測を行ってみるとより明らかになる。P&Gの場合は中国市場のうねりが消えても大きな落ち込みとはならないが、ユニリーバはロシア市場からの撤収にも結果的に手間取り、欧州市場の悪影響から脱却することは容易ではない。予測経路を提示してみると、状況の改善に手間取るだろうと思料される。これではサプライチェーンにかかわるフレンドショアリングの影響力についての直接の回答にはならないが、消費財についての市場開拓努力も調達先の多角化と同様、簡単に右から左へ、というわけにはいかないことがわかる。しかし、フレンドショアリングは歴史的には間違いなくひとつの分岐点となろう。

質問10　中国の経済停滞とその影響についてはどう見ればよいのか。

われわれは2011年からCIPPS中国指数を弾き出してきた。60余りの対中進出邦人企業の売上拠点の業況や売上について質問を続け、これを指数化してきた。同じ手法でCIPPSブラジル指数も発表してきた。

2014年から2015年にかけて、CIPPS中国指数は調整の姿を明らかにした。中国人民元危機は2015年の夏だった。CIPPS中国指数は2014年から予測経路が下方に転じ、その後のCIPPS中国指数はこれを追った。これはただ単に過去の一コマだが、P&Gの売上も、またその予測経路も、CIPPS中国指数と同じパターンをとったのだ。P&Gの総売上に及ぼす中国での売上寄与度は上昇を続けていた。しかし、中国経済の変調を、P&Gの経営陣は2015

年の時点では明瞭に把握していたようだ。それが証拠にその後北米への営業注力が続き、米国の相対的市場規模を再び50％に戻すことになったからだ。そして中国経済の再度の調整は、ＣＩＰＰＳ中国指数では２０２１年２月から始まったが、Ｐ＆Ｇはこれを冷静に受け止めているかのごとくである。

Ｐ＆Ｇが２０１５年に中国市場をGreater China に含めて対外公表基準としたことからもわかるように、一般投資家の中国だけへの注目を回避する意図があったのかもしれない。トランプ政権の下、２０１８年からは中国に対する最高25％の輸入関税の賦課となったが、中国市場についての冷静な評価は、人民元危機が生じた２０１５年から始まっていたといえよう。

質問11　ＡＩＣによるモデル選択は、因果解析においてどの程度の効果を持つのか。

因果解析を進めるうえで、ランダム化実験は大きな役割を果たしてきた。新薬の承認プロセスがその典型である。しかし、経済や経営においては、ランダム化実験の適用余地は限られる。

本書で扱うのは、経済・経営システムに外部から大きな衝撃が加わったとき、予測や制御という実務の世界において何に依存すればよいのか、というテーマに関することである。もしそうでなかったとすれば、という反事実（ということは、従来どおりの外部環境の持続）を想定すれば、予測モデルはそのまま稼働させることになる。当然のことながら、予測経路がはじき出される。しかし実際には、外部からの衝撃により、実現値は予測経路から外れたものになる。この誤差を情報量として生かそうと考えたのが赤池弘次先生だった。新状況の下で尤度の高い（当てはまりの良い）モデルを探し出そうとする努力が始まる。そのときには、過去において重い意味を持っていた変数や遡った次数は捨象するという規準が重要だと、赤池先生は思い定められた。採用する変数や次数が増えれば、ノイズもまた同時に拾う以上、異なる過去の状況をそれなりに説明していたパラメータを思い切って落とすことが重要になる。この情報量規準に沿ってひたすら新現実を追いかけるモデルをつくることになる。こうしたモデル選択によって予測経路のはじき出しを行い、その後の実現値がこれをなぞるように振る舞うことを期するのである。

質問12　モデリングでは確率変数が並ぶが、国境を超えての浸透なども拾えるのか。

構造方程式を並べる場合は、変数の採用に飛躍があるのは好ましくないだろう。しかし、いまや情報ネットワークはグローバルに形成されていることから、領域を限定したところでの反応関係だけを拾う必要はない。また、変数群に影響を与える、モデルに登場しない交絡因子の存在は当然のことだが、個別変数として片っ端から拾い上げられるわけではない。しかし、取り上げた変数群の持つトレンドやノイズを排除したうえで、周波数領域における変数群の持つ相対的なパワー寄与率を抽出するなかで、因果解析の手掛かりを見出すことは可能だ。

われわれは21世紀に入った頃の小泉純一郎政権当時、すなわち、Y2K問題（2000年問題）が消えた段階においての米国における非製造業分野での情報投資の拡大が、日本の製造業の活動水準に大きな影響を与えることをMARモデルで明らかにした。韓国や台湾の半導体製品が米国に流れ込んだが、その頃の日本は半導体では近隣アジア諸国に劣後し始めていた。その一方で、半導体製造装置のアジア向け輸出は一挙に活発化した。日本から米国へは乗用車輸出が目立つものだったが、ここでの交絡因子である近隣アジア諸国の生産活動に関する変数を採用できなくても、米国の生産活動が日本の機械受注に大いに寄与する局面にかかわって、交絡因子の存在を想定しうるといえよう。

今後の分析となれば、生成ＡＩに関連する国境を越えた伝播的活動を、いかなるＭＡＲモデルで拾うことができるのか、などが注目されよう。企業内部の経営データの重要性は飛躍的な高まりを見せているのだ。すべてを説明し尽くそうとする連立構造方程式にこだわる必要はない。

質問13　P&Gやユニリーバについては四半期データに依存した分析のようだが、月次データや週次データの重要性についてどう考えるのか。

企業の公表データは四半期ごとに発表される。株主への報告ならばこれで十分だろう。しかし経営分析となれば、企業が持ちえているデータをすべて活用するのは当然だろう。売上や利益の変曲点の把握となれば、月次データは不可欠だ。もし週次データが部分的にでも閲覧できれば、新しい検証命題も浮上しよう。経営対応の迅速化が可能となり、利益の拡大や損失の抑制に大きく寄与する。そういう意味では特定企業との間に守秘義務契約の締結を前提として、部分的なものでも週次ベースのデータを取り扱ってみたいものだ。

質問14　もし両手を超える企業が、それぞれ独自に共同研究に手を挙げてきたらどうなるのか。全部に対応しきれるのか。

われわれの目的は、予測や制御という視点に立って経済や経営の問題を考えていきたいという点にある。この趣旨から本書の執筆にあたった。たとえば在庫調整がありやなしやという分析命題を考えれば、巨大でいわゆる勝ち組企業の経営データだけでは目的は達せられないか、分析が不十分になる。そういう意味では企業規模や業種などにとらわれることなく分析を進めたい。

もし、ある種の情報共同体が、個々の企業との模索の後に生まれる僥倖を手にすることができれば、図らずも新機会に遭遇するかもしれない。考えられる成果を例示すれば、次のようなものが挙げられよう。①非直線的な未来展望、②未知への挑戦経路の描出、③停滞や失敗の原因究明。

質問15　**データ重視はいまに始まったことではない。ビッグデータと呼ばれるほど、ネットワークにはデータの集積が見られる。2022年末以来、生成AIの衝撃が世界中の企業群を襲ったといってもよい。いま改めて情報を持ち寄るという試みの持つ意味を問いたい。**

ＡＩＣでは、尤度をできるだけ少ない変数や次数で高めたい、という規準が提示されている。いわゆるビッグデータ論の向こうを張っているといえる。また、生成ＡＩでは、ネット空間の情報群を無作為に拾うなかで必要な文脈の拾い出しを期しているといえよう。そういう意味では、ＡＩＣによるモデル選択の繰り返しは、生成ＡＩやビッグデータ論とは逆の方向性を目指しているともいえる。しかしこれは余りにも皮相的な見方だ。

ＡＩＣを通じての予測や制御を目的としたＭＡＲモデルの構築努力は、大きな変容が押し寄せる状況における、検証命題発見への旅立ちといってもよい。従来の接近法では、命題検証のための論理的手順へのこだわりが強かった。そういう点からすると、ＡＩＣは正確な記述を求めるための規準というよりは、新しい検証命題の登場への導きの道筋を示すものといえる。予測や制御という視点の重要性を認識すれば、当然のことながら、新しい検証命題の浮上が前提である。もちろん、浮上した命題に対しては検証手続きに万全を期さねばならない。われわれが新たなデータを諸方面から得たいと願っているのは、そうしたengagementの数々を受けなければ、すなわちネットワークの広がりがなければ、命題検証の手順が進まないからだ。

生成ＡＩはネット空間から何でも取り入れようとする。われわれの場合は、当初は守秘義務契約の積み重ねでデータへの接近を図る。浮上した検証命題に意味があると判断された企業や団体は、情報共同体の一員になるとの意思決定をされるかもしれない。ネット空間から勝手にデータを借用して脈絡を浮上させる（解を生み出す）という行為とは、新検証命題を発見しようという意図とengagement の多層性において異なるといえる。

質問16　赤池先生がＡＩＣという情報量規準を提示されたのは１９７０年代の初めだった。それからすでに半世紀も経過した。しかし経済や経営、そしてグローバルエコノミーにおいて、ＡＩＣに基づくモデル選択が定着したとはいえない。本書はこの空白を埋めようとする試みなのか。

ＡＩＣという情報量規準の考え方は、赤池先生がセメントの焼成炉の制御過程の考察から生み出されたものだ。これが火力発電所の炉の制御に生かされるようになったのはその延長線だったし、自動車の振動のような不規則変動の解析にも用いられた。一般的に、時系列データを周期的な振動成分に分解して周波数軸上のデータの局所的な平均化を行うと、滑らかな変動のパターンが現れる。これはパワースペクトルと呼ばれる。これでどのあたりの周期成分が優勢であるかがわかる。こうした周波数領域における変動の分析が開始されたが、工学分野の研究者には親近性があるにもかかわらず、経済分野への適応となると、心理的障壁は低くはなかった。

当時の日本経済の実態も、ＡＩＣという情報量規準を受け付けるような分析上の課題があったわけではなかった。１９６７年までは、景気上昇が続くと輸入拡大によって外貨準備が減少し、金融引き締め措置への移行は当然のことだった。周波数領域の変動からの考察に至る必要はなかった。１９７１年のスミソニアン合意以降は変動相場制への移行もありうべし、という状況であり、円高・ドル安への移行が起きるとすれば、政策課題はどう変化するのか、というテーマが浮上した。そして１９７０年代には2度の石油危機の到来があった。変動の周波数領域を論ずるような因果解析が求められていたわけではなかった。

１９８０年代に入って、筆者の一人である田中が統計数理研究所の赤池先生を訪れたのは、１９８１年のレーガン大統領の就任以来、金融引き締めと財政支出の拡大という米国の政策の組み合わせの下で、日本の政策選択の幅が著しく狭められたことに発する。赤池先生は工学分野を中心に、ＭＡＲモデルを通じて、変量間の動きの関連を、実測データによる構造確認を行ったうえで、シミュレーションによって確認することに成功されていた。これは工学分野での際立った成果なのだが、経済政策分野における被拘束性や、稼動している経済変数の因果連鎖についても同様のアプローチが可能なのではないか、と田中が考えたからである。赤池先生も経済予測へのＡＩＣの適用に関心を持っておられた。しかし、田中の側の問題提起と課題の絞り込みにおける凝集力の不足によって、ＡＩＣの適用の成功事例には行きつかなかった。

1997年のシステミックリスクの顕現化は、日本の政策展開の自由度を高めるという目的に照らし、分析手法の革新が求められる状況でもあった。金融システムに対して、流動性提供をどのようにして図るべきか、という課題の浮上である。田中は再び赤池先生を訪れ、助言を得た。そのとき以来、もう一人の筆者である佐藤との関係が生まれた。以来、日本経済のいくつもの転機にあたって、AICに基づく分析を続けたが、赤池先生からは「必要な統計量はときに応じて作成すべきもの」との教示を受け続けた。今回はQQEからQTへの世界的移行が2022年以降始まったが、四半世紀の時系列データを並列的に表示するだけでは、課題の提示や分析には直結しないと認識したうえでの取り組みである。AICは確かに半世紀の歴史を持つが、われわれの取り組みも、すべてが成果に結び付いたわけではないが、40年もの格闘の前史がある。「統計量は生み出すべきもの」との赤池先生の御教示は、2011年以来のCIPPS中国指数に生かした。

質問17　半導体産業の展開の歴史とMARモデルとの関連はあるのか。

明確にある。AICによるモデル選択という因果解析の手法が提示されたときは、日本の多くの学会や諸々の研究所の計算能力は限られていた。計算機センターが大学ごとに設置され、そこにパンチしたデータを持ち込み、計算結果が出るまで近くのテニスコートで時間を過ごす、という類いのパターンを1970年代には皆体験した。パソコンでシミュレーションが可能になったからこそ、

ＭＡＲモデルの作成を通じた関係性にかかわる描写が可能になったといえよう。筆者たちの体験でいえば、１９８４年の「マッキントッシュ」、１９９５年の「ウィンドウズ95」、２００７年の「ｉＰｈｏｎｅ」という展開が、ＡＩＣの経済・経営課題への接近に大きな役割を果たした。

質問18　では、予測経路の導出にかかわって計算の手順を表記してほしい。今後ＭＡＲモデル作成に踏み出すにあたっての心覚えとしたい。

毎期毎期、ＭＡＲモデルでモデル選択とラグ選択が行われた後に、直近のデータ値と推定されたパラメータから、予測値が導出される。また、予測値と対比される実現値を使って、次の期の予測値についてモデル選択を繰り返しながら逐次的に計算する。確かに計算機の能力の急向上と使いやすさがあって初めて、ＡＩＣ手法の広がりの可能性が出たともいえる。半世紀前に、すぐに今日のような状況の実現が期待できたわけではない。

質問19　２００１年の中国のＷＴＯ加盟以降、２０１８年のトランプ政権による対中国制裁関税賦課までを広義のグローバルエコノミーの成立と発展、その後を供給網と市場の decoupling の始まりとする見方の浮上という総括でよいのか。

まず、大西洋を挟んだ北米とＥＵという塊で見てみよう。いわゆる先進国ブロックの相互間に製品ごとの関税率の設定はない。しかし、工業製品で運賃と時間をかけて大西洋を越える必要があるのか、となれば、実際のところ特殊な製品を除けば輸出入の対象となる品目は少ないだろう。大西洋を越える物品を重量で見ると、ワインを含む「水」という分類がその最大品目になって久しい。「エビアン」や「フランスワイン」が大西洋を渡るだけで、機械機器の大宗は北米やEUの域内で賄われているというのが実態だろう。直接投資の相互浸透も、こうした情勢を迎えるに至った原因である。ということは、こうした個別的記述を補充しつつ、グローバルエコノミーの形態の変遷を論ずることは可能である。

P&Gとユニリーバの売上高の推移とその予測経路からわかることは、ブランドの確立に至るそれぞれの企業努力を背景として、こうした消費財分野においても、市場の内側での販売拡大のための努力の積み重ねが持つ意味は大きいということだ。ユニリーバにはEU経済の停滞の陰がついて回るし、北米市場への注力があってもすぐに成果に結び付けることは難しい。これに対してP&Gは、北米市場での販売は比較的短期に成果に結び付けている。

財の生産および販売の問題とサプライチェーン網、とりわけ重要な戦略的技術やその製品の供与網という点になれば、専制主義国家の枠外化はありうることだし、またそうした仕分けの仕組みの継続性も間違いないだろう。専制主義国家の内側を見ると、多様な見解の個々人による表明は封じ込められているし、政治的主張となれば制裁の対象と化している。こうした専制主義国家の軍事力増強に繋がる機材や品目は、輸出対象から外されてしかるべき、という論は、たとえば米国議会で圧倒的である。民主党と共和党との間に差異があるとは認められないほどだ。

質問20　米国の特徴は明らかとして、ではＥＵ27カ国は一枚岩なのか。

２０２２年2月に始まったロシアによるウクライナ侵攻の前においても、ＥＵの対ウクライナ観の揺らぎは大きかった。共産党支配時代のウクライナでは政権幹部の汚職は目に余るもの、との評価が成立していた。ノルドストリームⅡというロシアからバルチック海を経由してドイツに陸上げされる天然ガスプロジェクトは、ウクライナの地を回避するところに主眼があった。「抜き取られる」と表現する以外にない、諸々の障害がウクライナに内在するからである。

ウクライナ危機によって天然ガス価格が上昇し、ＥＵ内の実質所得が毀損する状況が生まれると、２０２２年の初夏頃からは休戦協定締結への期待がＥＵ内で静かに広がり始めた。それだけＥＵ経済の先行きへの懸念が強かったともいえる。その後はウクライナへの武器支援もＥＵ各国から行われたが、物価高・高金利の下での経済の不活性化という連鎖は続くことになる。ユニリーバの売上予想に見たように、状況は簡単なものではない。中国に対してとは異なり、ウラル山脈までのロシアについては、「欧州共通の家」の構成員という展望を語りたい人は少なくない。もちろんプーチンの手法をそのまま受け入れるわけではないが、ポストプーチンが論じられるときには、「欧州共通の家」構想のロシア側で採択を期待する人は少なからずいる。

ユニリーバがロシアへの投資による製品の現地生産に踏み出したのは、こうした潮流を見据えようとしたからである。また、ウクライナ侵攻後、こうしたロシアにおける投資分についての減損会計の適用をユニリーバがためらい、批判の対象になったのも、欧州における歴史的な地域性がもたらしたものだ。われわれは公表企業データを通じても、検証命題発見のためのMARモデルの展開を行ったが、これは間違いなくEUの戸惑いとでもいうべきものの抽出といえよう。

第1章　中国経済を映しとるCIPPS中国指数作成の試み

〔質問〕

第1章は中国経済に関する新しい検証命題づくりのための準備と考えてよいのか。

〔回答〕

中国経済の予測は難しい。たとえば2023年秋に予測作業を行ったIMFは、2024年の景気は回復する、との予測結果を発表した。しかし足元の把握さえ満足には行えないのが中国経済のマクロデータなのだ。われわれはCIPPS中国指数を10年以上、毎月作成してきた。この間の経緯は『経済セミナー』（2022年4・5月号と6・7月号）に寄稿したので、その骨子を転載させてもらう。蟷螂の斧といわれようとも、岩盤に傷を付けるくらいのことはできる、との自負はある。

1　経済実態把握に十分な統計なのか

2021年12月、中国から差し迫る経済課題とこれを評価するのに不可欠な経済統計の実態について、責任ある立場からの、そして信頼すべき人物からのコメントが相次いだ。2022年の経済運営方針を決める「中央経済工作会議」が12月8日から10日に開催され、中国経済はいまや需要縮小、供給ショック、先行きへの期待低下という3課題に直面しているとの率直な判断開示がまず第一段だった。

そしてこの会議が終了した翌11日に、中国国際経済交流センター（ＣＣＩＥＥ）のオンライン会議の場で、元財政部長・楼継偉《ロージウェイ》氏は、発表される経済統計が経済の負の側面を十分に反映していないと批判した。直面する3課題への判断に雲りをもたらす可能性があるとの懸念を提示したのだ。新規雇用や新規開業社数は発表されても、その後短期間にレイオフされた実数は反映されず、廃業登録手続きの複雑さのゆえに、足元の経済情勢を反映しない登録企業数が一人歩きしている恐れを指摘したのだ。

２０１６年に国家統計局長のスキャンダルが発生し、政府は名だたるマクロエコノミストらを統計の質の改善にあたらせた。その代表格でもある寧吉喆《ニンジチェ》氏は、国家発展改革委員会の重職兼任のまま国家統計局長に就任した。その彼はＣＣＩＥＥのフォーラムではたまたま楼氏の前のスピーカーだったが、統計スキャンダルはすでに過去のことだと淡々と述べた。

楼氏も寧氏も「改革と開放の加速」のなかで頭角を現したマクロエコノミストだ。2人とも訪日経験も多く、日本のエコノミストらとの討論会にも臨んでいる。ＣＣＩＥＥのフォーラムは２０２1年11月から12月にかけての週末を中心に複数連続的に開催されており、そのテーマのひとつが「中国の近代化」で、筆者のひとりである田中もオンラインで意見表明を行った。中国からの参加者と同様、海外からの参加者も、習近平総書記が「核心」になってからの中国で、表現の自由がどの範囲で許容されているのかを探るように注意深く言葉を選んでいる、との印象があった。楼氏は中国人パネリストとしてぎりぎりのところまで踏み込んだ、といってよい。

中国に経済統計問題あり、との認識は世界のビジネスパーソンに共通だ。21世紀に入り中国の経済躍進は誰の目にも明らかになった。世界中の1年間の鉄鋼やセメント消費の増分に占める中国の比重が7割前後になることも珍しくない情勢になると、中国の経済実態の探知がもはや経営の根幹に位置すると認識せざるをえない企業群が生まれた。エネルギー、鉱物資源に関する中国の「爆食」はとりわけ注目された。たとえば英豪資本のリオティント社中国拠点の営業部員にとって、各分野における設備投資計画の推移や既存設備の稼働率の調査は不可欠となる。こうした情勢のなかで、リオティント社の中国人従業員が国家機密への接近という容疑で逮捕されたこともある。資源掘削投資にあたっては需要量の将来予測は不可欠である。中国で公表されるマクロ統計に信用が置けない以上、あらゆる手段で各分野の当事者に聴取《ヒヤリング》を行うのは当然のことであろう。こうした聴取にスパイ罪が適用されるようでは、との思いが豪州の内部で募った。こうしたなかで2007年から2008年にかけて、資源価格の急騰が世界経済を覆うことになる。中国経済の実態を反映し、信頼に足るマクロ統計の不存在という問題群はいやがうえにも浮上せざるをえなかった。

２　世界に福音、中国に歪みの「４兆元」

２００８年には世界的な金融萎縮が生じ、中国の４兆元（約86兆円）という投資金額が世界で喧伝された。たまたま２００９年12月に中国の複数のシンクタンクとの交流会が開かれ、田中は北京、上海、広州という拠点都市以外の都市を歴訪した。４兆元投資の実態に触れられるのではないか、という期待があった。すでにＧ２（２大国）の呼称が米国と並んで中国に与えられるなか、その内実こそが探求すべき課題だった。

２００９年12月はデンマークのコペンハーゲンで気候変動枠組条約第15回締約国会議（ＣＯＰ15）が開かれたときでもあった。デンマークではこれをきっかけに火力発電から洋上風力への大きな転換が起きた。しかし、中国の当局者の受け止めは異なっていた。中国各地のシンポジウム会場では、コペンハーゲンから帰国直後の交渉団員が、開発途上国の成長抑制に直結する先進国からの炭素排出削減要求を、南の諸国との連帯ではね返した、との「戦勝報告」がなされていた。政府投資を通じての総需要の引き上げ策がおおむね世界中で好意的に受け止められるなか、開発経済の担い手としての中国政府の自負心が端々に見られる報告であった。中国共産党による指導理念の世界的な広がり、とでも表現すべき高揚感が壇上の弁士から発せられていた。

ところがその直後の非公開の意見交換では、異なる立場からのエコノミストらの発言があった。彼らは共産党員であっても、まったく別の状況認識に至っていた。各都市での意見交換の折の彼らの意見は、次の3点に集約できた。

① 国進民退（国有企業の隆盛と民有企業の後退）の定着

② 全要素生産性の伸び率（技術進歩の進展率）の低下

③ 大学卒業者が増加するなか、彼らの期待する職種の伸び率は鈍化

21世紀に入ったところでは、民進国退（民有企業の業務拡大と非効率な国有企業の後退）が論じられ、海外からの直接投資拡大が技術革新に直結して、生産性向上が根付き、経営革新や技術革新の担い手に対する求人急増が話題となっていた。ところがこの潮流は4兆元プロジェクトをきっかけに覆ったというのだ。

２００９年時点で中国経済に関するこうした認識は世界的にはほぼ皆無だった。先進国における最終需要の急収縮のなかで、中国が導入したいわゆるケインズ政策に対しては、むしろ称賛の声が大半だった。西側陣営の内部で、4兆元が引き起こすであろう中国経済の転換と、近未来における行き詰まりの可能性への言及はまったく見受けなかった。中国経済を記述するに足るマクロ統計の整備には見るべきほどのものはまったくなかったので、記述統計の欠陥の反映ともいえよう。帰国

後、中国経済の実態を映しとる仕組みとその統計数字への反映を考えることしきりであった。

3　赤池弘次先生の格闘の中国統計への投影

この年2009年に赤池弘次先生が逝去された。1980年代から90年代にかけて先生の指導を受ける幸運に浴したわれわれは、必要なものならば、目標や制御にかかわって統計量は創出すべきもの、との教えを受けていた。

2011年から中国の約60拠点から業況感や売上金額の伸び率などについて回答が寄せられる仕組みをつくった。この試みを開始してしばらく経過した時点で、中国人民銀行のエコノミストなどにこの調査を開示して、彼らの感想を聞いた。彼らの当初の反応をここで提示しておいた方がよいだろう。以下の5点に集約される。

① ビッグデータの有用性が喧伝されるなかで、サンプルサイズ60というスモールデータに意味があるのか。
② 日系企業はいったい中国経済の何を代表しているというのか。
③ 日系企業群のなかでも標本の抽出に偏りがあるのではないか。

④良い、悪いなどの5択からの選択で中国経済の量的把握を目指す、という試みは、針小棒大を絵に描いたようなものだ。

⑤被調査窓口は、調査からの情報量とその質とに意味が乏しいと判断するだろうから、調査の持続は難しかろう。

当初の段階で、以上の5点に立ちどころに意味のある返答をすることはできなかった。どの論点もわれわれの内部で何度も問い返したものでもあったからだ。しかし、5択からの回答の積み重ねから北川源四郎氏が開発されたdecomp法でトレンドの抽出を行うので、情報の質の改善は間違いなく期待できた。スモールデータは望んだわけではない。たとえば広東省だけでも数十拠点くらいはほしいと今日でも望んでいる。しかし、開けた窓口は決して無駄にはしないと決意し、意味の汲み取り手法への期待を膨らませた。

2012年からはブラジルでも同様のサンプルサイズで経済指数づくりを開始した。リオデジャネイロの日本商工会議所傘下の企業拠点に対して、中国と同様の調査を開始した。理由は、ブラジルの経済統計の的確性については国際的評価が定まっている点にある。もしブラジル経済についてのCIPPS指数がブラジルの実質GDPの推移を拾っていれば、まだ誰も見ぬ中国の実質GDPの本当の推移をCIPPS中国指数が映し出している可能性が高まるからだ。もちろん中国とブラ

図１　CIPPS ブラジル指数と GDP

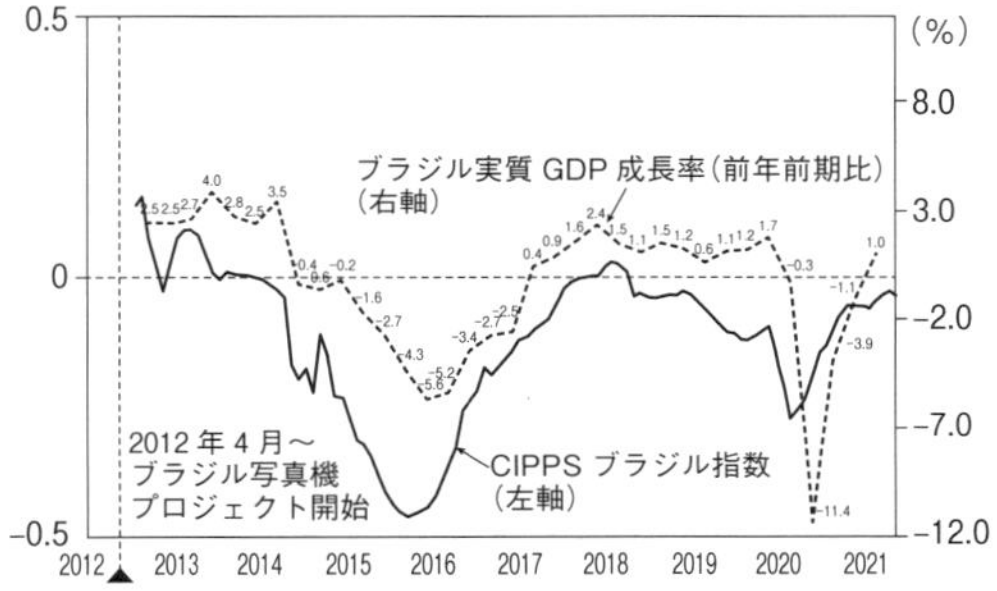

ジルの間の、鉄鉱石の輸出入などに見られる関係性の把握も視野に入れていた。

ＣＩＰＰＳブラジル指数は、間違いなくブラジル経済の記述に成功したといえるだろう（図1）。中国の約60拠点で毎月報告をお願いしているマネージャー氏らにも、ＣＩＰＰＳブラジル指数の成果を伝えた。同時にリオデジャネイロに出張するたびに、ブラジル経済の動向を捉えるためにも、ＣＩＰＰＳ中国指数は活用の余地があることを力説した。ブラジルの調査窓口の維持にも、この関係性の把握が有用であったことは当然ともいえた。世界経済モデルとでもいうべきものを構想する折には、こうした試みは手掛かりになるとの心証を得た。

４　２０１４年から15年にかけての落ち込みの映しとり

ＣＩＰＰＳ中国指数にとって決定的だったのは、２０１５年

図２　CIPPS 中国指数（2015年前後）

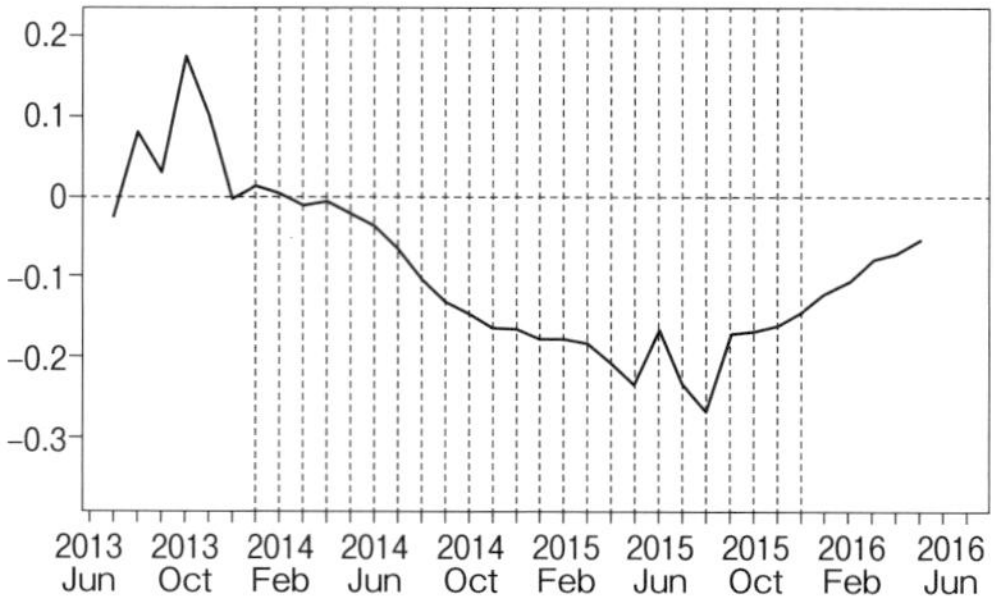

の6月から8月にかけての中国の金融面での危機、すなわち、株価急落、人民元の切り下げという展開を先取りしていたことである。２０１４年から指数は循環的に下降局面に入っていた（図２）。

冒頭で見たとおり、４兆元のテコ入れにもかかわらず、中国の中長期的な経済発展が容易でないことについては、２００９年末の時点で現地のエコノミストらが確認しつつあった。こうした認識は共産党の内部でも広がりを見せたようだ。２０１３年９月７日に、カザフスタンのナザルバエフ大学の講演で習近平総書記は「シルクロード経済ベルト」構想を提示した。この後２カ月も経たない時点でアジアインフラ投資銀行（ＡＩＩＢ）が提案され、一帯一路（ＢＲＩ）構想の具体化のために、大学やシンクタンクが動員される状況が始まった。習近平指導部にとっては、重化学工業における過剰能力問題が深刻さを加えていたのだ。中国の生産能力は、鉄鋼、アルミ地金、セメント、石油化学製品などで世界のおおよそ半分を占めるまでになっていた点が指摘されねばならない。２０１４年になると、習近平総書記は河南省の視察に際して「中国は新常態に適応する必要がある」と述べた。中国が発表するＧＤＰ統計では新常態という認識がなぜ生まれたのかはまったく説明できないが、ＣＩＰＰＳ指数はこれを拾い上げていた。約60拠点のマネージャー諸氏は、回答にあたって心を平静にして自らの認識をしたためるようにして5択に向かっていただいていた、と評してよい。

ＢＲＩは、第二次世界大戦後の欧州復興にあたって米国が投入したマーシャルプランとはまったく異なる枠組みである。２０１7年5月に北京で開かれた「一帯一路」国際協力サミットフォーラムの開幕式での習近平スピーチで最も強調されたのは、「ウィンウィンを核心とした国際関係」であった。近隣諸国とのインフラ連結の必要性が強調され、それには投資と融資、そして政府と民間資本との協力が前提だと述べたのだ。その後のフォーラムに出席するにあたり、このスピーチを田中は注意深く聞いたが、インフラ整備に中国の重化学工業が貢献できるというウィンをとるべくＢＲＩが位置付けられた、という印象を強くした。マーシャルプランの場合は、灰塵に帰した欧州の工業生産力の復興のため、他方ＢＲＩは自国の過剰能力に捌け場を誂《あつら》えるという趣を否定しきれない、と判断した。

ＣＩＰＰＳ指数は中国経済の中期的変動を拾う、との思いをわれわれは２０１4年から２０１5年にかけて抱くようになったが、ちょうどこの時期に明確な投資判断を行ったのが、鉱業やエネルギー業であった。鉱産物や燃料に関する中国の「爆食」に転機が訪れた、との判断をリオティント社やシェル、ＢＰなどのオイルメジャーズが下した可能性が高いのだ。それは彼らの資源掘削投資がこのときから減少に転じたからである。彼らの株主に対する業況報告が発表されるたびに、彼らの手元にＣＩＰＰＳ指数に相当する中国経済に関する定性的、あるいは定量的判断資料があると判断せざるをえなかった。中国は彼らにとって経営資源を集中させて見極めざるをえない対象だったのだ。

5　華僑の年次経済サミット開催地の特徴

19世紀から20世紀の初めにかけて、中国を離れて東南アジアを中心に経済活動拠点を移す経済人が増大した。華僑と呼ばれる人々に付された英語名は Chinese diaspora であった。鄧小平による「改革と開放」、そして１９９2年の南巡講話の起点となった深圳での「改革と開放の加速」演説は、彼らによる対中直接投資への期待を背景にしていたといってよい。

Chinese diaspora の経済人が集まって年一度のサミットの開催を10年以上前に発起人らが決めた。共産党指導部との間にどのような申し合わせがあったかは定かではないが、どうやら開催地だけは中国共産党指導部（中南海）の意向を受けて決定しているようだ。田中に講演依頼があったのは2

０１６年だ。この年『中国大停滞』（日本経済新聞社）を出版したが、旧知のマレーシア国籍のChinese diasporaからの申し入れでは、この趣旨で壇上で話してくれとのことだった。マラッカというＢＲＩ構想において枢要な役割を果たすはずの地で開かれるサミットだが、集まる華僑にはできるだけ正確な中国経済認識を伝える必要がある、というのだ。『中国大停滞』という見方もあることだけは伝えねば、との趣旨からの依頼と受け止めてもらってよいという。以下はそのときの担当者の説明である。——重慶市の書記だった薄熙来《ポーシーライ》が解任されたのは２０１２年だったが、重慶でのサミット開催が決まったのは、その後任者へのテコ入れが必要との判断が中南海にあったからだろう。重慶サミットには国家副主席の李源潮《リーユアンチャオ》が出席し、「改革と開放以来の中国への海外直接投資の6割は在外中国人によるもの」と述べた。このデータはそれ以前にはどこにも出ていないものだった。中南海が経済人サミットを重視していることの表れだ。——

これをきっかけに年1回のChinese diasporaのサミットへの田中の参加は、COVID-19の襲来直前まで続いた。マラッカの後の開催地は香港、深圳、マカオと続いた。重慶開催の後にロンドンがあったのは、英国がＡＩＩＢへの参加を決め、中英経済関係の拡大が予想される雰囲気があったからであろう。２０１７年以降は香港返還後のグレーターベイエリア（香港・マカオ・広東省沿岸のネットワーク）の経済振興にChinese diasporaの手を借りたい、との思いがあったからといえよう。「一国両制」の実態が急変したとき、経済不振がグレーターベイエリアを覆うことがあれば、共産党支配の経済基盤に問題が生ずる恐れあり、との認識が中南海にあったに違いない。しかし現実は厳しい。中国が発表するＰＭＩという経済指標から、統計上の歪みを理由に２０２０年以降、広東省のデータを外したのは中国の当局だ。

グレーターベイエリアへの海外直接投資の呼び込みはまったく不振のまま、と受け止めるべきだろう。COVID-19直前のマカオでの経済サミットへの出席にあたり、香港からマカオへの沿岸高速道路を定期バスで移動したが、展望のきく二階席からでも対向車線に業務用の運送トラックはまったくといってよいほど見かけなかった。グレーターベイエリアは道路と架橋で物理的に結ばれているに過ぎない。

6　２０２１年から22年にかけての経済停滞とＣＩＰＰＳ指数

２０２１年に入って、ＣＩＰＰＳ指数が停滞へと明瞭に変化した。ＢＡＴと名付けられるに至ったバイドゥ、アリババ、テンセントなどのプラットフォーム企業に対して、共産党による介入が激しさを増したことが60名のマネージャー諸氏の月々の景況感の変化に反映したといえる。中国の社会福祉国家像が論じられないまま、8月に入ると「共同富裕」が称えられ、私的資金配分の領域に

図３　CIPPS中国指数（2019年〜2021年）

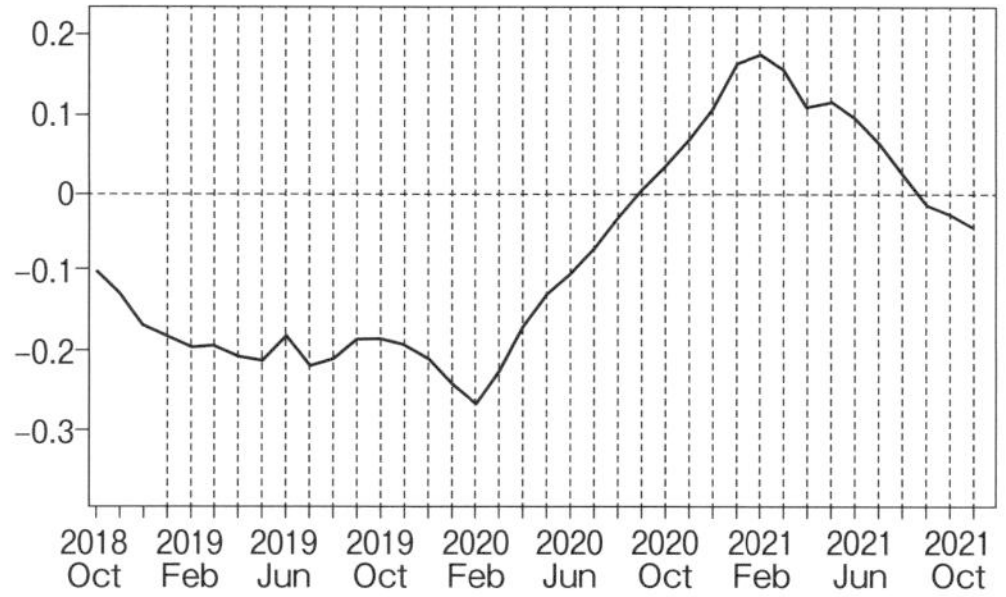

実質上の公的介入がなされるに至ったのだ。業況感に影が差したのは当然だろう。

２０２１年は巨大不動産開発企業の恒大集団の実質上の経営破綻が明らかになった年でもある。土地利用権の処分による歳入拡大を図ってきた省や特別市、バランスシートを膨らませて不動産投資を急拡大させた不動産開発企業、表と裏の両面からこうした不動産分野への投融資を膨張させた国有銀行や投資コングロマリットという三者癒着によって生み出されたのが、不動産バブルである。その結果、一般労働者をとれば、住宅の取得は不可能となった。「寝そべり族」と呼ばれる体制離脱の若者の群生についても、共産党指導部といえども公認せざるをえない。こうした路線上の行き詰まりも業況感は拾い上げた(図３)。

第20回共産党大会は２０２２年秋に予定された。習近平総書記にとっては最も重要なタイミングにあたるはずだが、国有銀行、国有保険会社、そして不動産開発企業にはバランスシートの圧縮という大きな負担がのしかかる。一般の事業会社も流動性の積み上げを図ることを通じて安定経営路線をとらねばならないが、現金化の手順は狂いがち、という状況は、システミックリスクの発生確率の高まりに直結する。CIPPS指数は2022年の秋にかけて悪化を続けるのではないかと思慮された。

〔質問〕
中国経済を取り巻く状勢の記述は参考にさせてもらったが、CIPPS中国指数の意味（こころ）を改めて問いたい。

〔回答〕
グローバルエコノミーの変容過程の中心に、中国経済が位置するに至った。新たに浮上する検証命題は、中国経済の持つ遠心力に抗しうるものは何なのか、の見極めとなるのではないか。

〔質問〕
国境を越えた企業活動によってもたらされるグローバルエコノミーの成果が称揚された後に、専制主義国家をサプライチェーンから排斥するdecouplingの動きが顕在化してきた。これは分析上の非連続とならざるをえないのか。

〔回答〕

coupling も decoupling も、その前提に立ち返って考えれば分析上は連続的に取り扱うことができる。時系列解析の妙味ともいえよう。次に、ＣＩＰＰＳ指数の予測経路をはじき出す多変量自己回帰（ＭＡＲ）モデルを作成し、変数と変数の関連（レバレッジ）、動学的相互干渉（フィードバック）を考慮したモデル選択について述べる。そして中国経済と米国をはじめとする西側経済との decouple が論ぜられるなか、選択された時系列モデルを通じて、２陣営への分離可能性を秘めた米中経済間に存在する相互浸透のメカニズムを検証する。

７　ＡＩＣによる予測モデルの次数選択

予測を目指したときわれわれが借りた枠組みは、赤池先生がセメントキルン（焼成炉）の制御で採用された分析、かつ予測制御手法である。そのポイントは「観測されるデータは、確率的に変動するトレンドの周りを、自己回帰過程で表現される定常変動している」というみなし方（モデリング）である。

$$y_n = Z_n - T_{n-p},\quad y_n = \sum_{j=1}^{m} A_j y_{n-j} + v_n$$

Z_n は季節性や不規則変動などを除いた調整系列、T_n はトレンド、$\sum_{j=1}^{m} A_j y_{n-j}$ は自己回帰項、

v_nはホワイトノイズ項を表し、いずれもベクトル値である。

経済時系列は非定常的な動き（トレンド）を持っているので、モデルを当てはめる前に変換を施し定常化させる。そして定常化された系列を手にしたうえで、モデルの当てはめを行う。

時系列解析を行うにあたって多変量自己回帰（Multivariate Autoregressive：ＭＡＲ）モデルを当てはめるということは、多変量間の複雑な関係性を線形モデルにより一次近似として表現することである。現時点の変数の値は、自らの過去の値と他の変数の過去の値との線形和として表現される、と定式化する。

変数を選び出すにあたっては、分析者の洞察力がカギとなる。変数と変数との関連性や、時間的経過のなかで新たに生起する変数間の関係性の背後にあるものについての考察力が試されると心得ねばならない。帰納推論を行うにあたって、時系列モデルの、より的確な選択が試されていると表現してもよい。

赤池先生はセメントの炉の制御という課題のなかで赤池情報量規準（Akaike Information Criterion：ＡＩＣ）に行きつかれた。外側からの衝撃に相当する入力があった折には、変数や時系列モデルの次数を絞り込んで制御にあたった方がよいという評価規準がＡＩＣだった。“less is more”は、モデルの当てはまりを良くすることを旨とする視点からは出ないはずの規準だが、予測や制御という別の観点からは正当化できる、という新たな入力に相当する衝撃を前にした考察の結果だった。

２０１４年10月以降、３カ月連続で予測経路をまったく裏切るような観測値となった。ここから過去にあった変数間の関連性や動学的相互干渉を考慮外に置き、モデルの次数を絞り込んで直近の動きにより忠実な反応を示すモデルになったのだ。帰納推論としてこれを述べれば、従来からの変数間の関連性を無視してかかった方がいい事態が発生しているので、直近の因果連鎖だけを取り出してそれに沿う方がベターだ、という規準が提示されたことになる。２０１５年６~8月の人民元と株価の急落の前から、ＡＩＣによってその蓋然性に関する示唆が提示されていたことになる。

２０１４年から15年に続いて、２０２０年から21年にかけても帰納推論が試される局面が展開した。係数行列Aは２０２１年7月が共産党結党１００周年にあたることを当然知らない。この時系列予測モデルによれば、２０２１年は次第にＣＩＰＰＳ指数が下方に向かうと表示していた(図４)。しかし実際には２０２１年初めまでは指数は上方に向かった。zero-COVIDという感染症封じ込めも重なり、いわば党の決意が経済実態を引き上げるような政策展開に向かったといえよう。しかし２０２１年の3月になると、ＡＩＣによってモデルの次数を絞り込んで直近の因果関係のみを拾うことに転ずる方が望ましいとの判断が出たのだ。帰納推論を行ううえでどのような材料が提示できるのか。

図4　CIPPS中国指数の逐次予測（2020年〜2021年）

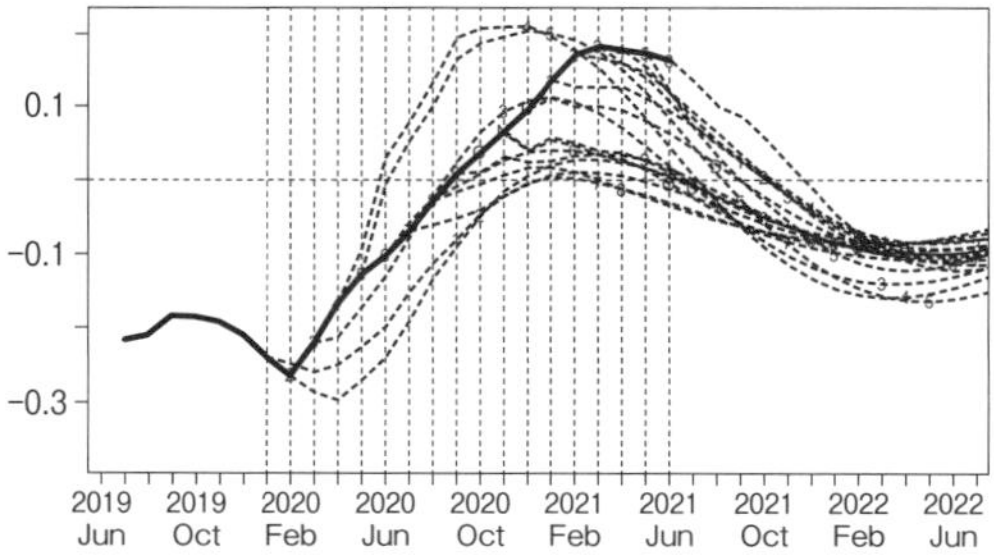

注：実線は実績値、破線は各月までのデータに基づいた予測値。

8「去年今年《こぞことし》貫く棒の如きもの」

２０２０年11月に、中国のｅコマースの巨大企業集団アリババ傘下にあるアントグループの、上海・香港での新規株式公開（ＩＰＯ）が阻まれる事態が生じた。当初はプラットフォームを使った金融活動を展開するアントグループの設立以来の株主のなかに、江沢民時代の残影とでもいうべき人物像があったことがＩＰＯが阻止された原因との憶測が広がった。そんなことならばこれまでもあった「腐敗との争い」という説明原理で十分だった。ところが２０２１年2月頃になると、アリババ集団系のアリペイや、テンセントのウイチャットペイというデジタル決済領域の巨大民有企業による支配的占有率に対する共産党からの反撃開始という見方が広がり始めた。結党１００周年を前にして、個人情報を集約しその私的利用を行う巨大民有企業と、これを敵視する共産党との間の埋められない亀裂の発生という見方である。

中国では独占禁止法を使って、巨大民有企業が保有した消費者の行動履歴を国家が自らの支配下に置こうとしている。surveillance state（監視国家）の登場はもはや避けがたく、市民一人ひとりの格付けにまで至るとの見方が急速に増えた。

他方、いわゆる西側では、巨大プラットフォームが獲得してきた消費者一人ひとりの行動履歴を、独禁法適用によってもう一度消費者の手元に戻す過程を設計しようとしている。そこでは一人ひとりにかかわるデータは、市民自身のもので、本来は自らの意思で移転ができるもの、との原則が確認されようとしている。データポータビリティ原則と呼ばれるものだ。この点を疎かにすればわれわれの社会はsurveillance capitalism（監視資本主義）に堕してしまうという危機感の広がりが、ＧＡＦＡＭ（Google, Amazon, Facebook, Apple, Microsoft）への行動規制に結実しようとしている。これと対比すれば、surveillance capitalismを思わせる巨大企業の市民社会への浸透からsurveillance stateへの急速な転換が生じつつある中国においては、イノベーションそのものを封殺しかねない監視社会像の急速な拡大が進展しているといわねばならない。

完全監視国家の浮上と民間活力の逼塞という図式の浮上は、中国における民間活力の明日を占ううえでもはや無視できない。どうやら２０２１年3月以降２０２２年にかけて、ＣＩＰＰＳ指数もこれを拾い始めたのではないか。

9　相対パワー寄与率によるフィードバックの検証

6変数の自己回帰モデルによる予測経路の提示を手掛かりとした因果推論を通じて、いわば中国像とでもいうべきものの連続的照射に近づけるのでは、との思いをわれわれは深くした。そこでCIPPS中国指数を得たことを手掛かりとし、世界経済モデル構築への挑戦という試みが可能かもしれないと思うに至った。時系列の変数間に相互作用が働いている、という考察は当然のように登場するが、どのようにフィードバックが働いているかの検証は簡単ではなかった。ここでも赤池先生は相対パワー寄与率という解析手法を提案し、実行に移された。自己回帰過程での定常運動の波動を短期から中長期まで仕分けして、変数間の寄与度を表示しようとするものである。試しに6変数のうちの1変数として採用してきたヘンリーハブのLNG価格の決定要因分析を試みてみた。図5にLNG価格の決定における6変数ごとの相対パワー寄与率を表示した。フィードバック過程の分析にかかわって、中期的周期にあってCIPPS中国指数の持つ意味は圧倒的である。

エネルギー価格の決定に中国経済の動向が圧倒的な影響力を持つことがわかれば、鉄鉱石価格やロンドンの銅のスポット価格にも同様の影響が及んでいるはずだ。21世紀に入り、中国がWTO加盟を果たしてしばらくすると、オーストラリアにおける鉄鉱石の契約価格の決定方式が変化した。

図5　LNG価格に対する相対パワー寄与率

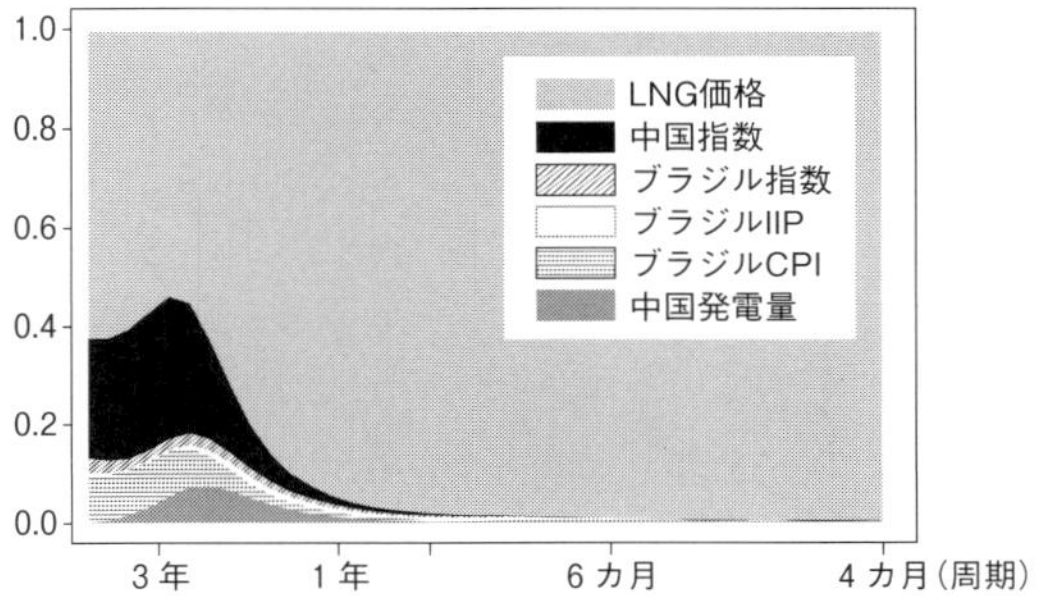

20世紀の後半において確立した契約方式は、日本の鉄鋼業界の代表者とオーストラリアの山元の業界代表との、長期的な相互繁栄を旨とした引き取り価格の決定であった。ところが中国の鉄鋼生産能力の伸び率が5年で2倍増以上というペースが持続するなか、日本に替わって中国が契約の当事者となり、日本は中国とオーストラリアとで決まったことに追随するという転換が生じていたのだ。

2021年からの中国経済の変容が、鉄鉱石や金属製品の動きにどのように反映するのかは興味深い研究課題となった。しかし、このときにはすでに新しい国際情勢の展開が始まっていた。米国と中国とを2つの源とする経済圏が亀裂を露わにする分断（decoupling）経済の到来である。

こうした新国際環境の下で、経済のメカニズムにどのような変化が及んでいるのか、という問題関心はいやがうえにも高まる。こうした新視点からの考察のためにも、その直前までの状況にあって、中国経済に組み込まれているもの、また中国が主要な発信元となる経済調整メカニズムについての分析は不可欠であろう。そこで中国とブラジルの2国を中心とした時系列モデルから、新命題への手掛かりを得るべく、新しい時系列変数を用いたMARモデルの開発に入った。モデル構築にあたって不可欠と考えたのは、米国の個人消費支出デフレーターという変数である。なぜならばこのデフレーターが米国経済の変容のみならず、米国社会の分断が米国への製品流入増をきっかけとして生じている蓋然性と関連するからである。

10　インパルス応答関数から見た米中の経済関連図

赤池先生は、時間が経過するなかで変数間にどのような関連が生ずるかを検証するために、フィードバックが存在する場合でも推定できるインパルス応答関数を工夫された。大きさ1の入力があったとき、時間の経過のなかでどのような応答が生ずるかを見るものである（図6）。直感的に感知できるものから、背後の経済構造についての洞察力が試されるものまであり、応答関数の形状について考察を行う分析者のわくわく感は高まらざるをえない。

銅価格が米国のデフレーターの推移に及ぼす影響については、時間が経つにつれ増大するという関係性が示されている。現実経済の観察者にとって違和感はない。それでは米国でのデフレーターの上昇が中国経済の動向に与えるインパクトについてはどうか。米国のインフレ率上昇は時間の経

図６　インパルス（ステップ）応答関数

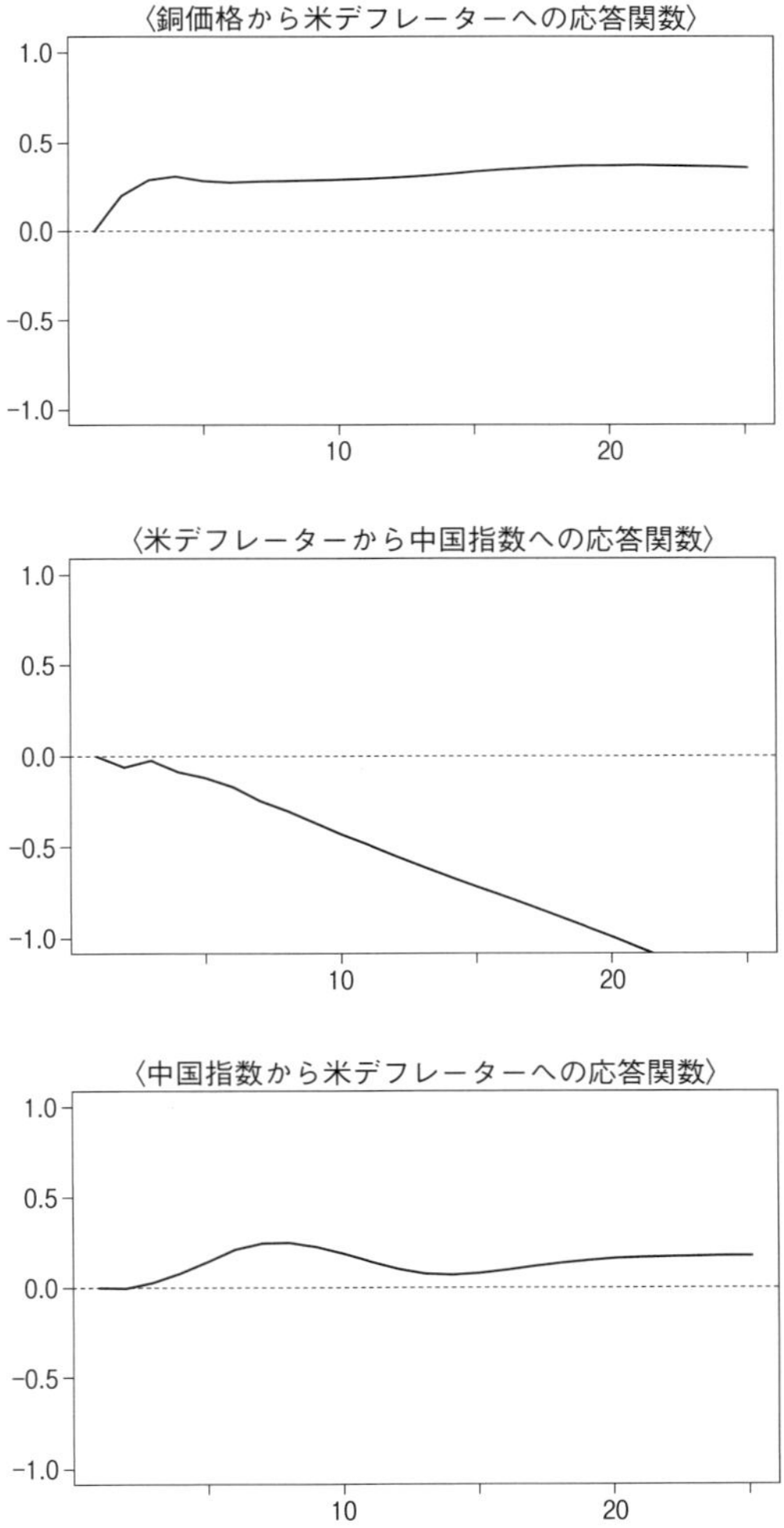

過とともに中国経済の足を引っぱる、との応答が出た。これまでの構図についていえば、インフレ抑制政策の米国での展開に繋がり、中国にとっては輸出環境の悪化ということになる。過去のデータを使ったMARモデルは、このことを内包化していたといえよう。

MARモデルにおける変数間の関連性分析を通じて、従来は暗示さえも感知もできなかった領域におけるインパクトの所在が発見される。CIPPS中国指数の上昇は、当初は米国のデフレーターを引き上げるが、しばらくすると押し下げ要因として働くという因果関係の抽出がこれである。われわれの解釈は次のようなものだ。中国経済を国有企業と民有企業との2部門で捉え、この2部門の米国経済とのかかわりの違いを識別したうえで、さらなる考察を行うべき、というものだ。

中国の経済活動にインパルスが加わるときを状況として記述すれば、たとえば鉄道投資の追加拡大が行われるときに相当しよう。エネルギーや金属製品価格の上昇に繋がりやすく、これは米国のデフレーターの上昇にも寄与するだろう。他方、中国の内部においては、輸出志向の民有企業は、金融的には国有企業の割を食いやすい。なぜなら国有企業の活動を引き上げるべく、国有銀行の融資はこの方面に集中することになる。輸出手形の割引を通じた資金確保に回らざるをえないのが民有企業だ。彼らの輸出努力はキャッシュフローの確保という観点から説明されるべきではないか。中国からの対米輸出増のメカニズムが働くなかで、米国のデフレーターの上昇率が抑え込まれる状況が生起したと考えるべきだ。そしてさらに新しい動きが誘発される。米国市場で中国製品の存在感が高まるときには、中国に続く立場にある複数の対米輸出国の動向をも刺激することになるのだ。

２０２１年の米国の輸入総額は2兆８０００億ドル余りだが、中国からの輸入は５０００億ドルを上回り、ナンバーワンで18％のシェアとなった。しかしメキシコも14％に近いシェアまで上昇した。２０２１年の輸入金額増では対中国が７１６億ドル、対メキシコが５９５億ドルとなり、メキシコは間違いなく中国の背中を追いかけている。米国市場で中国製品の進出増に対抗する動きが誘発されたといえよう。

このような図式は高級技術品という、自動車やその部品などを中核とする商品分類で見ると、さらに明らかだ。２０２１年のこの分類の輸入金額合計は５５３８億ドルで、中国は27％の比重、メキシコは12％と続く。この分類では東アジア諸国からの輸出が急増しており、台湾の比重は７％、マレーシアは６％、タイは３％と続く。売上増を狙うならば価格の抑制は基本であろう。中国に刺激を受けるかたちで、米国市場での競争激化が起きているといってよい。

ここで探求すべきは中国の民有企業の行動原理である。対米輸出にかかわっていえば、その企業群はいわゆる華僑の対中直接投資が根幹をなしている。彼らの企業行動を観察すれば、世界的に見た効率経営が実現していると考えてよい。さらに考察を進めれば、中国ならではの要因も働く。

中国経済を構成する国有企業と民有企業とは、まったく別の行動原理に則っていると考えた方がよい。不動産開発企業と省や特別市は、地価上昇の持続願望という共通の地殻に乗り合わせていた。

そしてこうした不動産開発への投融資が、国有企業部門（含む国有銀行）によってなされてきたと考えてよい。しかし共同富裕の掛け声となれば、こうした部門のラディカルな調整に結び付く。ところがこうした局面においては、民有企業部門にとっては経営管理にあたって金融上の都合をつけることが容易ではないのだ。国有銀行の融資は、国有企業の救済に向かいがちだからだ。民有企業は輸出手形の割引で流動性を積み上げることが、内需不振の折には欠かせないのだ。中国の対米輸出拡大には、民有企業の生き残りがかかっている。

もしわれわれが米国市場を世界的に見て最も競争的なものと考えれば、中国の民有企業が誘発する米国市場における価格形成行動を巡る状況は、decoupleどころではなく、むしろcoupleという契機を生み出しているとさえいえる。図6のＭＡＲモデルにおける中国指数からの米国個人消費支出デフレーターへのインパルス応答において、遠からずその上昇率を抑え込むように推移しているのは、こうした米国市場における価格決定メカニズムを時系列データが拾うからだ。

われわれのこうした考察を裏書きするようなバイデン政権の出方があるかもしれない。２０２２年４月22日、ジャネット・イエレン財務長官は米ブルームバーグテレビジョンで「トランプ前政権が２０１８年７月から中国製品に課した制裁関税の引き下げについて検討する価値がある」と述べたのだ。米国の高インフレ率の抑制は、秋の中間選挙を控えるバイデン政権にとって最も高い優先順位になってきており、中国からの製品輸入増が選択肢として浮上していることを示すものといえよう。coupleの実態を米政府が認めざるをえなくなっているのだ。

もちろん現実は単に過去の繰り返しにとどまらない。２０２１年になって米国の個人消費支出デフレーターの上昇率がむしろ加速するのは、モデルの外からの大きな変容の到来を意味する。労働市場において、自己都合による退職が過去には見られなかったスピードと規模で広がっていることが最大の要因といってよい。

もともと観察されていた、東アジアとメキシコという環太平洋要因による米国の物価の冷やし込み構造に基本的な変化は見られない。２０２２年は、新規に発生している労働要因による物価上昇基調と従来からの物価抑制要因とを両にらみしつつ、われわれはモデルの改定作業に取り組む。

11　中国に関連した世界経済モデル構築の試み

中国経済の躍進に合わせるような対外政策をとってきた国のひとつがドイツである。フォルクスワーゲンの対中進出に伴って、江蘇省を中心にドイツ企業の対中投資が大きなうねりを持った。当時のメルケル首相の訪中回数は、訪日のそれを毎年大幅に上回っていた。

ところが２０１５年頃から、ユーロ圏内の他国との比較においてもドイツの経済活動は良好とはいえなくなった。中国シフトが裏目に出た可能性も指摘されるようになる。

世界経済モデル構築のひとつの目的は、主権国家の国際関与の基本姿勢の保持と、それがもたらすかもしれない貿易上の不都合との関連に見極めをつけることである。オーストラリアのモリソン首相（当時）は2020年4月に、COVID-19の発生地とされる武漢での中国政府の原因究明作業の不十分性を指摘した。これに対して中国政府は、オーストラリアの中国向け輸出品のうち、中国にとって最も枢要な鉄鉱石を除くものについて、俗にいうケチをつけて輸入排除の動きを明らかにした。それではオーストラリア経済はこうした中国の恣意的な制裁措置によって大きな被害を受けるだろうか。

それ以前の28年間にわたって、オーストラリア経済は景気後退を経験していない。鉄鉱石、石炭、LNG、非鉄金属、小麦、大豆、ブドウ酒などの対中輸出の伸長がその背景にあったことは確かだ。しかしだからといって対外関与姿勢を正さなくてよい、とはオーストラリア政府は考えなかった。MARモデルにオーストラリアの経済活動や総輸出額を組み入れて予測経路を導出すると、予測経路も、そしてその実績値も中国による妨害をかいくぐったのだ。その背景には中国は必要なものは世界のどこかから入手せざるをえず、世界全体で見れば、オーストラリアにとって経済環境が一挙に悪化することにはならない、という事実が裏書きされたことになる。モリソン首相の下には、われわれのMARモデルの成果に見合ったものが、彼の対外関与の意思決定の前に届けられていた可能性があるといえよう。

地政学的状況を含めて、MARモデルによる世界経済モデルの構築を通じた解釈枠組みづくりは、今後も挑戦されるべき研究対象とわれわれは考える。

〔質問〕
新しい検証命題として、市場メカニズム尊重の国際的連鎖の堅牢性というテーマが浮上した、ということだね。こうした新命題を取り扱うのにインパルス応答関数が工夫されたと解すればよいのか。

〔回答〕
時系列データを取り扱うということが、そもそも歴史的な因果関係に着目するということであり、AICは遡求する次数を制限しつつ、尤度を重んずるという規準といってよい。インパルス応答関数で変数間の対応関係を確かめようとするのは、温故知新の試みともいえよう。歴史的検証の手段は開かれており、使える道具は駆使すべきだというわれわれの取り組み姿勢は、第2章以降でも持続する。

第2章　P&Gとユニリーバに見るグローバルエコノミーの変容

〔質問〕

温故知新も、新しいデータ群からの統計量づくりの試みの重要性も理解できた。いわゆるマクロ指標では関連付けという因果連鎖を巡るモデル化についての試みも興味深いものだった。また、「介入」というかたちをとる状況の急変も、そしてそこからモデル選択を繰り返して反事実（もしそうでなかったとすれば、という前提に立った予測経路）から情報量を汲みとる手法にも目を見張る思いがした。しかし、こうした因果解析の過程は、個別企業の経営データでも確かめられるのか。

〔回答〕

ＡＩＣという情報量規準によるモデル選択の試みの適用先に制限があるわけではない。問題点が浮上するとすれば、企業の経営データに対する、第三者である分析者の接近可能性についてであろう。しかしそんなことを嘆いていても時間の無駄だから、公表されている四半期データでとりあえず追いかけてみよう。第2章はその適用事例を材料に、グローバルエコノミーの変容の実態に迫ろうとするものである。

1　情報量規準の企業データへの適用

赤池情報量規準（ＡＩＣ）によるモデル選択の手法を企業データに適用できるのかどうか、そしてそこから経営上の戦略に相当するものを引き出すことができるのか。ここではＰ＆Ｇとユニリーバの2社を取り上げてその可能性の検討を行う。

Ｐ＆Ｇはスキンクリーム、洗剤、おむつなどの家庭用製品などを世界１８０カ国前後で売り上げるグローバル企業である。ダイバーシティへの配慮も中途半端なものではなく、米国内でも白人、黒人、ヒスパニック、アジア系なども、その人口比において雇用するなどの原則を掲げる。ブランド戦略においても他に抜きん出ているとの評価が定着している。中国市場では生産面はもちろん、研究開発でも充実した陣容を誇っている。因果解析へのＡＩＣの適用を考えるとき、Ｐ＆Ｇの売上予測は格好の対象といえるだろう。公表される四半期ごとの経営データは他社に比べるとはるかに充実しているので、これを使用して因果解析を行ってみよう。

２０１４年から16年にかけて、さしものＰ＆Ｇも売上の停滞を記録した。この間、多変量時系列モデルを使った予測経路で見ると、２０１４年からは予測値を下回る実績値が示されることになる。ここからＡＩＣが稼働する。

尤度を高めるためには、説明変数として説明力の高いものから採用することになる。中国経済の波長に沿って動く変数の説明力が高まる歴史的局面だったといってよいだろう。周波数領域でこれを確かめると、アルミ地金の価格やブラジルの物価動向の寄与度が大きい。

Ｐ＆Ｇの四半期ごとの公表データを使った多変量自己回帰（ＭＡＲ）モデルで、２０１５年の

図1　因果解析の成立の前提は満たされず

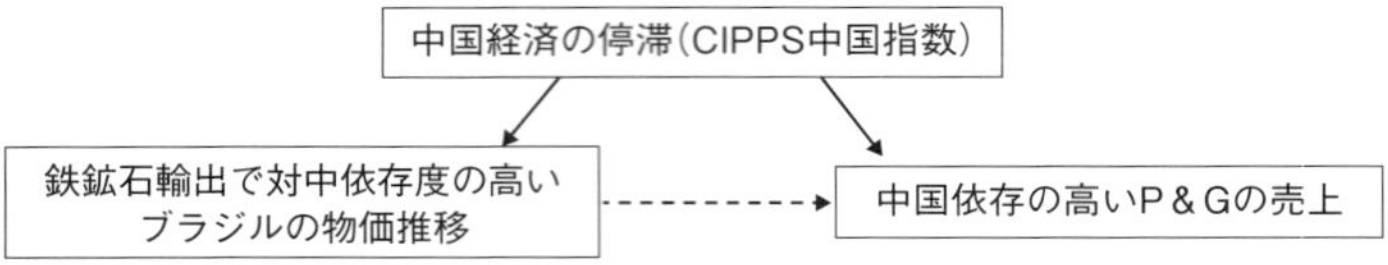

「人民元危機」の前後の状況における売上高予測を行うときに、われわれは当然のことながらＣＩＰＰＳ中国指数の寄与度が大きいはずだ、と考えた。そこでＰ&Ｇの四半期データに合わせるべく、月次のＣＩＰＰＳ中国指数を3カ月平均へと粒度を粗くし、四半期データとして使うことになった。そして現実の中国経済の下方移行のなかで、因果解析の過程に照らして位置付けるならば、「介入」があったときのモデルの再選択が、ＡＩＣの適用を通じてなされることになる。すると尤度の面で、ＣＩＰＰＳ中国指数よりもブラジルの消費者物価指数（ＣＰＩ）が選ばれることとなった。これは交絡因子を入れて考察すべきものだろう。Ｐ&Ｇの売上に対して、モデル選択でＣＩＰＰＳ中国指数よりもブラジルのＣＰＩの方の寄与度が高くなったことの意味をどう理解すればよいのか（図1）。

経済事象の関連付けにおいて、ブラジルのＣＰＩからＰ&Ｇの売上へと因果が大いに及ぶというのでは、説明する側も胸が張りにくい。こうした寄与度になった原因として次の2点が考えられる。ひとつは四半期データに粒度を落とさざるをえなかった点にある。Ｐ&Ｇは約１８０カ国における売上にかかわって、５つの商品カテゴリーごとに、販売金額と単位価格と販売数量の推移を発表している。当然のことながら経営陣の手元には月次データがあるはずだ。株主向けの発表は四半期データとして表示するのが上場企業にとっての通例だ。もし、Ｐ＆Ｇの月次データが利用可能であれば、ＣＩＰＰＳ中国指数による寄与度の方が高かったのではないか。ＣＩＰＰＳ中国指数が拾った月次データの変曲点が、四半期データにしたとき消えた可能性も当然ある。

もうひとつの可能性は、中国経済の影響を敏感に受け止める市場があり、それは全中国から寄せられる幾多の経済情報の集計よりも先行性がある可能性だ。ここではアルミニウム価格が予測経路に大きな寄与をなしている。ＣＩＰＰＳ中国指数は四半期ごとのデータとして粒度を落とせば、その先行性においてアルミニウム価格ほどではない、という暫定的結論になる。四半期データで考えると、中国経済の全体を代表する総合性をアルミニウム価格は持つともいえる。

２０２２年から始まった世界的な金融引き締めは、それ以前の四半世紀の金融緩和の流れを断ち切って、経済の新局面の表出が相次いだ。そもそも量的・質的金融緩和（ＱＱＥ）は、グローバルサプライチェーンの成立のなかで、際立った特徴を持つに至った。物価上昇に直結しない金融緩和策の持続という局面の成立である。アラン・グリーンスパンはこれを謎（コナンドラム）と呼んだ。そしてこの局面において、スタートアップ企業に対する金融も増え続け、グローバルサウスと呼ばれる開発途上国への金融も絶えることはなかった。しかし米国を中心に国債価格の値崩れが起きると、銀行の自己資金の毀損を通じて、融資量の伸び率は落ち込まざるをえない。経済の予測や制御において、少し前にそれなりに的確であったものも、簡単には援用できなくなる時代の到来である。因果解析の枠組みでいえば、これまでの状況における変数間の関連付けを通じて今後の展望の手掛りとすることが、はたして適切なのか、という原点まで回帰せざるをえない。現実に「介入」があった以上、変数間の関係を安定性の見地から構造的に把握するという介入以前の視点からだけでは、予測にも制御にも結び付けられない難しい局面が到来したと考えるべきだ。

こうした金融現象における根底的な捉え直しの必要性の高まりに加えて、欧州情勢、権威主義体制をとる国家群の台頭、中東における安定枠組みの喪失、そして中国経済の内部における不安定メカニズムの拡大が相次ぐ情勢となった。安定的な構造モデルを前提とした因果関係の予測という手法が使えない、ないし使いにくいときに、それでは因果解析の努力はどの方向に向けられるべきか、という課題が登場したといえる。P&Gを例にとり、中国経済の不振の表面化のなかで、AICを使ったモデルの（再）選択によって、予測経路の導出の試みを見る。そもそもAICは万能なのか。当然のことながら、経済変数の関連付けに対する考察を欠いたり、経済データの収集に対する手抜かりがあったりすれば、AICを使っても適格な予測や制御はできない。赤池弘次先生が長靴を履いてセメントの焼成炉に日参されたように、変数の関連付けへの注力が前提なのだ。

われわれはP&Gの公表データを使って展望力を得るべく、AIC活用の道を工夫する。また同じ手法でユニリーバのケースを追う。P&Gとユニリーバは相互にライバル意識がある。そしてブ

図２　ユニリーバ売上高の逐次予測

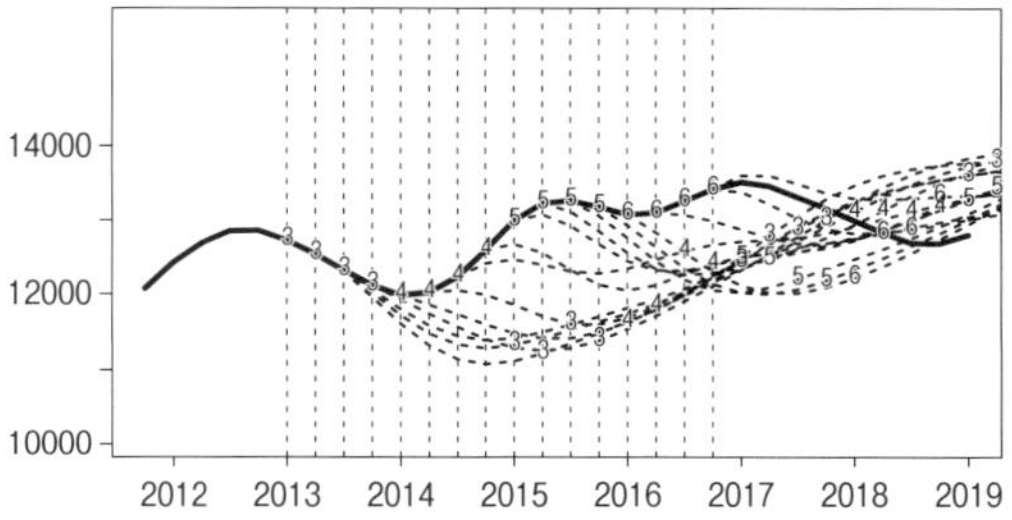

注：実線は実績値、破線は各月までのデータに基づいた予測値。

ランドの売買を通じて「昨日の敵は今日の友」というブランドの帰属先の組み替えという事例も、個別ブランドの経営陣にとっては稀ではなかった。そこで経済変数の関連付けも、Ｐ＆Ｇとユニリーバとの間で「大きな違いはない」との仮説の下でユニリーバの売上高の予測を試みた（図2）。ところが結果は予想を裏切るものだった。２０１４年から16年にかけての中国市場の変調は、Ｐ＆Ｇの売上には大きな影響を与えたものの、ユニリーバについてはこれが当てはまらなかった。アングロダッチカンパニーであるユニリーバは、欧州市場の売上の比重が大きい。ロシア市場への食い込みも半端ではなかったため、２０２２年２月のロシアによるウクライナ侵攻以降も、ロシア市場からの撤収の遅れが目立った。欧州を中心とした消費者からの反撥を無視できないにもかかわらず、ロシアへの投資分についての減損に簡単には踏み出せなかったのだ。

　Ｐ＆Ｇとユニリーバは主力商品も類似し、いずれもグローバル展開を特徴とするが、ユニリーバを取り巻く経済・経営環境の関連付けにおいては、P&Gとは区別した諸変数の取り扱いが不可欠だったのだ。われわれはこれまで北米市場や環太平洋における関連付けを中心に経済変数を整理し、該当する経済データをそろえた。ここから変数選択を行い、関連付け（アソシエーション）というモデル構築を行おうとした。こうした展望の下にP&Gの特徴を浮き彫りにするためのMARモデルの作成を行っていたことになる。

ここにたまたま類似の商品構成を持ち、かつP&Gと同様グローバル展開を遂げているユニリーバの事例がある。しかしP&Gの予測のために用意したデータ群があっても、ユニリーバを巡る関連付けの変数群としては極めて不適切といわざるをえなかった。中国経済の変調という「介入」が生ずる以前のデータの関連付けにおいて、このことは然りだったと総括できよう。要するにAICの適用以前の状況にあって、適切なモデリングができていなかったといわねばならない。関連する状況のモデリングは、一つひとつの案件ごとの注意深い取り組みがあって初めて成り立つものとここでは総括せざるをえない。

P&Gの売上高は2024年以降、横ばい圏が続くという予測結果となった（図3）。予測経路の導出にあたって何が寄与したのかを見ると、中国、そしてドイツを中心としたEUの停滞が大きな要因といえる。すでに見たように、P&Gはこうした世界的な経済環境に対応すべく、米国における売上増に経営資源を再集中させてきた。結果として売上高に占める米国の比重は再度高まった

図３　P&G 売上高の逐次予測

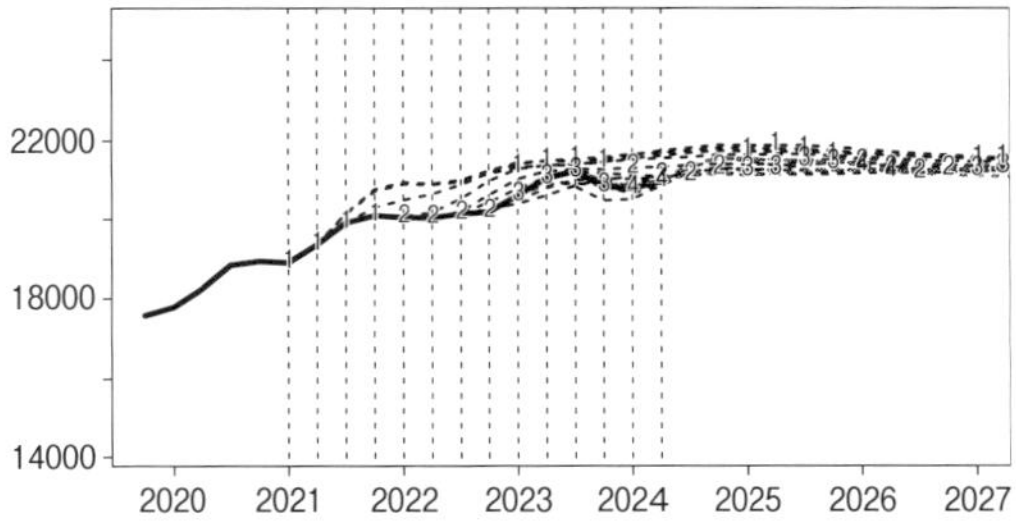

注：実線は実績値、破線は各月までのデータに基づいた予測値。

ものの、数量的な拡大は全体として難しくなりつつある。ユニリーバの場合は、米国の売上比重を高めることに成功したとはいい難く、結果として総売上高の予測は２０２４年以降マイナスとなる。

Ｐ＆Ｇは売上を5つのカテゴリーに分けて表示するので、状況分析は立ちいったものになりうる。化粧品を見ると、ブランド力のゆえか、価格引き上げにもかかわらず、数量的には横ばいの維持に成功しつつある。化粧品の売上高にかかわる中期的周波数領域を見ると、ＥＵの景気動向とドル・ユーロの為替レートからの寄与が大きい。たとえば２０２３年7～9月期はドル高・ユーロ安が目立ったため、ドル建ての売上高の伸び率は停滞した。ＥＵの経済不振も売上高に悪影響を及ぼしている。そして２０２４年以降は競合他社による安値商品の投入が予想されるので、Ｐ＆Ｇも追随する、という単価についての予測経路の提示もある。

ベビーケアの分類では原価の上昇を価格に転嫁させる動きが

明らかであり、ブランド価値の維持を全面化させているが、数量的には前年割れも辞さず、という覚悟も見られる。結果として売上高伸び率は維持できるが、長期的な戦略については再考の余地もあるだろう。

洗剤などの家庭用品の分類では、全体として強気な販売戦略を見てとることができる。数量の大きな伸び率は期待せず、価格設定では強気を維持している。P&Gの5分類のカテゴリーのなかにあっては売上寄与度を高めてきている。P&Gのブランド戦略の骨格を占めるものといえよう。

ヘルスケアは口腔の健康（オーラルケア）などに注力している。2015年以降はP&Gにおける売上比率を高めてきており、価格の引き上げ率も他のカテゴリーよりも抑制的である。結果として値崩れは防止できようという価格の予測経路も提示されている。成長維持の路線を裏打ちする売上、価格、数量の予測経路が示されているといってよい。

これに対して、ジレット（髭剃りのブランド名）などの身だしなみを整える商品分類については、売上高の堅調な伸び率を予測する経路は導出されていない。物価上昇率が高まり、消費者の実質所得が損なわれる局面では、買い控えの対象となっていることが抽出される。

個別の経営体にとっての新命題の浮上という経緯を、われわれは拾い切ることができるだろうか。P&Gを取り上げて点検を行ってきたが、企業体としてP&Gは次の2つの特徴を持つといってよい。

(1)　P&Gの秀でた経営能力

過去15年をとって見ても、グローバルエコノミーの変動は大きく、消費財の販売金額、販売数量の変動は大きかったにもかかわらず、Ｐ＆Ｇの収益は拡大基調を維持した。株式市場でもこれを評価して時価総額は順調に推移した。５つの代表的な商品カテゴリーで見ても、ブランド戦略は成功し、足元での景気の落ち込みがあっても根強い販売動向を実現した。

(2)　P&Gにとっての深耕すべき手法の浮上

米国の市場規模はＰ＆Ｇにとって再び約半分となったが、１８０余国の市場への浸透努力は続く。グローバルエコノミーの動向にＰ＆Ｇの経営は巻き込まれざるをえないし、またそのなかで経営資源の配分変更も行われている。５つの商品カテゴリーに沿った売上数量の動向をプロットすると、過去10年をとっても、次の４つのイベントがグローバルエコノミーの総体を襲い、Ｐ＆Ｇもまたこれを横波として受けている。

① ２０１５年の年央にかけての中国人民元の危機と、その前後の中国経済の不振。

② ２０２０年３月から顕在化した新型感染症（COVID-19）による人流の遮断と、各国の金融政策の一斉緩和策の採用。とりわけ米国では２０２０年４月以降の所得補填策としての給付充当

措置とQQEの実施。

③2022年2月24日のロシアによるウクライナ侵攻は想定外の出来事だった。そして3月末のブチャでの虐殺発生は、早期の停戦はないとの見方を定着させ、エネルギー・穀物などの価格急騰に直結した。そしてこれがグローバルエコノミーの供給網の遮断の懸念を現実化させた。

④2023年3月からは米国の中堅銀行の破綻からシステミックリスクが顕在化し、銀行与信の伸び率が不振に至る可能性が出てきた。また、post-pandemic の状況のなかで、米国では所得補給の意味を持つフードスタンプの削減が実施に移されることになった。連銀のFOMCにとっては賃金と物価との悪循環という4半世紀ぶりのテーマも同時に抱えることになった。

P&Gはこうした相次ぐイベントのなかで、ブランドによっては販売数量の大きな落ち込みに至ることもあった。また価格引き上げによる収益確保策の実施にもっぱら依存した事業部門もある。一部の部門ではリストラ策採用などの状況に見舞われた。したがって改めてブランド戦略を練り直し、マーケットへの新たな接近を試みようとしているといってよい。

われわれは、2つの新しい課題がP&Gに生まれていると解している。ひとつはイベントが相次ぐなかで、経済状況を予想するために、週次データの活用が不可欠になっている点だ。4半期、あるいは月次の経済データだけでは因果解析の手立てとしては不十分の可能性がある。このためP&

Ｇは自らの手元にある経営データを週次ごとに集約し、販売金額、販売数量などの予測に役立てるべきであろう。ブランド戦略はこうした予測に基づいて点検を行うのが望ましい。

もうひとつの課題は、グローバルエコノミーを地域ごとに区分して、その相互の経済関連性を点検することである。中国についてはdecouplingとかderiskingという経営課題がすでに登場している。全般的に見ても、いわゆる西側の対中直接投資は減少が明らかだ。また中国の民間経営体も、資金の中国からの実質的持ち出しに踏み出したと思われる。こうした状況は、中国市場の特性にすでに大きな影響を与え始めている。

２　Ｐ&Ｇに見る新しい現実への適応過程

２０２３年の年末商戦においては、量的な成長は限られたものでしかなかった。こうした潮流はＰ&Ｇの２０２３年7～9月期までの四半期データからも結論付けられた。ＡＩＣを通じてのＰ&Ｇの売上予測経路の導出から見ても、また関連付けられた他のデータを基にした分析から判断しても、たとえば米国のマクロ経済動向にかかわっていえば、成長鈍化と結論付けることができよう。そこでまずＰ&Ｇの経営陣がどのような方針をとったのか、という分析から開始する。

Ｐ&Ｇは5つのカテゴリーごとの数量と単位価格の動向を開示している。発表は四半期ごとだが、カテゴリーごとの数量と製品単価とを180カ国前後について取りまとめていることからすれば、月ごとに販売戦略とその成果とを確かめていると判断してよいだろう。

公表データから見て数量の伸び率において、他に比して変動が小さいのは化粧品とベビーケア用品である。化粧品もおむつも習慣性の支配が大きいというべきであろう。これに対して変動が大きいのは、洗剤などの家庭商品や健康維持商品である。他社の商品との差別化の余地が相対的に小さく、他社の価格戦略によって結果として売上数量が影響される側面が大きいともいえる。販売単価の引き上げにより、客足に影響が出る面もある。ひげそりなどの身だしなみを整える製品についていえば、不況時における買い控えが観察される。こうした商品ごとのカテゴリーを越えて一般的な命題として成立しているのは、全般的価格情勢の変化のなかで、単価の引き上げを通じて売上高を維持するという経営の意思が汲みとれることだ。利益を維持するという企業にとっての最も重要な課題のひとつを実現するため、全般的な資材価格上昇のなかで、売り値単価の引き上げを図るのは当然のことであろう。当初の思惑どおり想定に近い販売金額を実現する。こうしたいわゆる値上げが可能な状況に対して、ブランド価値の維持に成功しているからだ、という意味付けをわれわれは行ってきた。しかしこれで、P&Gは企業としての課題を克服したといえるのか。

販売数量は制御の外にある。売上単価の設定は企業側で行われるが、店頭での購買は消費者が決めることである。販売数量が減少した場合には、次の段階で資材購入量に影響してくる。時系列的な経済動向に単価の引き上げが影響を及ぼしている。こうした状況を記述するのがダイナミックモデルであり、われわれは多変量を時系列的に追いかけ、ＭＡＲモデルをつくり、トレンドを外した周波数領域において変数ごとの寄与度を確かめる。

続いて売上高の推移を見てみよう。健康維持商品は相対的に売上高が堅調であり、これに次ぐのが洗剤などの家庭商品である。これらは差別化に向けてのブランド戦略が結果的に成果に結び付いているともいえる。これに対して身だしなみを整える商品の分類は、景気情勢が悪化すると買い控えられることがわかる。買い替え需要が抑え付けられる商品群だといってよい。

問題は売上高の維持にあるわけではない。不況時の株式市場においても、Ｐ＆Ｇは相対的に株価維持に成功していることはこれを表している。しかし２０２３年10～12月期のように、全般的な買い控えが浸透するなかとはいえ、数量ベースで前年を下回るという昨今の状況を甘受せざるをえなかったことをどう評価すればよいのか、という課題が身近に起きているのだ。マーケティング戦略やブランド戦略を超えるものをいかにして引き出すのか、という企業課題があるといえよう。

ＭＡＲモデルにおいて変曲点に相当する状況の抽出にあたっては、四半期データは粒度が荒すぎるきらいがある。もし月次データでＭＡＲモデルができれば、周波数領域ごとに要因の寄与度を確かめ、現実の調整進行度合いを点検することができると思われる。

因果解析という課題に改めて焦点を当ててみよう。因果解析の道筋を追ううえですぐ思い付くのは、遺伝子情報や医療行為における薬剤の効果などである。こうした分野では交絡因子と呼ばれる、確かめたい因果関係に、別の角度から広範な影響を及ぼす因子の存在がある。こうした交絡因子の解消のためには、たとえばランダム化比較試験（ＲＣＴ）の実施などが考えられてきた。

われわれは赤池先生が唱えられたＡＩＣの、いわば出所とでもいうべき思考の出発点から考察を開始せねばならない。因果解析が具体的に求められる状況のなかで、一般化しうる規準を先生は提示されたからである。われわれの理解によれば、現場を預かる職人が持っていた基準にかかわって、時系列データの点検を繰り返すなかからＡＩＣは生まれたといえる。

セメントの焼成炉では、ときどき「壁落ち」が起きる。石灰石や石炭に含まれる不純物が炉の内側に付着し、この塊が落ちた後が職人の出番となる。この壁落ちは「介入」（インターベンション）と一般化できるであろうシステムの外側からの、セメントを生成するはずの自立的なメカニズムへの介入、と受け止めればよい。赤池先生の観察では、名だたる職人は炉に取り付けた窓から内側を観察し、炎をもう一度整わせることに集中、という規準を最優先させていた。炎が整わなければ、炉の内部の温度は安定せず、結果として望んだセメントの品質が得られないのだ。ということは、壁落ちの後の、扉の開け方（空気の吹き込み量の調整）、原料としての生石灰の注入、熱源としての石炭の注入、などの諸変数の操作にあたって、炎を整えるという一点に注力する作業がその時点ではすべてになる。この当てはまりの良さ（尤度）を追求する過程では、壁落ち以前の状況を律していた他の変数群やその時系列的な動きは、一度完全に脇に追いやることになる。「馬には乗ってみよ。人には添うてみよ」との社会的知恵を適用するがごとく、炎を整えることに全力を傾けるという方針だ。そのときは結果的に他の要素は切り捨てている。ＡＩＣはこの尤度の追求と、それにあたっての変数や時系列の次数の絞り込みの両方の追求から形成された規準である。

すでにみたように、２０２０年代に入ってのグローバルエコノミーには、四半世紀以上を隔てて、それまで安定的に持続してきたシステムへの「諸介入」が生じている。ここから経済や経営の制御を開始せねばならないとすれば、反事実（カウンターファクチャルズ）を手掛かりとするしかないだろう。「もしそうでなかったとすれば」が反事実に対応している。ここでは「介入がなかったとすれば、どうだったのか」という事態と、「介入が生じた後の事態」とが対比されることになり、この差異が汲みとるべき情報量を示すことになる。「介入がなかったとすれば」という状況を想定すれば、われわれはそれ以前の状況に基づく予測経路の提示が可能だ。しかし現実は介入によって大きな変更が生じている。新しい時点において予測、制御を行おうとすれば、介入という変動因にひたすら向き合う必要が出る。壁落ちが起きれば、「炎を整える」という一点に絞って、壁落ち後の事態の制御を図るべきなのだ。

介入があった後の経済変数の推移を予測するには、モデルの（再）選択を行わなければならない。介入後の実現値と反事実の予測経路との差異は、どの程度の時間差で埋められるのか。モデルの

（再）選択を繰り返しながら逐次的に追いかけることになるが、４回前後の試技が必要なことが多い。ＡＩＣによる変数や次数の絞り込みを行っても、すなわち「炎を整える」ことに当座の目標を絞り込んだとしても、調整には多少の手間が必要だ。そして提示した予測経路を実際の変数が追いかけるようになれば、ＡＩＣはとりあえず回答を示したことになる。そして、介入後の大状況の変化を追いきれたと判断されることに至れば、尤度の改善への注力が再浮上する。変数や次数は当初絞り込んで成果を収めたがゆえに、その成功後は多少の拡大が許される、というのがモデルの再々選択への踏み出しの意味である。

ＭＡＲモデルによって経済データの予測や制御のための努力を続けるなかで、自身の課題を浮き彫りにできるという立場をわれわれはとっている。２０２１年以降の介入が相次ぐ事態では、経済運営や経営の実績を改善することは至難となっている。しかしわれわれはＡＩＣの適用を通じて、とにもかくにも諸変化の様相を追い続ける決意である。変曲点が次々と登場する、いわゆる動揺期にあっては、こうした方針を維持することが現実からおいてきぼりをくわない唯一の方法であるように思われる。周波数領域にかかわって変数間の寄与度にめどを付けられることも、因果解析において大きな力を得ることに繋がる。

３　経済データ、経営データのハンターの立場からの立論

中国経済からの影響波及がいかに広範なものかは、Ｐ＆Ｇの過去20年ほどの経営データからも明らかである。しかし因果解析を押し進めるうえでは、中国経済に関する利用可能なデータは余りにも少ない。たとえば中国の景気変動に伴うリズムを抽出しようとしても、それは容易なことではない。在庫変動に伴う企業収益動向という、ごく基礎的なテーマの追求さえ容易なことではない。中国政府が企業の在庫状況を把握しようとしても、それが単なる統計データの正確性を期すもの、と中国企業には受け止められていない。課税当局からの調査と区分されていない、という意味において、いわゆる統計法は存在していないも同然である。このため現実に売り値が下がったとか、企業利益が圧迫されてきた、という現実が到来して初めて、在庫調整が進行中との判断を下す以外に方法はない。

ＣＩＰＰＳ中国指数は、過去10年間について２０１４年10月、そして２０２１年２月という景気変動において最も注目される時節にあって、そのピークを刻むのに成功していると自負しているが、中国で発表される経済データで裏付けされている命題とはいえない。しかし、中国政府の発表するものを使っている限り、周波数領域において相対寄与率をはじき出すことも無理だろう。

中国経済の中期的停滞についての仮説はいくつか提示されようとしているが、データに基づいた仮説提示は容易なことではない。独占禁止法上の疑義を招かないよう十分な準備をしつつ、国際的な第三者機関が、たとえ外国系企業についてだけであっても、中国内における原材料や製品の在庫状況についての報告を取りまとめる必要があるのではないか。こうした試みが一朝一夕ではできないとすると、不動産業などでの大規模破綻が相次ぐことさえ視野に置かざるをえない現状からすれば、民間研究機関が守秘義務契約を個別企業と結んだうえで、売上の予測経路の提示と引き換えに、限定された企業データへのアクセスを可能にする仕組みも必要になるのではないか。

中国経済の decoupling とでもいうべき、中国経済のデータ群が現実から切り離されたままという状況は、建国以来といってよい。中国が「小国モデル」ですんでいたときは、それでも不都合は大きくはなかったが、今日ではグローバルエコノミーの巨大な変動要因と化している。地球温暖化防止などでの国際協調と並んで、経済データのうえでもこのことは強調されるべきだ。そしてこれが実現するまでは、われわれは中国経済把握のための試技を繰り返す以外にない。

4　EUの経済リズムの背景にある制度化努力

われわれはP&Gとユニリーバという、傍から見ると同質的とも思えるグローバル企業の内なるリズムに、思いの他、大きな差異があることを見た。これは北米、そして欧州という塊が経済メカニズムにおいてかなりの異質性を有していると解さねばならないことを意味する。

大西洋を挟んだ海運で見ると、欧州から米国へは重量において「水」が圧倒的である。「エビアン」やワインを思い浮かべればよいのかもしれない。自動車や電子機器は、双方の企業群が互いに相手の土俵に入り込んで競争が行われているのだ。そして大きな違いは、制度化と国際的な標準化にかかわる欧州の努力といってよい。たとえばＥＵの本部があるブリュッセルでは、地域統合と地球温暖化対応のスキームづくりとを結び付ける試みが産業政策として統一的になされた。そして地域外適用を通じて国際的レジームづくりにまで踏み込んでいる。しかしＥＵでは、日本の産業政策が言及されることはない。日本はいかなる意味でも基準を提示しているわけではないからだ。

１９９１年にソ連邦が崩壊すると、旧東欧を欧州として抱え込むという命題が浮上した。統一市場の拡大は、他方で負担増を伴うことが明らかだった。そして２００４年にポーランド、チェコ、ハンガリー、スロヴァキア、エストニア、ラトビア、リトアニアが旧東欧の第一陣としてＥＵメンバーになるときには、統合のための資金の持ち出しと温暖化ガスの排出権にかかわって、旧来のＥＵ加盟国における主要企業の温暖化ガスの排出枠の引き下げとが結び付けられた。拡大ＥＵの市場のうまみを手にできる大企業に対して、温暖化ガスの排出量規制の段階的厳格化受任義務を対置したのである。そして足りない排出枠が出れば、排出権取引市場での購入を強いた。旧東欧では標準的装置を旧来の機器と取り換えて導入すれば、排出権の枠余りが生まれ、これを旧西側に売ればよい、という全体像の提示である。２００５年に誕生した排出権取引市場は、とにもかくにも排出ＣＯ２についての価格を出し続けた。ＥＵタクソノミー（分類）の名で呼ばれる関連付け、あるいは分類の基準といってもよい。そしてこれは国境炭素税として、排出枠設定のスキームを持たない国からの輸入品に対して税を課すという構想ともなる。

ロシアをこうした枠組みに入れられないうちに、ウクライナでの戦闘が生まれてしまったが、ＥＵの市場が自ら図るという側面を持っている以上、欧州企業はこうした枠組みの内側に自らを位置させているといってよい。このことが売上や投資のリズムに反映することは、企業データについても確かめられると考えるべきではないか。ＥＵ企業に関しては、ＥＵ市場の枠内で成立しているという意味でＥＵタクソノミーを明示的に抽出する努力が課せられている。

ユニリーバもまた中国市場を有望視している、というだけでは分析できず、ＥＵタクソノミーにかかわってどのようなリズムを抽出するのかが、因果解析を行ううえでは重要になっている。ＥＵ企業の持つリズムの解析において、ＥＵ内におけるアソシエーション（関連付け）を分析する工夫が改めて開始されるべきである。

ユニリーバがロシア市場からの撤収に即時に踏み切れなかった理由は何か。これがその後も尾を引いて、ユニリーバの経営陣にとっての負担感に繋がるが、逆にいえばロシアの比重は、今後を視野に入れれば潜在的には高いものだった。生産拠点の整備も着々と進んでいたのだ。

ＥＵには2つの基調がある。ひとつは自由と民主主義にかかわるものだ。フランス革命が持った影響力といってもよい。もうひとつは広域的地域統合による欧州のリズムづくりだ。主権国家ごとの対応を重ねても、北米や環太平洋という枠組みに抗することは難しいからでもある。

後者の視点に立てば、「欧州共通の家」にロシアもまた含まれるのは当然のことであろう。ウクライナ侵略は許せないが、どこかでロシアを包含する契機を見つけたいという思いは欧州に共通しているといえよう。アングロダッチカンパニーとしてのユニリーバには、この点にかかわる躊躇があったのだろう。ウクライナにおける停戦協定を巡っても、こうした視点からの分析は、欧州の明日を展望するうえで欠かせないだろう。

5　商品の単価や売上数量の分析からマクロの経済政策分析へ

物価上昇トレンドが観察されないときには、長期にわたって「金利がない」状況が生み出されることもわかった。そしてこうした状況の下では、外部から「介入」として異常な入力があった場合に、経済システムの持続性担保のために、金融の量的緩和（ＱＥ）が採用されることになる。COVID-19 発生の場合がそうであった。たとえこうした介入があったとしても、その後の特別な政策措置（さらなる金融緩和）採用の余地があったことを意味する。

そしてさらにいえば、decoupling（derisking）というサプライチェーンネットワークの分断を提起することも可能だった。２０１８年にトランプ大統領（当時）の下で、中国からの輸入品に対して最高25％の関税が導入された。中国市場に進出した米国系企業の知的所有権を中国側が実質上無視し続けてきたことが、この新措置に至る背景のひとつだった。その後、技術供与が中国の軍事能力の飛躍に直結しているとの議会報告書が相次ぐなかで、半導体を中心に対中供与の停止も行われるに至った。マクロ経済の特徴が「金利のない」状況だったからこそ、思い切ったサプライチェーンネットワークの分断さえも可能だったのである。しかし２０２１年の夏過ぎからは、「金利が付く」状況への転換が生じつつあった。このように軍事を含むグローバル経済の新状況の展望にも、商品単価の上昇の持続性やいかに、というテーマがかかわってくる。

〔質問〕

P＆Gとユニリーバの業績予測の差が、グローバル企業といえども、その地縁性を払拭できないところから来ていることがわかった。またP＆Gについていえば、経営上の新命題が浮上していることも理解できた。ブランドを確立しているはずの巨大企業でも、成長性という視点に立てば、経営戦略の再考もまた求められることが予測経路の導出を通じて理解できる。しかしさらなる分析となれば、手詰まりが見られるのではないのか。

〔回答〕

すでに指摘したように、新経営命題を浮上させるには、月次データや週次データは不可欠だろう。どの時点で因果解析の新しい枠組みが適用可能か、という点検は、経営課題の認識と不即不離の関係にある。たとえば売上高や販売数量について、いつ、どのような変数からの寄与度が大きいのかがわかれば、経営戦略上の優位性確保に繋がるだろう。長い目で見れば新戦略の採用は不可避だとしても、それをじっくり練る時間的なゆとりがあるや否やは決定的だといえよう。分析上の早めの手当てを通じてこれを可能にしたいものだ。因果解析において先行することは、経営資源の配分にとって決定的に重要だといえよう。新命題の提示にあたっては、もしさらなる遡求が必要となれば、企業間においてある種の情報共同体を結成することも検討対象となろう。新経営命題をデータ群から抽出することの意味はここにある。

Ｐ&Ｇが２０１５年の中国人民元危機を同時代感覚として受け止めてきたことを見てきた。そして中国のみならず、ＥＵ経済にも脆弱性を感じざるをえなかったために、北米市場の見直しに入った可能性がある。Ｐ&Ｇにおける地域ごとの売上比重において、北米の位置付けは再度の上昇となったのだ。

Ｐ&Ｇやユニリーバのようなグローバル企業にとっては、経営データ分析とグローバルエコノミーを襲う諸々のイベントがもたらす諸影響についての見極めはとても重要であり、企業業績の展望にも直結するものであることがわかる。以下では企業業績に直結するグローバルなイベント空間について見てみよう。個別企業のデータからは距離をとるが、企業にとっての意思決定を考えるうえで、企業外のデータの取り込みが実は根幹をなすからだ。週次データや月次データの持つ特徴についても言及することになろう。

6　週次データとＡＩＣによるモデル選択の持つ際立ったagility（機敏さ）

赤池先生は、機械のオペレーションなどにおいて望ましい制御の実現を期すため、手持ちのデータを使って次の局面の予測はいかにすれば可能か、というテーマに取り組まれた。たとえば火力発電所の状況についての次の局面の予測の重要性は、下手すれば炉の破壊という重大事故に繋がりかねないことからも明らかだ。経営的損失にとどまらず、人命さえも損なわれる可能性があるのだ。そこで予測経路の導出に焦点が当てられる。手持ちのデータはすべて過去のものだが、データ間にフィードバック関係が成立していることは、年季の入った職人ならば知悉するところだ。そこで時系列データを複数の変数について収集する。たとえば炉内の温度の予測がとりあえず求められるとなれば、石炭等の燃料投入量、空気を入れる窓口の開放度合、等々のデータが遡って求められるのは当然だろう。n期までの実績値に基づいて$n+1$期の炉内温度を計測する作業である。「観測されるデータは、確率的に変動するトレンドの周りを、自己回帰過程で表現される定常変動している」というモデリングを行う。

時系列データはトレンドを持っているので、モデルを当てはめる前に変換を施し定常化させる。そして定常化された系列に対して、MARモデルを当てはめる。多変量間の複雑な関係性を一次近似として表現すれば、自己回帰項とホワイトノイズ項との組み合わせとなる。現時点の変数の値は、自らの過去の値と他の変数の過去の値との線形和として表現されるのだ。

ノイズを0として推定したパラメータ群と直近の変数の値を使えば、予測経路がはじき出される。次の時点では観察値が得られ、逐次的にこの手続きを続ける。予測値と観察値との乖離のあり様から、変数と次数の選択（モデル選択）の適否の判定がなされる。AICによれば、イベント（システムに加わる衝撃）があれば、変数や時系列モデルの次数の絞り込みが望ましいということになる。

欧州における代表的企業の株価指数（Euro Stoxx 50 Pr Index）で、イベントであるウクライナ情勢の展開、そして金融政策の変遷についての期待値の変化が与えた影響と、そのなかでのモデル選択、そしてその予測経路の修正を見てみよう。

2022年2月に入ると、欧州の代表的株価はウクライナ情勢の厳しさを拾い始めている。そして予測経路もまた容易ならざる状況の持続を提示した。しかし2月24日のウクライナ戦争からしばらくした3月第2週の実績値からは上方にシフトした。3月第1週の予測経路とはまったく異なる実績値となったため、モデル選択に変更が及び、3月第2週、第3週、第4週と新経路の模索が始まっている。先進国の財政、金融政策がイベントを打ち消すような方向性を帯びたことがこうした観測値を生み出した背景にあったといえよう。そしてこれを織り込んだモデル選択がなされたことになる。週次データはイベントの直後においても、新たなイベントが生まれればそれを取り込むといえよう。

ブチャにおける戦争犯罪が明らかになり、戦争長期化不可避との見方が支配的となった4月第1週からは、観測値も、また予測経路も下方に転じた。足元の株価はエネルギー情勢の緊迫化が金融引き締め強化という見通しに繋がり始め、モデル選択もすぐにこれを追い始めたのだ。

AICはこうした過程でどのような働きをしているのか。観測値が予測経路を大きく外したとき、尤度を改善するためには新しい変数の選択が不可避となり、従来それなりに説明力を持っていた変数のうち、モデルから外すことが望ましいとされた不適切変数を落としつつ、新しいイベントに向き合うのにふさわしい変数が採用され、こうした新変数が圧倒的な重みを持つに至るといってよい。またこうしたイベントが発生すると、“less is more”という変数や次数の絞り込みに至るのがAICの特徴でもある。遡った状況において説明力を持っていたということは、新しいイベントの下では適性を欠く変数という結果になるといってよい。

欧州の株価指数のその後を見ると、7月にまたしても転機が来る。観測値は7月第1週から下げ渋る。7月第3週までの予測経路は期を重ねつつ下方に向かうが、7月第4週の時点で変曲点に到達し、次数を絞ったモデル選択に切り替わったのだ。米国の金融政策は引き締め一辺倒ではなくなる、との見方がしだいに広がり始めたからだといえよう。これまではイベント到来との認識は極めて短期間で、すなわち週が変わると新たなモデル選択に至ったが、このケースでは3週間を要している。なぜなのか。

ロシアによるウクライナ侵攻も、ウクライナ戦争の長期化も、世界中でほぼ共通の認識が瞬時といってよいほどの期間に形成された。しかし7月時点での米国金融政策の手直しにかかわる認識については、徐々に、かつ依然として正反対の見方も残るなかで形成されていったものといってよい。欧州の株価動向も予測経路との食い違いは明らかだが、上昇テンポが定まったというほどではない。7月第4週に入って、株価に底入れ感が出ると、モデル選択の変化に結び付いたのだ。AICという情報量規準は、まさにこうした認識変更の変化軸に沿って、その役割を果たしたといえよう。

8月中に回復のピークがいったん形成されるが、連邦準備制度理事会（FRB）議長ジェローム・パウエルのジャクソンホールでの演説というひとつの暫定的結論への、市場における類推過程と重なっているともいえよう。

興味深いのは、10月と11月における週次の予測経路は足元から次第に下落するというパターンを続けるものの、現実の観測値は上昇基調を続けるという局面だ。この間について予測経路の提示は、はたして意味あるものだったのかどうか、と問われれば結果として意味があったとはいえず、むしろ投資家をミスリードさせるものだった、というのが実際に近い。なぜこうした連続的、かつ凡庸なハズレが放棄されたのか、ＡＩＣはイベントを形成しないものについては、十分な基準発揮には至らないといってよいのか、との疑問が提示されても不思議はない。

われわれは次のように解釈する。２０２２年10月から11月にかけては、その時点において米国の物価上昇基調の行方について、先行きは上昇圧力は低下するという見方が一部で広まり、現実の株価形成に反映した側面がある。しかしわれわれはこれを週次データとその予測経路というかたちでモデル選択に結び付けられなかった。いわば物価見通しに繋げられる週次の物価データを拾い切れてはいないのだ。ここにわれわれの努力の方向性が示されているといえよう。

米国の小売業態のなかでＰＯＳデータの採取を続けている企業体がいくつかある。もし、米国商務省が月次データとして発表している個人消費支出デフレーターの動向に合致する週次データの候補指数をまとめあげることができれば、２０２２年10月から11月にかけての、米国の金融政策動向についての楽観的見方を裏付けることができたのではないか。われわれがその週次データを変数として採用できれば、モデル選択にあたっての実効性や便宜性は格段に改善しよう。ＡＩＣの有効性を巡る論点が形成されたことであろう。有効性を否定する材料が出たわけではなく、必要なデータの生成の側に欠落がある、と総括せねばならない。

週次データに基づく予測経路の提示という点に関していえば、既述の物価や消費だけではなく、投資財価格や投資動向（量的指標）についても欠落があり、実態経済の予測経路提示に大きな欠陥があることは間違いない。消費や投資という、ＧＤＰの構成項目として大きな比重を占めるばかりでなく、経済の他方面へのフィードバックを現実に引き起こす重要な変数をどうやって補うのか、という課題である。消費面の数量や価格については、小売企業のＰＯＳデータが手掛りとなることはすでに見たが、投資にかかわる数量や価格は、投資財生産企業の経営日誌に相当するものが手掛りとなるだろう。日計ベースで営業報告を企業内で取りまとめている企業に対しては、当然のことながら週次データ作成にかかわる要請をわれわれは行いたいと思っている。消費財はもちろんのこと、投資財についても市場価格や市場での成約数量にかかわるデータが実際には存在する。こうしたデータがデータセットに含まれているならば、株価、債券価格、リスクとリターンの組み合わせ一覧表などの予測経路を、モデル選択の工夫の延長線上で提示できるのではないか。われわれはこうした企業群との協同作業の開始を念じている。

グローバルエコノミーは decouple されたのか、という問題提起が広がりを見せるなかで、われわれは注意深い吟味が必要であることを主張してきた。もちろん明瞭な亀裂線も浮上している。軍事対立の先鋭化のゆえに、半導体や半導体製造装置についていえば、交流の遮断は現実のものになり、これがさらに科学、工学分野におけるＲ＆Ｄ人材に対する切り離しの仕組みの登場さえ論じられるに至っている。たとえば量子コンピュータの開発を考えれば、サイバーセキュリティの分野における優越的地位の確立と反対陣営に対するその阻止策とはいまや一体として論じられ、その措置も人的交流の遮断を含めて動き出そうとしている。

しかしエネルギーや工業用資材の価格動向についていえば、グローバルエコノミーの内部の調整の一環として、中国・ロシアを含む主要国の動向は統一市場の内側の要因として勘定に入っている。われわれは週次データに基づくモデル選択とＡＩＣを駆使した現実への寄り添い方を通じて、グローバルエコノミーの新たなる実相に迫ろうとしてきた。そしてこうした因果連鎖の追求において、週次データの持つ威力と帰納推論への寄与の大いなる可能性を展望しようとしている。そして、経済の実相を日々構成している企業群が保有する週次データの威力を想像できるまでには到達したといえよう。

7　六日の菖蒲、十日の菊

２０２２年12月は、低格付け債のみならず、割安株といわれる実物資本設備を持つ企業の株価も下押しした。これまでの経済指標との符合からしても、世界不況到来説を一笑に付すことはできない。それではわれわれの週次データ分析から、グローバルエコノミーに下押し圧力が働き続けてきた結果、２０２３年は抗えないほどの下方圧力が経済にかかるといえたのか。

金融市場のど真ん中に位置する人のなかに、この見解は無視できないとする人物が少なくない。

長期にわたるQQEが続いた。日本についていえば10年以上、米国についていえば21世紀に入って以降、低金利は持続してきた。これが転換を迎えるとなれば、リスク要因に対して結果として甘い評価を続けてきたとされる分野での大調整は避けられないとする説は、もう無視できそうにない。われわれの週次データにおいても、いまだ大調整の途上と考えざるをえない金融商品は少なからずある。JPモルガンのサーベイ指標はそのひとつといえるし、CEOのジェミー・ダイモンは2022年の年央以降は、厳しい調整がグローバルエコノミーにあっても不思議ではないといい続けている。金融調整は実態経済の調整を伴って初めて実効性を獲得する、との見解といってよい。

EUについていえば、ウクライナ戦争とエネルギー価格の高騰とが結び付き、これを抑えるための強度の金融引き締め策の持続は不可避との説も有力だ。そしてこうした経済調整が本格化すれば、ユーロ圏内での亀裂拡大も、EU域内での不調和の続行も回避できず、機動的政策展開は期待薄となろう。

考えてみれば、銅、アルミ、尿素、アンモニア、エチレンなどの価格はウクライナ戦争の長期化のなかでも下押し基調が続いてきた。どのような要因が寄与しているのかを個別に見ていけば、中国経済の調整だけが圧倒的な寄与をなしているとはいえない状況が明らかであった。もちろんインフレ克服のための金融引き締め策の強化が、経済活動の落ち込みに直結するという因果関係の推測も可能であった。しかし、日本の40年ぶりの物価上昇率とか、金融緩和持続にもかかわらず物価上昇がないという、グリーンスパンが指摘した米国における謎（コナンドラム）から20年近く経過したことを考えると、週次データを中心とした因果解析だけでは実態に迫り切れないといわざるをえまい。グローバルエコノミーの解析にさらなる工夫が必要といえよう。次は、月次データでの接近を試みてみよう。

これまで、週次データを使った予測経路の導出と、その後の実績値との乖離が明らかになる状況とを対比してきた。過去に遡ったデータ群のなかで、予測経路を導出したい目的変数に対する説明力のある変数を選び出すにあたって、尤度（likelihood）を高めるという選択基準が採用されるのは当然であった。現状を十分に説明できる時系列データは、何と何と何なのか、という分析視点がまず確認される。尤度を高めるために変数を拾い続ける、というモデル構築になるのはごく自然の流れといってよい。これでもか、これでもかという努力を重ねれば、説明力は向上すると一般的には考えられる。

しかし、本来の目的は現状の説明のための工夫の積み重ねが求められているのではなく、予測、あるいはその先の制御に有効に寄与するはずの変数の選び出し、というモデル選択が求められているのだ。ＡＩＣは、個々の変数に随伴する雑音（ノイズ）が予測経路に及ぼす影響に着目するところから導出された。選び取られる変数や、遡って採用する次数にペナルティーを課すところに最大の特徴がある。われわれが週次データにこだわるのは、イベント（事態推移に大きな影響を及ぼす出来事）が出現したとき、結局のところどこに帰結するのかという event attribution の追跡にあたり、データ群を無限に採用できない以上、短期間に生ずるであろう変数の時系列間のフィードバック関係の抽出が望ましいと考えるからである。月次データでは時系列の変数間のフィードバック関係の詳細に迫ることは難しいと判断せざるをえないのだ。

たとえば、ウクライナ戦争の長期化不可避との認識の広まりは２０２２年4月第1週からといってよい。週次データ群のなかで、高価格エネルギーの長期化を大前提とした金融資産価格の決定が進行し、リスク要因の抽出作業が諸方面で行われた。その結果として、ハイリスク商品の総崩れと、こうした展開を織り込んだうえでの国際商品市況への波及が見られた。日本経済についても、こうしたイベントが引き起こす動揺のきっかけが何であったかという推測は欠かせない。月次データでこうしたフィードバックの道筋を追うことは著しく困難であった。しかし週次データに寄りかかった分析の弱点は、生産、出荷、販売、受注、運輸などの実態経済の指標に迫りにくいことだ。市場取引で価格が導出されるものについては、週次データの威力は際立ったものだが、そうした価格付けが実態経済に及ぼす影響については努力を重ねるものの、月次データへの橋渡しは容易ではない。とりあえず月次データでどこまで迫りうるかを見てみる。

エネルギーや穀物価格が急騰するなかで、生産指数、機械受注などの実態経済を表出させる月次データ群の際立った特徴は、銅、アルミ、尿素、ナフサなどの工業用基礎資材価格によって、戦争長期化の負の影響が照らし出されるところにある。さらにいえば、週次データで日米両国の実態経済を拾い出すことは難しいため、工業用基礎資材価格の時系列データからのフィードバックを受ける変数に思いを馳せれば、金融資産価格に関連するものが多くなる。金融資産価格については、予測経路の導出と実績値との関係において比較的安定的な関係が抽出できるが、実態経済指数との関係を確かめたいという思いがわれわれにはあった。

時系列の月次データを取ることができれば、実態経済と価格体系とのフィードバック関係も直接把握できる。そして結論の方向性は同じで、戦争長期化からの影響が及ぶ経路は様々だが、工業用基礎資材価格を下押しする関係性が抽出された。われわれの暫定的結論は、データの網羅性をたとえ欠くことがあっても、つまり部分集合からのデータに過ぎないにしても、因果解析は可能だし、導出される予測経路と実績値との誤差についての検証を続けるならば、その有用性については相当程度信頼が置ける、というものだ。週次データの不足を補う努力を維持させれば、市場における価格形成に関連するデータに頼りすぎだ、との批判があったとしても、event attribution にかかわる初手として、こうしたデータ分析は捨てたものではない。

これは東証株価指数（ＴＯＰＩＸ）の分析を通じてもいえることだ。週次データに基づくものと月次データに基づくものとを比較してみよう。イベントが起きた後の予測経路に当然のことながら興味は絞られる。２０２１年秋から年末にかけてＴＯＰＩＸは下方に向かう。11月24日の米国商務省の個人消費支出デフレーターの発表前から、ＴＯＰＩＸは先行きに対して注意深い動きを示し、週次データを使ったモデル選択の予測経路もこれを示していた。２０２２年４月以降のイベントの発生とその時点ごとの予測経路も、週次データの効用を表示するものといってよい。その都度足元で先行きを展望する手掛かりが得られる。

しかし簡単でなかった時期もある。それが２０２２年７月の週次データと、その都度の予測経路である。８月下旬のジャクソンホールにおけるパウエルＦＲＢ議長の発言を巡って憶測が広がった時期である。物価情勢の多少の落ち着きもあり、強度の金融引き締め策の回避がありうるのではないか、という見方が勢いを増したのだ。しかしＴＯＰＩＸの予測経路は、７月第１週から第５週まで、５回連続で足元の趨勢は続かないと示したのだ。理由は２つ考えられる。ひとつは、週次の物価データが拾いきれていないことだ。これについては他の手段を考えねば、とわれわれは思っている。もうひとつは、モデルが実現値の持続性を疑っている可能性だ。実際のモデル選択においては、予測経路がその後の実現値を外しているので、この外れ具合にかかわる情報がモデル再選択というサインを出している。しかしこれをそのまま素直に反映していないということは、他の変数からのフィードバック効果が依然として大きかったということだ。事実、８月第１週からはＴＯＰＩＸの予測経路がほどほどのものを示し出したのだ。

ＴＯＰＩＸの月次データからは７月の現実、そして予測経路も、金融政策当局の戸惑いに相当するものも拾えていない。現実の素描、そして予測経路を巡る当事者たちの葛藤を見ようとすれば、月次データの分析では不十分なのだ。

因果解析において、週次データと月次データとはどのように識別されるだろうか。まず週次データのカバリッジの狭さの問題がある。市場があって取引価格が毎日のようになされるものと、物量についての生産、販売、輸送、在庫の増減などの指標の集約には当然のことながら大きな違いがある。市場価格ならば簡単に引用できるが、拠点ごとの活きものとしての物財を一国ベースで週次データとして集約する仕組みはない。中国の状況を見れば、在庫循環による販売価格の下押しという現実が中国の内部で深刻化しつつあるのが今日の状況だが、しかし、在庫減らしが始まったかどうかを検証する手段は当局にはない。だが、市場の価格については観察可能なので、これで在庫削減努力という方向性に見当を付けることになる。

この点について、ＡＩＣの適用を巡っても、実質的な判断基準に寄り添うことの意味が問われる。第1は、時系列データが部分的にでも入手できるかどうかだ。入手できればフィードバックが働いているかどうか、またフィードバックは時系列の短い周期（たとえば2～3カ月）で効いているのか、それとも長い周期（たとえば1年以上）なのかを分析することができる。ここから在庫循環や設備投資循環を考えることができる。価格指標から数量の動向を解く、という推論は当たり前過ぎるほどの分析手法である。部分的であれ、データがあるかどうかは決定的に重要であり、「データが出揃ってから」では、分析の機を失する恐れが多分にある。スモールデータからの開始が重要、といってよい。

第2は、予測のためには足元のデータ入手が決定的に重要な点だ。「六日の菖蒲《あやめ》、十日の菊」との評があるように、予測経路の導出にあたって重要なのは、時間が経ってからの包括的統計ではなく、部分的であっても足元の活きたデータの入手である。「一部のデータに依存すれば、全体像の把握を妨げる」という言説は、いかにももっともに聞こえるが、時系列データが持つフィードバック関係に迫ることができれば、足元のデータは部分的であっても極めて価値が高いのだ。

第3は、実務家の知恵を借りることだ。時系列的なデータ群には、永年の観察者だけが知っているフィードバック関係が存在する。ＡＩＣに基づくモデル選択によって変数や次数が抑制的な採用となったとき、思わざる予測経路の導出となることもあろう。想定される範囲内で関連しそうな変数を取り出し、フィードバック関係の抽出という手続きがとられることを想起すれば、ＡＩＣによる予測経路の導出が、過半の当事者に納得されるかどうかは定かではない。因果解析の手続きを踏んでいるにもかかわらず、物語り（ナラティブ）が構成されないようでは、このモデル選択に力はないと受け止める人も少なくはないだろう。しかしこうした因果解析に、実務を通じて迫ろうとしてきた経験者のなかには、半ば言い伝えのようにして、特定の因果律推計からの指針を墨守してきた人もいる。ＡＩＣはこうしたものを新たな視点から引きずり出すこともある。分析者のうち、業界で新たな規準を確立するような人は、ナラティブを古老から借りることもあるのだ。

event attribution はどのような手順で行えばよいのか。われわれはAICを駆使して、グローバルエコノミーの decoupling と一般的に名付けられつつある状況下での、イベントがもたらす帰結を推測しようとしている。2021年から2023年にかけてのグローバルエコノミーの変動過程は、歴史的に捉えようとすればするほど、幾度も、かつ異なる視点からの点検が繰り返されるであろう。われわれの立場は明確だ。同時代人としてこの変動に遭遇した以上、われわれの持ち得ている分析用具を動員して、足元で起きた経済的帰結に寄与する要因を確かめ、グローバルエコノミーの主要な構成要因がいかなるものであるかを引き出そうとする。そして2024年以降の10年ほどをとれば、中国経済の行方とグローバルエコノミーとがどのように交わり、また分離するのかは、「同文同種」と呼びあってきた日本にとっても極めて重い意味を持つ。一般的にいって、こうした問題群を解きほぐす手法は、いまのところ十分だとはいえない。

それでは、これまでの統計手法の主要なものはどうか。われわれはこれをニュートン力学に基づく手法と対比できると考える。入力と出力との関係付けにおいて、確率の高い対応関係を導き出す手法は、たとえば消費を説明するにあたって所得の推移を手掛かりに、という対応関係を重んずる。これは直感的にも「さもあらん」という予想に繋がるし、また、十分な説明力を持たない場合には、他の変数からの影響も拾い出そうという連続的試技に繋げることになろう。こうした関係性をトレンドと名付け、他方トレンドを排除したもの、すなわち周期的変動やノイズに相当する部分を分析対象にして、因果関係を構成する変数ごとの寄与度を導出する手法が考えられた。ニュートン力学に対して、ゆらぎの部分に焦点を当てて本質に迫ろうとする相対性原理が持つ分析視角に相当するものが、ＡＩＣという情報量規準である。

トレンドにかかわって、説明変数を追いかけ回す手法で現実に対する説明力が向上したとする。結果として諸変数間の関係性が浮上するが、このときのパラメータはノイズを拾いすぎている。ということは、こうして得られたパラメータを使って予測を行えば、ノイズだらけの予測値にならざるをえない。結果として予測値は、その後の観察値との関連で良好なものにはならない。このため次の努力は、見逃しているかもしれない変数間の関係性を巡って、さらに新変数を付け加えようとする方向性を持つ。ノイズをさらに拾うことになるため、予想値の改善は夢と化すだろう。

ＡＩＣによるモデル選択と予測経路の導出の利点は、その後の観察値とのズレをモデル再選択のためのインプットとして使うという様式化にある。これにより、選択されるモデルが向き合わなければならないものがより明確になるのだ。これが「ゆらぎ」を武器化する手法であり、ニュートン力学を新たな視点から脇に追ったうえで、「ゆらぎ」に注力していく手法ともいえる。こうした探索を重ねていくうえで、使用する変数の数が増えることにペナルティーを課すというＡＩＣは、「ゆらぎ」は「ゆらぎ」として受け入れたうえで、「探索」が成果に近づけば、「利用」というかたちで予測経路の導出を持続させる。

週次データを使うことの有利性について再度提示しよう。2021年10月から12月にかけては、米国の金融政策の舵取りについて不確定性が表面化した。ユーロ圏の代表的企業の株価指数の推移で見ると、10月第2週から第5週まで観察値は上昇に向かった。これに対して予測経路は下降を示し続けた。11月に入ると、下降する予測経路を追いかけるように観察値が推移した。探索は1カ月程度続いたが、その後、観察値は予測経路を追いかけるという局面に入った。

ウクライナ戦争の長期化予測の浸透ぶりを示すのは、2022年4月に入ってからのユーロ圏の代表的企業の株価指数である。3月の最終週までは株価は上昇という局面だったが、4月第1週からは一挙に下降に転じた。予測経路で見ると、4月第1週から下降経路を示し続けた。結果的には「探索」という模索期間がほぼなく、すぐ「利用」という局面に入ったのだ。

株価指数の動きを追う。2022年10月と11月の2カ月間、8週連続で「探索」が続き、12月第1週からやっと「利用」という局面に入った。この2か月間は、米国の金融政策における実質上の引き締め解除が2023年の段階で生ずるのでは、という期待が市場に広がったときである。探索の期間が思わざる長期（2カ月）に及んだ。12月からは観察値は予測経路を追いかけた。しかしだからといって「実現値は予測に従うべきだ」と「探索」期間の長期化に腹を立てて叫んではならない。10月、11月の予測経路の導出のモデルでは、本来ならば採用すべき変数が選択肢のなかに入っていないことの帰結である可能性も高いからだ。

データの制約は常につきまとう。したがってモデル信仰が広がるようなことがあれば、現実はモデル選択の枠組みを抜け出してしまう。むしろここで重要なのは、採用可能な変数は限定的だという制約がありながらも、2カ月後には予測の役割を果たしたことがわかることもある。ＡＩＣに基づくモデル選択と、これに基づく「探索」・「利用」という試行回路のなかで、グローバルエコノミーの運行航路が試されている。ゆらぎにかかわって導入されたＡＩＣは間違いなくわれわれの帰納推論の後楯なのだ。

ハイゼンベルグやウィナーが、彼らが模索した領域においてゆらぎを区分して取り出したうえで、新しい認識を提示したように、赤池先生もまたこうした領域に実務者からの要請で踏み込まれたのだ。われわれの馴れ親しんできた企業経営の領域もまた、実務者からの要請に近接する。グローバルエコノミーとそうした新環境の下での企業経営の分析には、ＡＩＣは不可欠と認識する。

われわれはニュートン力学を軽視してはならない。現実世界の制御に果たしてきたその役割を否定する人はいない。しかし新メガネで、説明が難しい領域において新しい見取り図をつくらねばならないときもある。ＡＩＣは、炉を破壊してはならない、という命題のなかで、検定という作業ではなく、予測という目的との間で、モデル選択に取り組んだ結果の産物である。トレンドではなく周期的な変動やノイズに正面から向き合うということ、すなわち「ゆらぎ」に着目したという経過は、赤池先生がどれだけ意識されたかはわからないが、ハイゼンベルグとウィナーが活路を見出したのと同じ打開策に行きつかれたことを意味する。そして event attribution という視角が求められる今日、われわれにとっての有力な武器供給という位置付けになるのだ。

〔質問〕

P&Gは中国を含む Greater China の成長に焦点を合わせた経営指針を採用したがゆえに、2015年から16年にかけてはやくも中国経済の変容に出くわした。しかしそのことゆえに、グローバルエコノミーの変容に早く対処したともいえるわけだ。企業経営とグローバルエコノミーの変容との間の交錯に対して、要因ごとの寄与度という尺度を用意できたら、企業経営分析を一歩も二歩も先に進めることができる。第3章以降でもこの視点は貫くことができるのか。

〔回答〕

企業経営のデータが外に出ることはない。四半期ごとの株主への報告に尽きるといってよいだろう。しかし本章で見たように、月次や週次の販売や受注などのデータ群は「探索」と「利用」という他の変数からの寄与を把握するうえで欠かせないものである。グローバルエコノミーの変容過程の分析にも、こうしたデータ群は多大な貢献をする可能性がある。第3章と第4章は、近過去の経済史との関連でグローバルエコノミーの把握をAICの枠組みを借りて行ったものだ。第6章と第7章は、これを足元に引き付けて分析しようとしている。企業体にとっては経営の成果がすべてだが、そのための分析において、他の重要なデータを借りたいという意向もあるはずだ。われわれは分析の側に身を置いているが、ある種の情報共同体を、一時的であったとしても構成する意味はあるのでは、と思慮しているところだ。

第3章　マネタリーベースを持続拡大させよ

〔質問〕

田中・佐藤の組み合わせで新しい検証命題の発見に取り組むようになって、すでに四半世紀を超えているといると聞いた。そのきっかけは何だったのか。

〔回答〕

１９９７年11月に大手金融機関の破綻が相次いだ。しかしその前から「銀行にカネがない」とでも表現せざるをえない状況が生まれていた。大手事業会社のトップから、「長期信用銀行のひとつから巨額の資金融通を求められたが、いったい銀行に何が起きているのか」と尋ねられたのは１９９７年の初夏の頃だった。銀行は与信を通じて経済社会の方向付けを行う役割を担ってきたが、１９９６年秋からは日本全体で与信残高の対前年比減少が生じていた。しかも10年物国債の利回りは下落を続け、歴史的低金利となっていた。民間の非金融セクターは余裕資金があれば国債の購入に回す、という態度をとり続けていた。銀行群はバイパスされていたといえよう。こうした状況にあっては、新しい検証命題の発見の手立てが求められていたといわねばならない。統計科学という問題の立て方をとられていた赤池弘次先生を訪ねて、研究の方向性について教えを請うた。そのとき北川源四郎先生をご紹介いただき、その流れで佐藤整尚氏との縁も成立した。多変量自己回帰（ＭＡＲ）モデルの構築に始まり、予測経路の導出とその後の実現値との突き合わせが始まった。われわれにとって新検証命題導出の第一歩が始まったといえよう。

本章は『論争東洋経済』（１９９８年９月号、第15号）に寄稿したものである。時系列データからどのような判断基準、そして検証命題が導出できるのか、という私たちにとっての初めての試みであった。

1　新しい視点からの経済研究の必要性

デフレスパイラルという言葉が、状況に対して多用されるようになった。しかし、このデフレなる表現は、ときに誤解を生みやすい。もし物価の下落の下げ止まりが見られるならば、これ以上の経済状況の悪化は避けられるのでは、との判定に結び付く可能性があるからだ。たとえば、日本銀行の政策委員会での審議状況はディスクロージャーの実施によって部外者にも事後的に把握できるようになったが、デフレの先行きの判断を、足元の物価情勢に置く、という立場もあるようだ。

しかし、今日の急速な下降を続ける日本経済の特徴は、物価面にあるというよりも、設備投資や生産という実物面にある。

総合卸売物価指数は、１９９８年2月から対前年同月比で今回の下降局面で初めてマイナスとなった。しかしこのときの指数１００・６はその後１００・３となったが、6月には１０１・０となり、累積的に下落するという動きにはなっていない。対前年同月比では１９９８年6月でマイナス０・３％にとどまっている。

これに対して受注や生産面では月を追うに従って悪化、景気の底が抜ける懸念の高まりを示している。

船舶と電力とを除く機械受注額は、5月には対前年同月比でマイナス28・6%にまで低下した。鉱工業生産指数も5月には同じくマイナス11・2%にまで低下している。1997年10月以降は、受注額や生産統計の下降に、月ごとに下方への加速が生じているといわねばならない。物価面ではさして異常は生じていないが、実物面での落ち込みは過去に例を見出しにくいほどのものとなった。新しい視点からの経済研究が開始されなければならないのは、このためである。

2 シミュレーションの前提

景気が回復途上にあったにもかかわらず、1996年10月からは銀行の貸出残高が対前年同月比でマイナスとなった。また、同年の8月末以降、長期金利は明白なマイナスへの方向性を持つようになった。ところが、こうした金利低下にもかかわらず、株式の市場価値は一層の低下をたどることになった。

そもそも、証券の市場価値は、将来にわたって受け取る不確実なペイオフ（支払い）の現在価値に他ならない。長期金利の低下は割引率の低下であり、他の事情にして等しければ、株式の市場価値の上昇に繋がるはずである。これを金利と証券の市場価値との裁定理論という。日本では1996年以来この裁定理論が有効ではない。これと対比すると、米国ではバブルとの声が一部にあるが、裁定理論は明瞭に効いている。

１９９７年10月1日は、日本の長期国債の利回りが、世界の歴史のなかで最低であった１９４１年の米国での1・85％を下回る記念すべき日となった。貸出残高が減少するなかで、金利が産業革命以来の世界の２００年以上の歴史になかった異常低金利となったのである。１９９７年11月の金融機関の相次ぐ破綻の発生は、こうした異常なデフレ現象のなかで生まれたといえよう。

１９９５年9月以来、公定歩合は0・5％という異常な低水準を続けている。このため、たとえ日銀貸出金利である公定歩合をさらに低下させたとしても、その効果は限られている、との受け止め方はかなり広範にある。それでは有効な金融政策の手段は何もないのか。

金融政策の有効性を試す余地はあるはずだ。なぜならば消費者や需要家の動向を掴み、これに対して積極的に提案を繰り返していく胆力がある企業経営者までもが、不動産や機械機材や原料などの値下がり予測から、ことごとくといってよいほど wait and see（手控え）に陥っているからである。こうした状況を逆転させるためには、次の3点を満たすような策が必要となろう。

①　経済状況に対して責任のある当局者の状況に対する明白な踏み込みがなければならない。

②　この点についての明瞭性が正確に民間の経済主体に伝わるためには、関与する経済指標が十分に制御可能なものでなければならない。

③ デフレ状況にとりあえず歯止めをかけるためには、政策手段の採用についても、その効果についても、即効性のあるものでなければならない。

ここから、研究にあたって次のような設定を行った。

① 当事者としての日銀を選び出す。
② 政策手段として公定歩合の引き下げとマネーサプライの増加を二の次と位置付ける。
③ 制御変数としてマネタリーベース（日銀の負債としての現金通貨＋日銀預け金）を選び出す。
④ 目的を企業経営者に対する積極対応の誘い、とする。

文部省統計数理研究所の北川源四郎教授グループとの共同研究は、以上のような問題に関する意識と設定から開始された。「貨幣は重要だ」という局面は、経済の軌道からの逸脱にあたっても、また逸脱から軌道への回復にあたっても確認されることであろう。

時系列モデルによる推計が共同研究の成果である。変数は6つで、マネタリーベース平均残高、10年物国債の利回り、総合卸売物価指数、機械受注額（民需、船舶・電力を除く）、鉱工業生産そして円ドルレートである。1982年1月から1998年5月までの統計モデルである。

この推定された時系列モデルでまず予測を行ったところ、予測の平均で見ると、鉱工業生産は1

９９９年夏頃までに対前年同月比でゼロにまで戻るものの、その後もほとんど対前年比ゼロで推移する。機械受注額は１９９９年の夏頃までは対前年同月比でマイナス10％以上のままであり、２０００年に入っても対前年同月比でマイナス数％のままである。卸売物価は１９９９年年央には対前年同月比でやっとプラスに転ずるが、その後もプラス１％には達しない、という姿である。停滞は長期化し、経済を持ち上げる力は内側から生まれそうにない、という今日の多数の人々が持つ予測どおりになっている。

推定した時系列モデルは、日本経済内部の経済変量の短期的な変動の相互関係を示すものである。陥った状況がいかに厳しいものであるかを示している。従来行われてきた程度の経済政策が持続する限りにおいて、停滞を脱することは難しく、まして東アジアからの輸入を増やすことによって、東アジアの経済回復に寄与することなど、夢のまた夢だといわねばならない。

そこで次の段階に入り、経済政策の余地を探ることになる。状況は月ごとに悪化しているのが実際なので、政策については即効性が不可欠である。日銀がマネタリーベースを対前年同月比12％増で固定したとき、他の変数にどのような変化が生ずるかを実験してみた。図１に示したように、１９９９年の後半には機械受注額は対前年同月比でプラスに転ずる。また鉱工業生産も1年以内にプラスに転ずることになる。

とにもかくにも、経済好転のきっかけを掴むことはできそうだ。マネタリーベースの伸び率が12

図1　1998年5月時点の結果

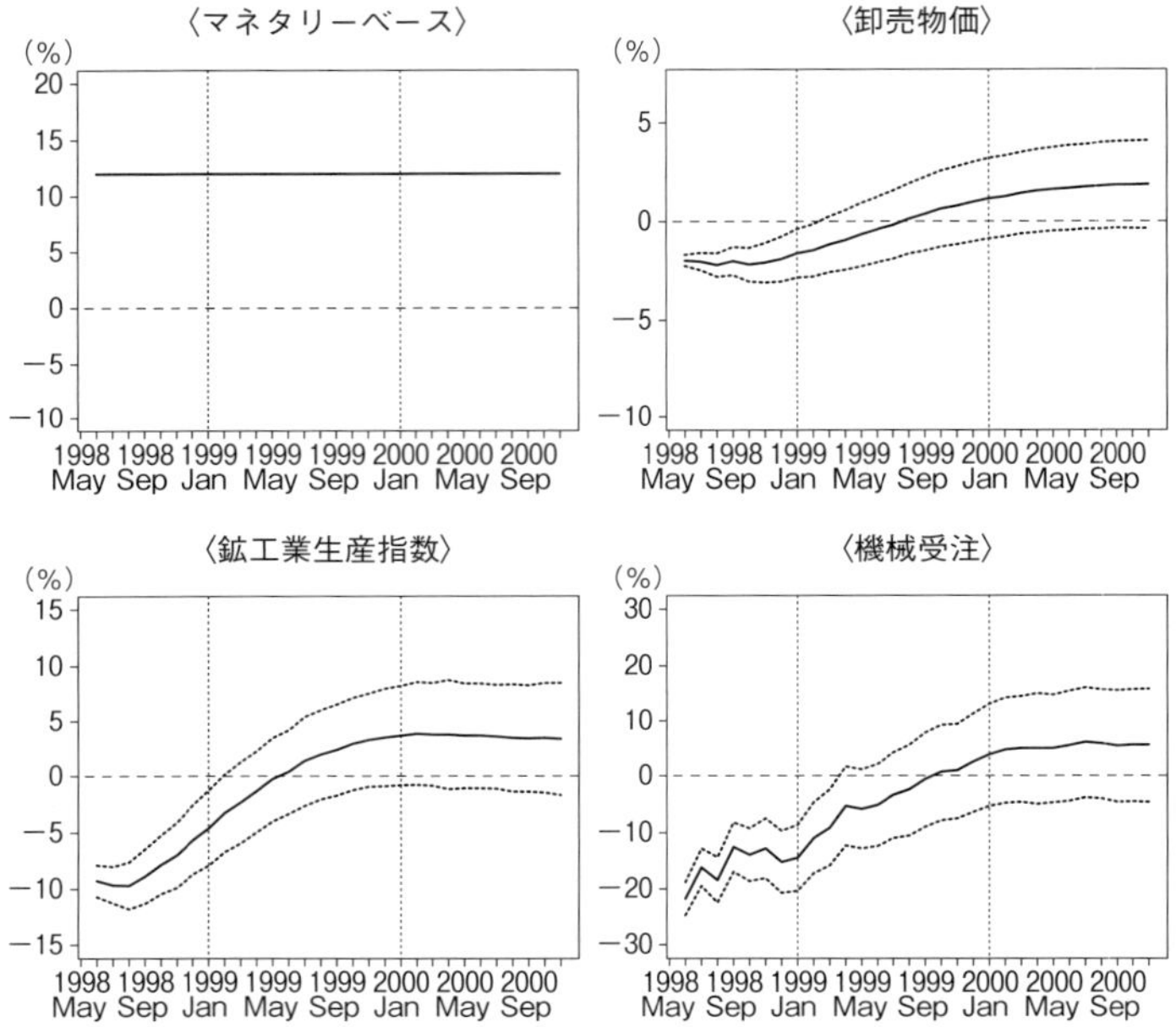

注：数値はすべて前年同月比ベース。

%というのは、1980年代後半のいわゆるバブル期に相当する。日銀が思い切った数量的緩和に踏み出していることを示している。このシミュレーションは今日の日本の経済構造の何を示しているといえようか。

3　日銀は潮の変わり目を知らせよ

まずマネーサプライではなく、なぜマネタリーベースなのか、という設問がある。民間の非金融セクターの決済手段であるマネーサプライは、民間の経済活動との間に密接な関係がある。しかし、マネーサプライの増加が経済に影響を及ぼすには12カ月前後を要するうえ、今日の日本のように民間金融機関がいわゆる貸し渋りに追い込まれている状況においては、そもそもマネーサプライを増加させることが容易ではない。

民間の非金融部門の経済主体に直接的なメッセージを伝え、それを通じて積極的な行動を民間経済主体から導き出す必要がある。そのためには、マネタリーベースの増加の方が手段として明瞭であるし、また日銀は即座にこの変量を調整できるという即効性もある。日銀の負債であるマネタリーベースを増加させるためには、インターバンク市場において日銀が割引手形や国債を銀行から購入すればよい。資産として割引手形や国債が増えた分だけ、日銀の負債は増加する。

12%という高い伸び率を維持すれば、インターバンクの金利である無担保コール翌日物は金利がゼロになるではないか、というコメントが寄せられるかもしれない。しかし、インターバンクで日銀券があふれ、金利が限りなくゼロに近づいたとしても、そのことが大きな弊害を伴わない限りかまわない、というのが本来であろう。これまで日銀は、このレートが公定歩合水準よりも少しだけ低いところに落ち着くように調整してきたようだが、結果として金融面から実態経済の振れを大きくしてしまった、というのが実情だ。今日のような経済活動の異常収縮が起きているところでは、インターバンクで資金を取り入れる銀行にとって、追加的費用がゼロに近づいたとしても弊害は起きそうにもない。

マネタリーベースを一時だけ増加させたとき、他の変量にどのような影響が生ずるのかを点検すると、このインパルス応答関数において、機械受注額だけにはすぐに影響が及ぶ。マネーサプライの増加が経済活動に影響を与えるのに少なくとも数カ月から12カ月の時差があるのに、なぜ受注額には即座に動きが出るのか。このことは確かに多少とも謎めいている。なぜならばマネーサプライと違って、ほとんどの経済主体は日銀の負債の推移など気を付けて見たことなど一度もないからだ。では、なぜ動きが受注に伝わるのであろうか。

経路はやはりインターバンクの金利あるいはアベイラビリティを通じてであろう。銀行は与信増に踏み出しやすくなり、このことを事業会社の経理担当者にすぐに伝えるからではないか。銀行の営業担当者、あるいは事業会社の経理担当者が日々仕事をしているとは、こうしたことを指す。推計されたモデルには、このことが織り込まれているといえよう。

そして、今回の異常収縮からの脱却にあたっては、日銀の政策委員会を代表して、総裁がこうした持続的な政策を採用することに対して、国民の注意喚起を促すべきであろう。

日銀が直接把握できる指標を使って、民間事業者から引き出そうとするものは何か。それは、潮の変わり目が来たから漕ぎ出す人はすぐ準備にとりかかれ、というサインを示すことであり、積極的な投資に踏み出すことが有利だ、との確信を、意欲的な事業者に抱かせることである。これまで日銀は、中長期的な政策関与の姿勢を示したことはないが、今回ばかりはこれが不可欠な状況となっている。即効性がある、ということは、応答が複雑な時差に巻き込まれ、政策の採用による因果関係が不明確になることはない、ということである。連鎖は受注が動き出した後も正確に伝播していくことが期待される。

4　月を追うに従って悪化

デフレからの脱却にあたって調整インフレという策をとったらどうか、との声も出始めた。マネタリーベースを一時的に増やしたとき、卸売物価にどのような影響が及ぶのかをインパルス応答関数を使って点検すると、大きな影響は見られない。国債の利回りに対してもやはり軽微な影響しかない。そして、マネタリーベースの伸び率を一定値で保持し続けた場合の応答を見ても（図1）、長期的に見て物価に悪影響は及ばない、という意味において調整インフレ策の採用という姿は想定しにくいものである。物価を考えるうえで「貨幣は重要だ」とはいえないのだろうか。

１９８2年から98年という統計モデルの期間にあっては、グローバルエコノミーの成立が相次いで確認されている。最初に国内の金融展開と物価との関係が断ち切られたのは米国で、１９８４年のことであった。それに先立ってドルの独歩高の下で米国の国内市場は開放されていた。米国内の価格決定は世界の需給関係の先行きを映し出すように構造変化を遂げていたのである。

価格決定のメカニズムにおいて、日本がグローバルエコノミーの構成員だということを白日の下に晒したことはない。そういう意味においては「米国の１９８４年」に相当する日付は持っていない。しかし、１９９3年から95年にかけての1ドル＝１００円割れの為替レートの実現は、日本の物価決定の構造に根底的な変化を与えた。そしてわれわれの統計モデルは特定の日付はないものの、こうした構造変容を十分に拾い上げているといえる。物価の決定に関する限り「貨幣は重要だ」とはいえないのであり、統計モデルが示すように、貨幣は物価を通すことなくしても、実体経済に影響を与えるのである。その意味で「貨幣は重要だ」といわねばならず、今日もなおわれわれに政策手段を残しておいてくれている、と解すべきであろう。

推定されたモデルを前提にシミュレーションを重ねた結果、最も衝撃的だったのは日本経済の足元の陥落ともいうべき底割れが映し出されたことである。１９９8年の3月、4月、5月と、月を追うに従って経済統計は悪化の一途をたどった。このことは、機械受注額にも鉱工業生産指数にもそのまま表れている。陥落の尺度は、同一の政策を採用したとき、回復の軌道へ、いつまでに、どこまで戻すことができるのか、の検討を通じて得られると考えられよう。ここではマネタリーベースの増加率12％を２０００年まで持続する、という同一の政策をとることによって、足元の底割れを確認しようとしている。

図2　1998年4月時点の結果

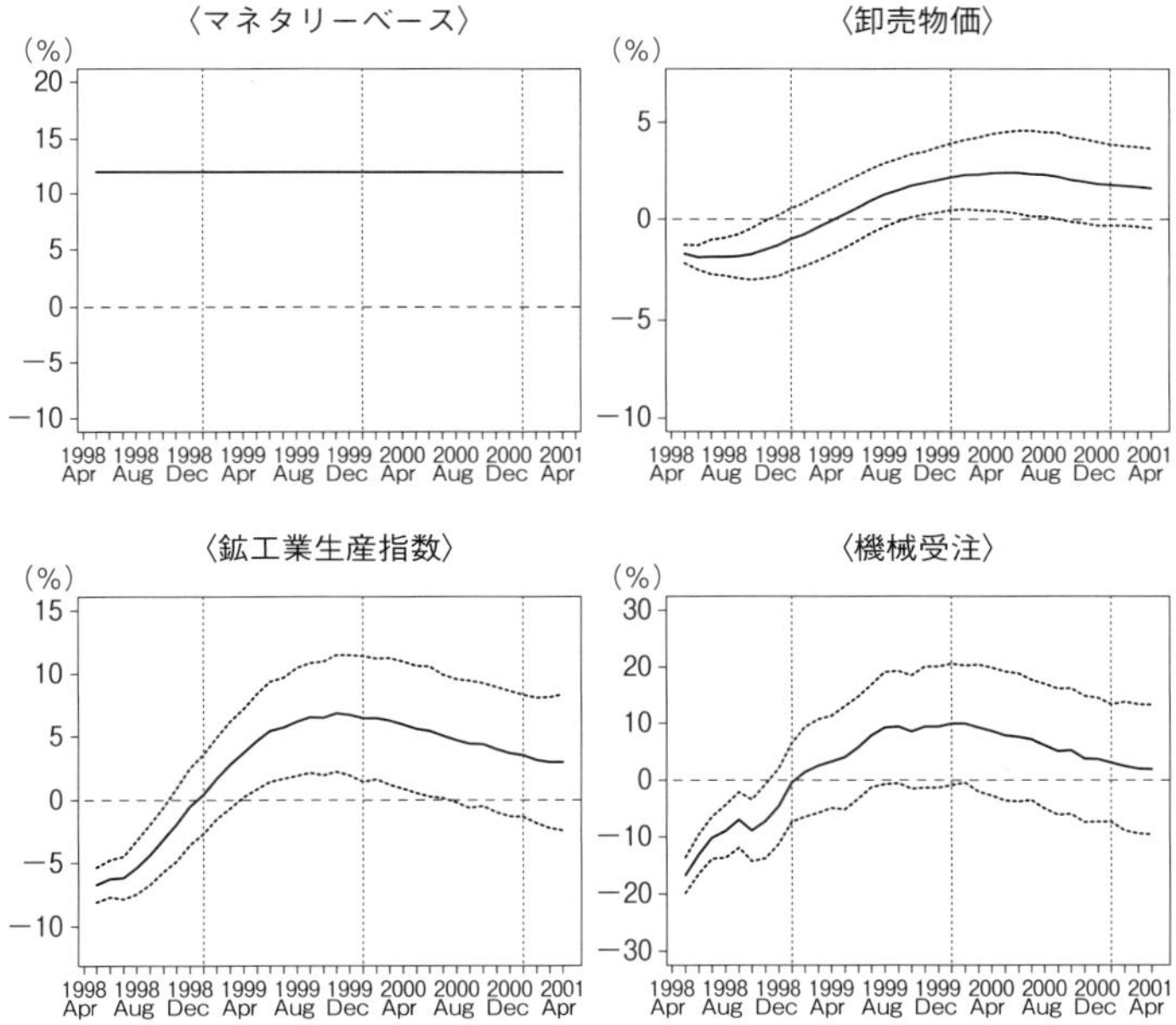

注：数値はすべて前年同月比ベース。

6変数のデータを1998年4月までとり、その時点で政策シミュレーションを行った（図2）。機械受注は19 9 9年の年初に対前年同月比でゼロにまで戻り、99年の10～12月期には対前年同期比で約10%のプラスにまで戻り、2000年はそのまま数%のプラスを続ける。ところがもう1カ月分データを入れ、1998年5月の陥落した足元からでは、先に示した図1のように機械受注の戻りは遅く、かつ到達する水準も低い。病状が1カ月単位で悪化し、臨床医の処方箋が手遅れに追い込まれる可能性が示唆されているといえよう。

同様のことは当然ながら、鉱工業生産指数についても検証される。１９９８年4月までのデータを前提にシミュレーションを行うと、99年の9月以降は対前年同月比で6％台から7％にまで生産は回復し、２０００年についても5％台の生産の伸び率を維持する（図2）。しかし、5月のデータを入れた図1では、２０００年に入っても5％に達しない可能性が強いのだ。同一の処方箋を採用しても、薬効の出方は随分と異なってしまったといえよう。

5　予算歳時記が障害に

それではいったいわれわれは、どのような欠陥を悪魔に見透かされてしまったのだろうか。経済情勢に対する判断機能の基準化と、政策採用の柔軟性の確保という2つの問題がある。

判断の基準化という点についていえば、貨幣を巡る市場の動向からの汲み上げ方にぬかりがあったといわねばならない。銀行の融資残高が対前年同月比でマイナスとなったのは１９９６年10月。国債利回りがついに世界の歴史を更新しだしたのが１９９７年10月。前者は日本の銀行の自己資本の傷み具合について、銀行経営者の意識が磨ぎ澄まされ始めた日付を意味した。そして後者は日本の資産運用に携わる人々が方向感をまったく失い、資金配分機能が損なわれ始めたことを意味する日付だった。

私自身の反省を込めていえば、この2つの日付についてその時点においても相当な関心を持っていたにもかかわらず、これを先行きの景気判断の基準化という作業にまで持って行けなかったことが悔やまれる。多変量自己回帰モデルによる推計を通じて、景気の現状を測る尺度を得ようとする試みのなかで、北川教授グループとの共同作業に行きついた。1997年10月以降の経済の急速な落ち込みは、遅行指標であるはずの雇用統計にまで反映するようになり、年明けの時点ではもはや誰も否定できない状況となっていた。しかもタイに始まった東アジアの経済危機が11月に入ると香港から韓国にまで波及し、ウォンの急速な下落のなかで、はやくも中国の人民元の動向に関心が寄せられるという国際状況になっていた。政策転換への踏み出しは11月でなければならなかったし、遅くとも年明けすぐでなければならなかった。

こうした転換を妨げたものは、まず第1に予算編成を巡る慣行の塊である。私はこれを「予算歳時記」と呼ぶことに決めているが、翌年度の予算について夏から概算要求で枠組みを絞り込み、年末に翌年度の経済見通しを決めるとともに、政府予算案の編成を行うというものである。そして、年明けの通常国会にはこの予算案を持って臨み、3月末までに無修正で予算案の国会通過を図る、という手順は牢固として変わっていない。こうした一連の作業は、季語を欠いては俳句が成立しないのと同様の季節性を帯びており、この手順が崩れればその内閣は政治責任を問われる、と一般に認識されてきた。昨年10月以来の経済の急速な落ち込みのなかでも、この「予算歳時記」は最後まで守り抜かれたのである。

どうやらこうした「歳時記」は、戦前、戦中の議会が軍事予算の膨張を結果として公認してきたことに対する反省に発しているようだ。恣意的な権力行使を抑制するために、議会で成立した慣行を重んずる、という一点に絞って考えれば、このことは重い意味を持っている。しかし、日本における議会主義は、ときに制度信仰という傾きを見せる。英語表現では議会主義はparliamentarismであり、あえて訳せば議員主義である。人民から任期期間中については権限を委任された以上、自己の政治責任ですべての事態に対処することが前提である。結果としての責任を有権者に問い直すことが通じて、国民的意思が事後的に一つひとつ確認されていくという過程が想定されているといえよう。

われわれは「予算歳時記」を脱し、parliamentarismの原則に立ち戻る必要がある。そうでないと、政治家は言い訳ばかりをする職業と間違えられてしまい、現状に対して常に後手に回ることになるからだ。新しい政治責任のとり方についてのあり様が論じられねばならない。

6　失業の増大も必要悪

推計された統計モデルに基づくシミュレーションは、マネタリーベースの持続的拡大宣言があれば、

① 企業家の投資意欲を十分に刺激することができる
② 生産が回復する
③ 物価や金利に攪乱的な悪影響を与えることはない

という3つの望ましい成果に繋がる可能性を示唆している。もし問題があるとすれば円レートへの影響であろう。２００１年にかけて、１２０円から１８０円の幅で推移する可能性があることが図3からわかる。

１９９８年7月以降の円レートの推移は、円建ての資産である日本の株価の下落と同時に円安に振れていることを示している。そしてこの円安が、東アジア各地域でのそれぞれの株価の下落と重なっていることも無視できない。無担保コール翌日物の金利がもしゼロの近傍に張り付くことになれば、これがきっかけとなり円安にはずみがつく可能性は無視できない。もしこうした動きとなれ

図3　円レートの推移（1998年4月時点の結果）

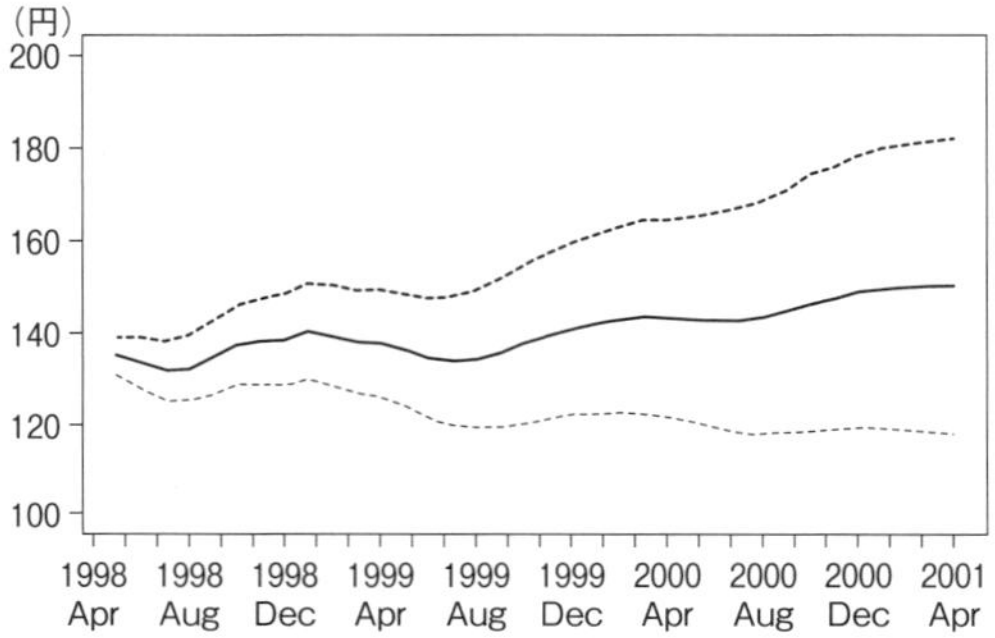

ば、東アジア諸国をさらに追い込むばかりでなく、このことは日本経済の先行きに暗雲を生じさせることにもなりかねない。これを回避するためには、別の政策を割り当てねばならない。

これを一言で表現すれば、円建ての金融資産の価値を上昇させるような政策が果断に行われる、ということに尽きる。株価についていえば、キャッシュフロー（売上高マイナス総費用）の増大に繋がる各企業段階でのリストラやリエンジニアリングがなければ、上昇のきっかけを見出すことは難しいだろう。しかし、円建ての資産である株価の改善を図るためにはこれしかない。企業がこうした果断さを備えているかどうかが問われている。

株価と並んで国債の評価もいまや微妙である。16兆円の総合経済対策が決まると、ムーディーズが国債の格付けについてネガティブ（下方への修正の可能性）との発表を行ったことからも明らかである。ここでも政府資産が日本の経済余剰（エコノミックサープラス）を拡大するようなものなのかどうかが問われる。社会的コストの引き下げに繋がり、余剰が増大に転ずれば、税の増収を通じて償還財源も生まれるが、ムダな公共投資を続けているようでは、償還財源はどこにも生まれないのだ。

円建ての資産価値を高めることを通じて、円高への流れをつくり上げることの重要性は、アジア情勢との結び付きを考えたうえでも明らかである。

このように課題を絞り込めば、この過程でもうひとつの重要な経済課題が待ち受けていることに、われわれは気付くことになる。それは産業構造の調整に伴って雇用情勢の悪化が進行することを覚悟せねばならないからだ。企業のリストラやリエンジニアリングを通じて、また公共事業の配分の変更を通じて、従来の職場が縮小する可能性は避けがたいからだ。ここでも公共的意思決定が不可欠となる。新しい産業構造への移行に伴い発生する摩擦的失業に対して、政府としても、また社会としても正面から取り組む決意を明らかにすべきである。失業の一時的増大を受け入れるとともに、働き手の再訓練にかかわる自己投資を援助する仕組みを充実させねばならない。ともに転機を生きるという連帯感が、日本社会の内部に生まれるかどうかも問われることになろう。

〔質問〕
マネーサプライの供給量が経済動向に与える影響については、マネタリストをはじめとして多くの試みがあった。しかし、マネタリーベースをあえて取り上げて政策姿勢を示し、経済主体から異なる行動を引き出す手掛りとする、という方向性を示したものは、システミックリスクに襲われた当時の日本において他にあったのか。また、マネーサプライでなく、マネタリーベースを変数として抽出した理由は何か。

〔回答〕

マネタリーベースは中央銀行のバランスシートの変更を通じてその増減が決まる。一定の伸び率を持続させる、と宣言すれば即座にそれは確認できる。これに対してマネーサプライは民間金融機関と、受信に回る企業や家計などの意思決定を介して決定される。即効性と操作性においてマネタリーベースはマネーサプライに優位する。1998年の状況においては、政府と日銀とが問題を完全に把握しており、システミックリスクの封じ込めに直接乗り出したことを示す必要性の緊急度が高かった。そういう意味では新検証命題の提示だったが、政策実施の当局者や言論界、学界への影響力において不十分だったといわねばならない。残念ながらこれだけ大きな課題が相手となると、われわれは政策形成にあたる人々に対し、分析を通じての遡求力の点で劣後していたということになる。

第4章

金融市場で問われる政府の規律付け

〔質問〕

システミックリスク対応において、日本の政治体制も行政のあり方も無残なまでに非力であった。冷戦構造の崩壊から30年余りの間について経済の実情は「喪失の30年」と一括りされることも多いが、バブル崩壊による銀行資産の劣化がシステミックリスクを引き起した状況の前後において、その不手際が決定的だったということだろう。新検証命題発見の旅は、どのように展開するのか。

〔回答〕

システミックリスクを封じ込めるためには、状況についての的確な把握と、状況を劇的に改善するためのシステムに対する流動性提供が不可欠だった。しかし、システミックリスクに終止符を打ったのは、「円キャリートレードの逆転」を生んだ米国のヘッジファンドの破綻であった。米国のLTCMは金利が異常に安い円で借り入れを行い、これで高い利回りのロシア国債の購入に回し、その利ザヤを抜いていた。ところがロシア国債の返済計画に破綻が生ずることによって、損失を自己資本の毀損で受け入れ、借入金は返済という流れになり、円を購入して返済に充てる行為が一挙に浮上した。これが期せずして日本の金融市場に対する流動性供給となった。われわれが主張した、マネタリーベースの大方の想定を超える持続的供給増を行うべし、という政策は採用されず、LTCMの破綻がこれと同等の新入力となったのだ。そして残った大きな課題は、日本という国家の将来に対する政治と行政の関与のあり方となったのだ。本章は『論争東洋経済』（1999年9月号、第21号）に寄稿したものを再録している。

１　政府の規律付けという視点の出現

日本経済における企業や家計の経済活動を仲介するカネの流れに、１９９６年以降少しずつ異常が積み重なるなかで、ついに98年はシステミックリスクに襲われた。１９９９年に入ってやっとこの状況からの脱却が確認されるようになった。そしてこの時点において金融市場で問われるものは、ついに政府活動に対する規律付けに絞り込まれようとしている。

このわずか数年の間に、民間の金融機関、中央銀行、そして政府活動と、時間をおいて一つひとつより広範な影響力を持つところを、いかにしてカネの流れにかかわらせるのか、という視点を突出させるようにして追い込んでいく歴史の潮流が生まれたのだ。そして政府の関与の基準を総体として問う、という地点までわれわれは到来したようだ。

２　エコノミストとしての二課題

住宅金融専門会社（住専）処理の過程で金融三法が成立し、銀行の担当部署ごとの自己査定を通じてカネの流れに規律付けを、という契機が生まれた。早期是正措置が金融監督当局によって発動されるメカニズムもこれによって整った。

歴史的に見ればこうした規律付けの仕組みの導入は、1980年代のいわゆる金融自由化開始の時点で論じられるべきことであったが、住専処理に伴う6850億円の財政支出と、これに対する納税者の大反発というきっかけを挟まなければ、制度の改正が実現しないほど、いわゆる護送船団方式は骨がらみだったともいえる。

銀行による自己査定が始まると、事業会社側の過剰債務状況についての関心が一挙に高まらざるをえなかった。借金づけで債務返済のスケジュールが容易には立ちにくい分野が浮き彫りになるとともに、こうした分野への融資に過度にかかわった銀行の「退場」問題が課題として認識されるようになった。しかしこの金融三法の時点では、銀行の破綻処理にあたって預金保険が付された1000万円までの払い出しを超える部分についても、預金者のカネは保証されることのみが決まっているだけであり、破綻金融機関の全体的な処理方式は論じられてはいなかった。ここからカネの流れを巡る迷走が始まり、1997年11月の大手金融機関の相次ぐ破綻にまで追い込まれることになる。

そして、この時点からは経済主体間の相互信頼を前提としたカネの流れは寸断されるようになり、いつ取引先の資金繰りが悪化し、予定した売掛金の回収が妨げられるかもしれない、という類の相互不信を前提としたカネの流れに次第に変化することになる。いわゆる「囚人のディレンマ」というゲーム状況が生まれたのだ。

日本経済は正常な軌道から跳ね飛ばされ、「コースアウト」の緊急状況に入った。何も手を下さねば撃突（クラッシュ）にさえ至る可能性があった。1998年の時点で、エコノミストの仕事として2つの緊急テーマが浮上した。

3 「コースアウト」の尺度づくり

ひとつは、日本経済の脱線状況について尺度を用意することであった。コースアウトしたことを正確に確認する出来合いの手段はなさそうだった。金融の決済システムが正常には機能を果たさないかもしれない、というシステミックリスクが日本経済を襲ったのは今世紀において二度目であり、経済分析の対象にこうした現象が登場することは予想されてはいなかった。しかし、金融市場では信用収縮の連鎖が始まったのでは、との懸念が発生し、円レートは対米ドルで次第に下降を続け、この間、株価水準も下方への動きを止めなかった。

本書第4章で見たように、多変量時系列分析を通じて日本経済のコースアウトは確認できた、というのが1998年7月時点での尺度づくりの作業であった。この手法の特徴は次のごとくである。経済構造の安定性を前提として、多次元の経済変数の相互関係を決めるパラメータを推計し、これに偶然性を表す乱数を与えて予測値の系列をはじき出す。幾多の予測値の系列が生まれるが、その平均値も計算できる。月次データをその月ごとに新たに加え、パラメータの推計の仕直しを行ったうえで予測を行うという逐次推計の手法で、月ごとに予測値の平均をはじき続けた。選び出した6変数のうち、経済実態を示す機械受注額と鉱工業生産指数は、1998年に入ってからの月ごとに行う予測値において、相次いで下方修正が積み重なることになった。

このことは次のように解釈するのが相当のように思われた。もともと経済構造は安定しているはずだ。だからこそ、この安定（すなわち時系列の変数間の対応関係を示すパラメータの安定）を前提として予測を試みることができる。作業手続きは次のようなものである。

1983年以降、6変数（マネタリーベース、機械受注額、鉱工業生産指数、卸売物価指数、国債利回り、対ドル円レート）の月次データを使った多変量時系列モデルづくりによって、1990年代に入ってからの逐次予測を行った。すなわち、1カ月ごとの実績値を加えてパラメータを再推計し、そこから予測値の平均値をはじき出す。月ごとに行う平均予測値は結果として束のようになって先行きの変動を示すことになる。また、事後的に実績値をグラフに加えると、予測精度はかなりの高さであることもわかった。経済構造の「安定」を前提としたこの手法による平均予測値は、通常の場合は先行きを展望するうえで十分な手掛かりを提供してくれることがわかる。

ところが同様の手続きで予測値をはじき続けたところ、1998年に入ると、プリズムに光線を当てて赤から紫までのスペクトルが鮮明に分けられるように、予測値の系列が次々と下方に修正されていくことが明らかになった。本来は平均予測値の月ごとの系列が束になって観察されるはずだ。ところが束は一つひとつばらけて、１カ月ごとの変数を加えるたびに、下方修正が生じている。「構造」が短期の変動になじまない以上、構造に対する「入力」にあたる月ごとの実績値に、傾向的な「歪み」が生まれている、と判断すべきではないか。システミックリスクの進行により、経済変数（このモデルでは6変数）の実績値にすでに明確な異常の徴候が生じていると見るべきではないのか。われわれはこの逐次推計による平均予測値の相次ぐ下方修正を通じて、実際には経済の現況における異常性の進行を観察していることに他ならないのではないか。

このようにして、日本経済のコースアウトについての尺度づくりに関しては、１９９８年7月の段階である程度のめどがついた。この点については、できるだけ早い時期に共同研究を行った統計数理研究所の北川源四郎教授らとともに、研究論文として学問的な評価を受けるつもりである。赤池弘次先生が開発された多変量時系列分析の手法をもとに、１９９８年における日本経済のコースアウトについての判定尺度はできた、との思いがわれわれにはあった。

１９９８年7月の時点で、すでにコースアウトは明瞭であった。この時点で利用可能であった5月までの実績値を入れた逐次予測の値が機械受注額、鉱工業生産指数とも次々と大幅な下方修正となっていたからである。このコースアウトの原因は明らかだ、との思いが強かった。囚人のディレンマに陥り、相互不信を強めつつある各経済主体にとって、自己防御の手段は手元流動性の積み上げしか残っていないはずだ。手元流動性の積み上げのためには、①資金回収を図る、②長期的な設備増強のための支出を抑える、③在庫手当てのための支出も止める、などの諸手段を行使することになろう。安定的な構造にとっての入力にあたる6変数の1998年に入ってからの実績値には、こうした歪みが反映しており、これが予測値の傾向的な悪化に表現されているはずだ。

しかし、この7月の時点でも、企業の手元流動性に関しては6月に発表された1998年1～3月期に関する「法人企業統計季報」しか利用可能ではなかった。エコノミストは「臨床医」としての性格を帯びざるをえないところがある。「患者」の病状は刻々と変化する。とりわけコースアウトした場合には、「緩衝壁」を用意する以外に、もはや本来の軌道に戻す手段は残されていないのだ。状況は速効性の発揮を手段に求めていた。しかも政策責任者の断固たる決意表明がなければ、経済主体間の相互不信を解消することはできない状況に立ち至っていると判断する他はなかった。前章では、日本銀行はマネタリーベースの対前年比12％増の供与持続を宣言すべきだ、と主張した。この緩衝壁の供与は、通常の経済動向にあっては弊害をもたらす可能性が強い。しかし、コースアウトを続ける日本経済に対しては、重大な何かが新たな入力として付け加えられねばならなかった。コースアウトについての尺度づくりに続く、臨床医としてのエコノミストの第二の緊急テーマは、この入力の設計でなければならなかった。

4　政策の優先順位に基づく緩衝壁の設定

１９９８年9月、日銀は無担保コール翌日物金利を0・25%にまで引き下げる決定を行った。思い切った手段であったが、これだけでは政策当局者の思いは十分には経済主体に届かなかったと私は判断している。それは9月の実績値を入れて再推計したパラメータを使った多変量時系列モデルにおいて、経済実態を示す予測値はさらに下方に振れていたからである。１９９８年は9月に至るまで、入力としての実績値の歪みは大きくなるばかりであった。

こうした予測値のつるべ落としの下落を通じて、われわれはコースアウトの現実を観察していたことになる。日銀の金融緩和策の非速効性についての確認ができたのは、9月の6変数の実績値が出揃った11月中旬のことである。9月の日銀の踏み込みも、金融再生法を巡る国会の混乱のなかで、単なる海図なき航海と市場にみなされた可能性が高かった。

政策当局者の役割は重かったはずだ。「政府はシステミックリスクの進行について完全に把握している。そしてこうした状況を阻止すべく、民間経済主体に対して手元流動性を持続的に直接供与することを決意した」との宣言と、その政策内容の開示とが必要な段階である、というのがエコノミストとしてのわれわれの判断であった。

1998年10月1日付発行の『週刊東洋経済』において、「政府は、投資顧問会社などのファンドマネジャーに日本株の買い取りファンドの設定を依頼し、30兆円を買い入れ資金として用意し、毎月1兆円ずつの買い上げを続ける」という方針を打ち出したらどうかと提言した。企業はその後に発表された流動性に関する統計からも明らかなように、投資をひたすら削減し、売掛金の回収を急いでいた。四人のディレンマから脱却していないばかりでなく、状況はさらに悪化を続けていたのである。コースアウトした日本経済にはさらに本格的な緩衝壁が必要となっていたのだ。この緩衝壁の設計にあたっては、次のような政策の優先順位に関する考慮が必要であった。

一、各経済主体に対して「衝撃」を与えるほどのものでなければならない。ショック療法を要するほどの重症状況だったからである。これで日本経済は軌道に戻れる、との期待を与えられるほどのものでなければならない。

一、手元流動性の積み上げをひたすら考えている経済主体に対して、もうその必要性はない、と思わせるに足るような手段でなければならない。

一、この手段はしょせん「緩衝壁」であって、軌道に戻った日本経済における資源配分を歪めるものであってはならない。円滑に、かつ不要となれば即座に撤収できるものが望ましい。市場への「参入」と市場からの「退出」があらかじめセットとなって設計されているべきだ。

納税者のリスク負担によって株主の流動性に関するリスクを軽減するという策は劇薬であるが、コースアウトに対する緩衝壁としては決して悪いものではなかったはずだ。日本経済が軌道に戻れば、ファンドを次々と市場で解約して撤収すればすむことである。それでは実際にはどのような手段が採用されたか。

① 日本開発銀行はプロジェクトファイナンスの担い手として業務の他に、大企業の資金繰りを見るコーポレートファイナンスの領域に入り込むことになった。
② 20兆円枠の特別信用保証制度がつくられ、モラルハザード（経営倫理の喪失）が少なからず観察されるに至った。

家計と民間の事業法人とに対する融資残高に占める公的金融の比重は、1992年以降のいわゆる緊急経済対策が相次ぐなかで上昇を続けている。とりわけ1998年度には、さらにこの比重が高まることになった。民間金融の比重2に対して、公的金融は比重を1にまで高めることになったのだ。背後に金融の政治化（ポリティサイゼーション）があるため、一度高まった公的金融の「退出」は抵抗が多く容易なことではない。コースアウトをきっかけに、結果としてまったく別のところに日本経済が誘導されることになる可能性さえある。1998年秋の時点において、緩衝壁として採用されるべき政策の吟味は十分でなかった、というのがエコノミストとしてのわれわれの判断だ。

経済の先行きについてのリスクは、そうしたリスクを負担するにふさわしい人に自らの判断を通じて負わせることが重要である。こうした切り分けのためにこそ、民間の金融サービスが存在するという確認を行う必要がある。さらに付言すれば、こうした市場を通じたリスク負担の切り分けに失敗した場合には、投資の停滞を通じて将来の有望な職場の創出が困難視されることに関しての、エコノミストの合意はできているといえよう。だとすれば、われわれの提言は無視されたのだから、具体的な政策体系の提示において、非力だったと残念ながら認めざるをえない。

5　円キャリートレード逆転の衝撃

それでは、日本経済のコースアウトを止める要因はどこから生まれたのか。われわれの多変量時系列モデルによれば、大きな変化は1998年10月に、対ドル円レートの急騰をきっかけに生じている。事実経緯は次のごとくである。10月初旬に140円から118円への円相場の急騰が生じ、その後は120円前後の水準を半年以上にわたって持続することになった。円安基調を続けた9月までとは一変する状況が生まれたのだ。

6変数について10月の実績値を入れてパラメータの再推計を行い、この新しいパラメータの下で平均予測値をはじき出したところ、機械受注額についても、また鉱工業生産指数についても先行きの値は9月までの連続下方修正と一変し、先行きの好転を予測するものになった。平均予測値の変化を通じて足元の経済の判定の手掛かりと位置付ける手法は、1998年10月という分水嶺の日付をはじき出したのだ。そして11月以降、1999年5月に至るまでの逐次推計は、アンワインディング（巻き戻し）と呼ぶべき日本経済のコースアウトからの離脱を示唆していた。

1999年6月1日付発売の『週刊東洋経済』において、99年1〜3月期には企業の手元に積み増された流動性の取り崩しが生じたであろうと予測したのは、この尺度について信頼感を持っていたためである。6月に入って発表された法人企業統計季報は、1〜3月期において手元流動性の取り崩しと長期投資の再開とを示すことになった。相互不信による流動性の積み上げ競争にはついに終止符が打たれたのだ。そしてそのきっかけは円の急騰で、システミックリスクの終止符の日付は1998年10月となろう。

なぜか。LTCMの破綻をきっかけに、円キャリートレードのアンワインディングが確認され、これを契機として円に対する買い戻しが入った。円資産に対して買いが先行する状況とは、国内における流動性の供給状況の好転である。1998年に入って売り続けられた円資産に反転が生じたことは、東アジアにも影響を与えた。韓国がその典型だが、円高の実現とともに株価水準は上昇に転じ、景気の好転を後押しした。日本経済のコースアウトについにブレーキがかかったことをきっかけに、アジア経済にも転機が訪れたことになる。

ＬＴＣＭの破綻とその後の米国連銀の主導性の発揮によって、米国のヘッジファンドは最終投資家に対して説明責任を果たす枠組みを得た。ファンドごとの損失の確定に伴って円キャリートレードの逆転が生じた。日本の金融市場に対してこの衝撃は計り知れないものであった。

結果として日本経済のコースアウトに歯止めがかかった。円資産に対する買いが先行する状況においては、経済変数の先行き好転の予想が、モデルに織り込まれている因果関係のなかで抽出されるのだと表現してよいだろう。１９８３年以降の日本経済の歩みでは、円高は交易条件の改善を通じてやがて内需の盛り上がりに繋がる、という道筋が明らかである。投資家の見通しの変化が円建ての資産価格の評価の修正に繋がり、それが実体経済の変化を呼び込むという因果連鎖は厳に存在すると考えるべきなのだ。

6　市場評価を通じた政府の規律付け

それでは、コースアウトに歯止めがかかった日本経済の今後の先行きを展望する手掛かりは何か。私はやはり金融市場の動向に着目すべきだと判断している。

住専処理は、総資産に対して乏しい自己資本しか持たないノンバンクが、資産価値が毀損されるなかで債務超過に陥ったときから不可避となった。そして、これが金融機関の規律付けに向かわざるをえず、金融機関の破綻処理の全体図を欠くなかで、結局のところシステミックリスクを引き起こしてしまった。日本経済のコースアウトのなかで、過酷な調整が事業法人分野に及ぶことになる。

規律付けは早期是正措置を通じて金融機関を覆い、これが結果として借り手としての事業法人の規律付けに及ぶというかたちをとっている。１９９６年から始まった日本経済における規律付けの過程は、途中にシステミックリスクの顕在化という大きな犠牲を払いながら、結果的にはテンポを速めている。政策上の不手際が積み重なったにもかかわらず、コースアウトに歯止めがかかったのは、蓄積した世界第2位の金融資産が緩衝材となったからである。保有していた請求権が突如として日の目をみたことから、円資産の価格付けに変化が生じたといえよう。

１９９９年秋の第二次補正予算、そして２０００年度の予算編成を控えて、政府活動に対する規律付けというテーマが急浮上せざるをえなかった。それはまたしても金融市場での評価を介して、実体経済に影響が及ぶという経路が予想される以上、政府債務の膨張ぶりに注目せざるをえないからだ。金融機関から始まった規律付けは事業法人に対する市場からの規律付けに及び、いまや市場評価を通じて政府活動の規律付けに及ぼうとしている。

１９９９年度の国債、地方債の発行額は50兆円に及ぶことになる。このため１９９９年度末の中央、地方の債務残高は６００兆円に達し、ＧＤＰの１２０％相当になろう。法人の欠損金の5年合算を考えれば、また予想される名目ＧＤＰ成長率の低さを考えれば、税収増の余地は限られたものであろう。他方、歳出要因を根底から見直す仕組みは登場していない。このため年ごとに中央、地方の債務残高がＧＤＰ比率で10％程度ずつ高まっていくのではないか、とする見方が出てくるのもやむをえないだろう。海外の投資家向け資料を用意するエコノミストのなかには、日本の政府債務残高がＧＤＰ比率で１７０％に達する可能性を示唆する人まで現れている。

日本の国債について償還リスクが論じられることを覚悟すべきだろう。これまでの世界の歴史のなかでは、膨大な政府債務の重圧により、その後の経済の歩みのみならず、結果的には世界秩序にまで影響を及ぼしたことがたびたびある。債務の累積の原因が戦費であれば、平時に戻れば歳出要因は一挙に削り込まれることになる。ところが日本の今日は、平時にあって歳出が膨れ上がるというまったく新種のものといえる。

１９９６年以降の日本経済は、残念なことに世界中のエコノミストに興味の尽きないテーマを提供し続けてきた。流動性の罠、予備的動機に基づく流動性需要、システミックリスクからの脱却策、民間金融の半分の比重を持つ公的金融の存在と資源配分の適否、ゼロ金利の下での効率的資金配分とは、などである。そして今後は国債の償還リスクの顕在化と実体経済への影響というテーマが付け加わることになろう。

個人の金融資産が１２００兆円以上あるのだから、たとえ中央・地方の債務残高が１０００兆円に近づいたとしても、日本という国家が破産することなどありえない、という類の発言は、市場の機能を無視した統制主義者のそれである。市場は価格を通じて落とし前をつけるものだ。投資家にとって需給関係の先行き悪化の度合いを示す価格リスクを含んだもの、また究極における償還不能についての確率をはじかざるをえない償還リスクのあるものについては、値を叩いたうえでなければ買い入れは不可能であろう。

政府活動の規律付けは納税者にとっても不可欠だが、投資家の信頼を得るにも欠かせないものである。事業法人は会社の内容を投資家に対してより正確に開示するとともに、揺るぎなき経営方針を確立するためにも、ディスクロージャーの基準づくりに乗り出した。その代表的なものは、時価で金融資産を表示すること、実質的な支配力基準で子会社を連結した財務諸表を開示すること、未積立分の年金債務を割引現在価値で開示すること、である。

これらは本来、投資家の求める情報であり、世界的にも証券の発行者に受け容れられてきたものを日本でも受容した、という面が強い。しかし、投資家にとって必要な情報を開示すればするほど、たとえば実現した株主資本利益率（ＲＯＥ）は、投資家にとって単なるひとつの基準に過ぎないこともわかってもらえる。たったひとつの基準を尺度に経営者が並べ替えられるという不合理を正すためにも、ディスクロージャーの徹底が望ましいことが理解されるようになってきた。

こうした事業法人に対する規律付けを前提に、合理的な経営を推進するうえで必要な法令の整備についての国民の理解も進んできた。純粋持ち株会社の設立が認められるようになり、リスクの切り分けや、適切なリスクマネジメントが可能となった。持ち株会社形態への変革に不可欠な企業の分割法制の整備や、分割に伴う課税の繰り延べという、株主にとっての当然の期待も満たされようとしている。すでに自社株の買い入れ償却も可能となり、投資家の視点から企業のあり方を見直すことも定着してきた。また、経営者に対するインセンティブの供与を正面から論ずることができるようになり、ストックオプションの制度も定着のきざしを見せている。

7 重複した「政府」の個々への還元

政府はこうした事業法人とどのような関係に立つのか。企業が社債を発行して資金調達を行う背景には、すでに述べたような規律付けの契機が存在する。それでは国債の発行によって歳入不足を埋めようとする政府の活動の内容について、どのような情報開示や規律付けのメカニズムが存在するだろうか。

エコノミストにとっては常識だが、景気を判断するうえで最も不透明なのが政府活動である。そしてその原因となれば、行政担当者が情報を隠そうとしているからだ、というよりも、中央と地方、そして政府と財投機関との間で権限と責任の切り分けが成立していないため、重複も多く、政府もまた情報不足に悩んでいるからだというのが実態である。中央は集権ではなく、実際は割拠でしかないため、情報開示のための前提条件を満たすところから議論を開始せねばならないのが実情である。

金融機関の相次ぐ破綻をきっかけに、システミックリスクに陥った一連の経緯は、政府活動の規律付けを考えるうえで教訓とすべきことが多い。まず取り上げなければならないことの第1は、問題処理の先送りである。政府活動の水準把握は、権限と管理システムの重複のゆえに極めて不十分だが、政府活動の一つひとつについての構造問題の把握はできているはずだ。政策効果が上がっていないプロジェクトごとの採算割れを毎年の補助金で補っている、などについて行政の当事者はわかっているはずだ。しかし、実際には「飛ばし」が行われており、問題に正面から立ち向かうことに対する動機付けを設計することに失敗してきた。

金融において有効だったのは自己査定であり、ディスクロージャーの充実であった。ということは、行政においても権限と責任とがまず明確にされねばならないことを意味する。そして、そのうえで自己評価を積み重ねていく仕組みを導入する必要があろう。良い銀行と悪い銀行とを区別し、悪い銀行に対しては早期是正措置をテコに退出口に追い込んでいく手法は、金融の規律付けに有効性を発揮した。政府活動においても「悪い」活動に是正を迫りながら、退場を促すことが重要だ。国務大臣の下での金融再生委員会が果たした役割と同様ものが、悪い政府活動を追い込むうえでも求められている。

もちろん、金融機関と政府とでは大きな違いもある。金融機関は経営の健全性という尺度のみで評価できるのに対して、政府活動は何らかの意味で国民が関心を持つものを代表しているという代表性の問題があるからだ。しかし、いまやこうした既得利権とでもいうべき諸々の代表性の下で、国債の償還リスクが論じられるところまで追い込まれてしまった。ここでは政府の指導性の問題が浮上せざるをえない。民主主義は代表性と指導性という矛盾する二面性をともに満たすことができるかどうか、という緊張感の下で初めて成立する。

日本には種々の「政府」が重複して存在している。これを権限と責任を巡って切り分け、諸課題をそれぞれ担うにふさわしい個々の政府へ還元させる作業を行う必要がある。こうした指導性発揮のメカニズムと手順とが明らかにならなければ、金融市場において日本国債は次第に追い込まれる可能性がある。

金融における規律付けからの教訓の第2は、失敗や破綻を認めることの重要性である。債務超過も起きうる、という現実を認めようとはしない状況を長く続けたため、個々の金融機関の行う商品開発もまた封じ込めざるをえないという帰結になった。優劣が明白になれば自然と破綻事例が生まれるからだ。この帰結は重かった。市場において顧客向けに「問い」を続けるなかで、結果として最適なプラクティス（商品や実務の体系）が生き残るという契機を封じ込めてしまったからだ。実験も経験主義も定着せず、突然システミックリスクが日本を襲ったのだ。

日本の諸「政府」は破綻や失敗を恐れるべきではない。たとえば、介護サービスに対して、社会保険というかたちでリスクをプールする仕組みを工夫することはひとつの手法である。しかしこの実行にあたっては、諸々の知恵が集積しなければ最適なシステムは生まれない。私的保険との組み合わせや地域におけるボランティア活動との関連についても、いまだ具体的な知恵は浮かんでこない。日本の市町村を一律に捉えるやり方は、今回は当初から回避して、失敗や破綻をも、より全体的なシステム構築にとっての貴重な経験として受け止める胆力が求められる。

こうした踏み出しが始まれば、日本は政府活動の規律付けにとりあえず乗り出した、と市場で好意的に受け止められるのではないか。初手から強く出る政治責任者の気概が不可欠だ。

〔質問〕

円キャリートレードの逆転が、日本経済のシステミックリスクからの離脱に直結したという因果関係には驚くばかりだ。その間、日本の政治も行政も、また中央銀行も意味のある決断も政策への踏み込みも行っていなかった、という総括は今後の日本を考えるとき、背筋が冷えるほどの衝撃だ。国境を越えた資金流が、この時はたまたま日本を救うことになったが、こうした僥倖にこれからも依存することになるのか。

〔回答〕

システミックリスクに襲われた日本では、主体的に決められることは次第に限定されていく。円建ての金融資産価格、すなわち円レートは円安に振れ続ける。当時の中国の朱鎔基《ヂューロンチー》首相は、円安レートへの転落を放置する日本政府は「近隣窮乏化政策」を採用していると見なした。そして彼のスタッフに対して「1ドル＝150円のレートを下回る円安になったときには、中国は日本をその近隣窮乏化政策の一点で批判し、中国人民元もまたドルに対しての安値提示に踏み出さざるをえない、罪は近隣窮乏化政策をとる日本にあるとの趣旨の声明を用意しておけ」と命じたという。

当時は中国の経済政策の複数の責任者との対話を続けていた。1998年暮れの頃「中日間の中長期摩擦の種がロシアのデフォルトをきっかけに吹き飛ばされたことは、われわれ両国に幸運でした」といわれたのだ。用意した声明文の下書きはすでに金庫に入っており、次第に1ドル＝150円に近づくので彼らは気が気ではなかったという。1998年8月のロシアのデフォルトの直前には、円レートは1ドル＝150円という危機水準に近づいていたのだ。

新しい検証命題発見のための技法は、それぞれの分析視点から試されなければならない。われわれはこのとき、反事実に基づく予測経路と実現値の系列との誤差を新情報量と位置付けながら、新しい検証命題の提示をしたいと思った。四半世紀も前のことである。

第5章

赤池弘次先生の挑戦

〔質問〕

これまで具体的に検証したい命題に対して、ＡＩＣが導きの手になることが再々述べられてきた。本書も後半に近づいたので、ＡＩＣの特徴について歴史的な位置付けをしてほしい。経済・経営の分野で新命題の発見に結び付く、と主張する以上、科学という広い研究角度のなかに置き直したうえで、その特徴を記述してほしい。

〔回答〕

確かに魔法を使って次数を調整し「当て」に行っているわけではない以上、統計科学における位置付けを明らかにする必要があろう。繰り返すモデル選択によって情報量を求め続ける作業は、他の科学分野ではどうなのか、という点に多くの人の興味があるのは当然だろう。これについては他に類書もなさそうなので、思い切ってわれわれの手による位置付けをしてみたい。視角が次々と移らざるをえないので、短い質問ならばその都度受け付けるようにしよう。

1　仮説の提案と検証を限りなく続けることを支援する規準

赤池弘次先生は、データの世界とモデルの世界を結び付けるというテーマに沿って、モデル選択の基準として赤池情報量規準（ＡＩＣ）を提示された。これに至る過程を振り返ってみると、予測モデルが提示する量と、現実に観測される量との離れ具合が表示するところの情報量にかかわる考察こそが肝であった。まず尤度が取り上げられる。足元までのデータを用いて、過去の時点においてこれを生み出した仕組みを評価するのが尤度である。尤度を用いて推論を展開するとき、パラメータを調整するとモデルの構造が変わり、観測データと同じ結果を生み出す確率、すなわち尤度を調整できる（以上は『赤池情報量規準ＡＩＣ：モデリング・予測・知識発見』〔共立出版、２００７年〕での赤池論文による）。いくつかのパラメータを持つモデルにおいて、観察データに関する尤度を最大化するようにパラメータを調整する最尤法を適用すると、このモデルの情報量規準による評価は、次のように与えられる。

AIC＝−2×(最大対数尤度)＋2×(パラメータ数)

第１項から明らかなように、ＡＩＣが大きいほど悪いモデルとみなされることを意味する。そして第２項は、パラメータの数が増えると誤差もまた拾うという関係性を表示する。不要な要素は使わないという「オッカムの剃刀」という原理が使われているのだ。

ＡＩＣは、仮説の提案と検証を限りなく続けることを支援する規準といえる。予測や制御という領域においては、決定論的な、すなわち均衡の存在を前提とする取り組みは不可であり、決定論的な枠組みから離れたとき、依存すべきは情報量の考察ということになる。

〔質問〕
連立方程式を組み合わせて構造モデルをつくるという、決定論的な枠組みとは異なることはこれまでも認識してきた。しかし、こうした決定論からの離脱となると、どのような知的認識枠組みが使えるのか。

〔回答〕
思考実験による接近がひとつのやり方になる。19世紀半ばのマクスウェルによる想定枠組みづくりが参考になる。『物理学を変えた二人の男：ファラデー、マクスウェル、場の発見』（岩波書店、2016年）と『詩人のための量子力学：レーダーマンが語る不確定性原理から弦理論まで』（白揚社、2014年）の2冊はわれわれにとって役に立った。

2　マクスウェルの思考実験

熱力学のジェームズ・マクスウェルは、エネルギーだけでなく情報量をも考察の対象としたことで知られている。ここでは情報量を生み出す規準こそが問われている。

まず情報と情報量とを区別する。情報はすでに持っているものであり、たとえば統計データ群を指す。これに対して情報量は事象から得られる情報を指し、適切に設計された仕組みを通じて得られる差別化された情報といえよう。情報を考えるうえで参考になるのが、「マクスウェルの悪魔」である。19世紀の半ば過ぎにおいて、エネルギーを蓄え、力を媒介する電磁場という考え方を提唱したマクスウェルは、以下のような思考実験を提示した。彼の思考実験は、気体を入れて密閉した箱と、箱の内部を2つに分ける仕切り板、その仕切りに一分子（粒子）だけが通れる穴を想定するところから始まる。粒子は与えられた温度の下で、統計的平衡にある速度分布に従って動き回る。仕切り板の穴には悪魔がいて、悪魔は穴に付いたドアの開閉を通じて平均以上の速度で動く高温の粒子と、平均以下の速度で動く低温の粒子に仕分けることで、別々の部屋に集めてしまう。不秩序から秩序への転換が生じ、不秩序さを表すエントロピーは減少する。そしてこの温度差からエネルギーを取り出して仕事に転換すれば、たとえば箱の仕切り板を滑らせることが可能になる。同じ過程を繰り返すことでできるこの永久機関は、熱力学の第二法則（熱は高温から低温に移動してその逆は起こらない、すなわちエントロピーは不可逆変化によって増大する、という法則）に反するだろう。

それでは、平衡状態においてマクスウェルの悪魔は存在しえないとして、話は終わってしまうのか。ここで、エントロピーや生物学的な観点からも価値のある学習を止めるのはおしい、というところまでマクスウェルは問題を引き付けた。

〔質問〕
マクスウェルの魔は実験でさえない。頭のなかに浮かんだ想念を記述しただけではないのか。

〔回答〕
思考実験で、不秩序さを表すエントロピー、そしてそのエントロピーを減少させる仕掛けを考えただけでも凡百を超えている。このマクスウェルの悪魔という思考実験に刺激を受けた人物が20世紀に相次いだのだ。まずはハイゼンベルクだ。彼の書いた『部分と全体：私の生涯の偉大な出会いと対話』（みすず書房、1999年）を見てみよう。

3　ハイゼンベルクのゆらぎの想定

20世紀の歴史のなかで、ゆらぎに気付き、かつ、ゆらぎに本質的な属性があると見定めた賢人が2人いる。1927年に不確定性原理を提唱したヴェルナー・ハイゼンベルク、そして1947年にサイバネティックスという、認識と行動の間の神経反応を中心に、インプットとアウトプットの間の関係性にゆらぎを導入した科学理論を提起したノーバート・ウィーナーである。

この2人が、データ解析におけるインプットとアウトプットの関係性において、ゆらぎの部分にこそ見極めるべき本質があると見定め、現実の新しい捉え方を主張したといえよう。経済変量の予測における従来のやり方は、いわばニュートン力学の経済分野への適用といえる。ハイゼンベルクとウィーナーは、ニュートン力学から距離を置くことの重要性に気付いた人だった。

ハイゼンベルクの『部分と全体』は、最高の知性との間での対話の紹介もあり興味深いものだ。まず彼は考察にあたって、メタ（超越）という接頭語がなぜフィジックス（物理学）の概念の前に置かれないのかを問う。彼の原子物理学は実験ではなく、考察を重ねるなかで前途を切り拓いたのだ。メタフィジックスという言葉はあるが、これは形而上学を指し、根本にかかわって物理学の領域を考察する、とは受け止められていないのだ。彼は専門について次のように述べる。

「専門家とは、その専門とする部門において起こりうる最も重大な間違いのいくつかを知っており、そのためいかにすればそれを避けられるかがわかる人である。」

彼によれば、ひとつの領域について多くのことを知るのが専門家ではないということになる。観察も実験もできない領域において思考を重ね、言葉を通じてのモデル把握から始める。言葉を通じてのイメージ喚起から始まり、概念操作に近づき、結果としてのモデル提示に至った人である。彼にとって、フィジックスに接頭語としてメタが付いたメタフィジックスは、研究の入口だったのだ。

ハイゼンベルクが対話を通じて大いに刺激を受けたひとりが、ニールス・ボーアだった。ボーアはハイゼンベルクに、米国の哲学者ウィリアム・ジェームズへの共感を語った。以下は、ボーアが引用した、言葉が喚起する脈絡や新たな結び付き、つまり全体との関連付け（コンテクスト）の重視に関するジェームズの言葉である。

「われわれが耳にするどの言葉でも、言葉の特に重要な意味が、まずパッと頭のなかに浮かんでくるが、しかし同時に、はっきりとはしていないがその他の意味も付随して感じられ、そこでも他の概念と結び付けられ、その作用は無意識のなかにまで広がっていく。」

ジェームズはコンテクストのなかに言葉の意味があり、部分と全体とを繋ぐ契機がコンテクストだというのだ。

時系列データにおけるフィードバック作用の抽出のなかで、予測経路の導出を行うモデルの構築を試みようとするのがＡＩＣによるモデル選択である。コンテクストを映しとる作業こそが肝なのだ。どうやらハイゼンベルク、ボーア、ジェームズ、そして赤池と、コンテクストの読みとりこそが真理への挑戦に他ならないという筋が見えてくる。

１９２５年にハイゼンベルクは、量子力学において位置と運動量の測定が互いに相反する（両立しない）という不確定性原理を提示した。光はその周波数だけに関係する作用を持つ。このため高い周波数の光で物質を照らせば、周波数に応じて増大する運動量変化をその物質に与える。他方で、照らす粒子の運動量に少ない変化しか与えないのは低い周波数の光だが、これは位置を示すのに十分な分解能を持たない。そして中間の周波数の光は、位置と運動量の両方をぼやけさせる。

ここからハイゼンベルクは次のような総括を行うことになる。ひとつの系の将来について完全な情報を与えるに十分なほど、その系の過去に関する情報を与えるような観測は考えられない。現在と過去のデータを完全に集めても、未来は統計的にしか予測できない。量子力学においては、個々の系の過去の歴史全体をもってしても、その系の将来を決定論的な繋がりの集合に帰着させることはできない。できるのはその系の将来の分布を決定するだけである。ハイゼンベルクの立ちえた位置を次のように記述することも可能であろう。

「最適な予測を見出すという課題についていえば、予測すべき時系列の統計的性質を考慮して初めて解くことができる。」

時系列データの予測値と実現値との誤差が得られれば、最適な予測を求める問題を、モデル選択にあたっての決定という課題に置き換えることができる。特別な尺度の極小化として提示することも可能であろう。ただし誤差の扱いには注意が必要だ。もしも予測のモデルが近似度に注目し、滑らかな曲線をえることに高い価値を置いているならば、感度増大という犠牲を覚悟せねばならない。滑らかさにおいて秀でていれば、他方で少しのズレにも発振しやすい。そして発振は減衰しにくい。

誤差を拾いきるようなモデルよりも、当初から粗い曲線にとどめたうえで、良好な予測を追及するという誤差についての扱いが考慮されるべきだ。ハイゼンベルクは、量子力学における位置と運動量の測定が互いに相反するという不確定性原理の提示を通じて、モデル選択という決め打ちよりも、より一般的な課題における注意点を提示したともいえる。

ハイゼンベルクの自叙伝ともいうべき『部分と全体』によれば、アルベルト・アインシュタインは、量子論の原理的に統計的な性格を承認するのに同意しなかった。もちろん彼は、統計力学や熱力学における確率論的な陳述に反対ではなかった。なぜなら、考えている体系の決定要素のすべてについて正確な知識を持っているわけではなかったからだ。しかし彼は、現象の完全な決定にとって必要なすべての決定要素を知ることが、原理的に不可能であることを認めようとはしなかった。不確定性関係と妥協することができなかったのだ。彼は確固とした法則に従って進行する物理的過程という、客観的世界の研究を畢生の大業としたのだ。彼は量子論を過渡的なものとして認めても、原子的現象の終局的な説明としては認めようとはしなかった。「神はサイコロを振り給わず」といい続け、理論物理学の数学的記号がこの客観的世界を描写すべきであり、それによって世界の将来の振舞いについての予測が可能になる、という見方を生涯変えようとはしなかったのだ。

ハイゼンベルクによれば、原子にまで下りて行けば、空間と時間のなかに、アインシュタインが主張するような客観的世界はまったく存在せず、理論物理学の数学的記号は実在のものではなく、可能なものだけを描写するに過ぎないということになる。アインシュタインはこれを承認できなかった。ハイゼンベルクは、「足元の大地を取り払われることを彼は承認できなかったのだ」と記述した。ハイゼンベルクはニュートン力学について次のように述べる。

「ニュートンの物理学の概念、つまり位置、速度、加速度、質量、力等々でもってある現象が記述できる限りにおいて、ニュートンの法則は完全に、しかも厳密に成り立つ。ニュートンの法則は、現象がニュートンの概念でもって記述される程度の正確さで成り立つ。しかし、不確定性関係のなかに表現されているような原理的な限界が、測定精度に置かれるということは、初めて出くわした新しい経験だ。測定の精度内においてニュートン力学が完全に成り立ち、そして将来も成り立つことの確認で十分だ。」

「ニュートン力学の概念をもってしては、もはや切り抜けられないような経験領域が存在する。われわれはまったく新しい概念構造を必要とする。ニュートン力学はそれ自身で閉じていることが、小さな改良も許さない原因となっている。完全に新しい概念体系への移行は可能であり、その際には古い体系は、極限の場合として新しい体系のなかに含まれる。」

〔質問〕
経済・経営にかかわる構造モデルは、物理の分野でいえばアインシュタインの思考方法というわけか。ハイゼンベルクのゆらぎの想定の受け入れが、赤池先生のＡＩＣという情報量規準の打ち出しにあたるというわけか。

〔回答〕
赤池先生はエントロピーについても考察を重ねておられた。そういう意味では、マクスウェルの魔は気に入っておられたのではないか。量子力学におけるゆらぎの概念も、決定論の枠組みの予測や制御に及ぼす不十分さを認識するうえで、有効なものと捉えられていたと思われる。さらにいえばウィーナーの『サイバネティックス：動物と機械における制御と通信』（岩波書店、２０１１年）における酵素の働きから具体的なイメージを借りられた可能性もある。特定の条件の下でしか、酵素は期待された役割は果たさないのだ。ＡＩＣはモデル選択の基準であり、かつ予測や制御に役立たせようとすれば、条件を絞り込む必要があるからだ。

4　ウィーナーから赤池へ

それでは、ウィーナーについて見てみよう。彼は、マクスウェルの魔が活躍するためには、魔は近寄ってくる粒子から、その速度やそれが壁にぶつかる点についての情報を獲得し、魔と気体との間の相互作用を維持すれば、エントロピー増大則を回避できるのではと考えた。魔は情報を獲得したときに活動できるだけで、情報量は負のエントロピーを表している。もちろんウィーナーは、それ自身周囲の温度に対応する不規則な運動をすることになり、「目まい」を起こし、活動できなくなると考えた。しかし、相当な時間は「準安定」にあると考えられる。ウィーナーはたとえば酵素を「準安定にあるマクスウェルの魔」とみなした。酵素の働きにより、人体の活動を活発化させる、すなわちエントロピーの減少を引き起こす反応を魔の果たす役割として捉えたのだ。

それではわれわれの場合はどうか。われわれは予測経路と実績値とのズレを情報として捉え、この新しい情報を次の段階の予測経路の導出に使用するという過程を設計した。ＡＩＣが、すなわち情報量規準が、変数や次数の選択に生かされるという準安定の過程を想定した作業を続けるのである。

それでは赤池先生の場合はどうか。少し時代を追って点検してみよう。赤池先生は実務の世界からの分析要請に応ずるかたちで、統計科学の最先端を走り続けられた。１９６０年代はランダム振動の統計的解析が求められた。ランダム振動とは、たとえば走行する自動車の振動のようなギザギザの動きである。これに対しては、周波数領域において局所的な平均化を行うと、パワースペクトルと呼ばれる滑らかな変動のパターンが得られる。光のスペクトルのように、どの辺りの周期成分が優勢であるかを検証することができる。ここからシステム特性の計測法である周波数応答関数が工夫されることになる。1964年のことである。

そして次には、生産プロセスの最適制御にこの周波数応答関数の推定法を応用しようとされた。プロセスの動きの予測式をつくり、これを利用して制御に至るという手順を進めることになる。ここから多変量自己回帰モデルの作成とシミュレーションの実施が工夫された。自己回帰モデルとは、関係する変数群の時系列にかかわって、過去の時点ごとの値に各々の計数を掛けて予測することを示す。シミュレーションにあたっては、予測誤差は白色雑音（ホワイトノイズ）と呼ばれるランダマイザーの出力として提示されるのが自己回帰モデルである。

ところが、実務的には、遡ってどこまでのデータを取り込むのか、という次数についての方針が立てられなかった。次数が低すぎれば予測力に問題が生じ、高すぎるとデータの不足から推定の精度が落ちる。ここからＡＩＣが生み出されなければならなかった。結果として、パワースペクトルに対する周波数応答関数から、製造工程に伴う変容過程を追及するなかで、多変量自己回帰モデルの構築という方向性が示された。これがＡＩＣという規準に行きつき、シミュレーションによる先行き検討も可能となった。ＡＩＣの発表は1973年だった。

伝統的な経済学や統計学は、均衡値や主観性の排除にこだわってきた。それは科学の確立のためには恣意性や曖昧さを除き、論理だった取り組みが経済や実務の分野においても重要だ、という視点が強調されたところからきているといえよう。しかし、19世紀の熱力学において最先端にあったマクスウェルは、思考実験を通じて仕分けがもたらす情報量の意味を強調した。また１９２５年に、ハイゼンベルクは不確定性原理を提示し、決定論的枠組みの外に、確率論をベースとする原子世界があることを提示した。そしてウィーナーは１９４７年に、サイバネティックスという、ゆらぎや誤差を次段階における投入財として処理する仕組みが、神経生理学のみならず、時系列データを扱う分野全般に適用できることを主張した。そして彼は、情報量の概念は古典的なエントロピーの概念と結び付いていることを意識していた。赤池先生もこの流れに加わる。彼は１９７２年に、仮説の提示と検証を限りなく続けるためには、決定論的な枠組みの外に出る必要があり、そのときの道しるべが情報量規準であることを提示された。因果解析を進めるうえで、パワースペクトルにおける周波数応答関数からの推定が役立つことはそれ以前から示されていた。

赤池先生は「統計科学とは何だろう」（『統計数理』第42巻第1号、１９９４年）という論文のなかで、統計的方法の本質は、データを用いて必要な情報をつくり出すことであり、それは不確実性の下での行動に際して求められるものが情報だからと述べられている。そして情報は予測、より一般的には推測の構成のための資料として提示される。情報の創出にあたって時系列解析は、対象の時間的動きの特性、すなわちダイナミクスの把握を目指すものである。そして統計的思考の原点に時間的な考慮がある、とされる。

セメントのキルンの制御から始まり、発電機の制御という課題に立ち向かうなか、炉が壊れるのを防ぐ、という最大の命題を押さえたうえで、効率性の追求という実務からの要請に対応しようとして生まれたのが、ＡＩＣの考え方である。予測値ないし予測経路を時間的経緯のなかで出し続けることが統計科学の目指すもの、と腹を括られたといえよう。

これと対比すると、従来の推定や検定は「真の構造」に迫るための手順や手続きといえるだろう。赤池先生が向き合ったのは、不確実性への対処であり、こうした現実にあっては、期待にかかわる要素が出発点とならざるをえない。知識や経験を背景とした期待の構成が目指すものとなるのは当然のことであろう。「真の構造」は存在しないなかで、モデル選択は環境、あるいは対象の特性を部分的に表現しようとする行為と割り切った方がよいという立場だ。真理の追求とは、既知の知識に依存しつつ、対象のひとつの近似に迫る営為といえよう。ということは、知識と経験に基づく仮説の提示なくしては、解析の対象であるデータにさえ行きつけないと心得るべきなのだ。

こうしてよりよいモデルの探求が始まる。ここで通常の誤差の概念に対応する情報量規準ＡＩＣが工夫された。尤度（当てはまりの良さ）の追求は当然のこととして、特徴はパラメータの数にペナルティーを課していることだ。従来どおり「真の構造」に迫るということならば、説明変数を増やす過程が相次ぐだろう。しかしそれは他方でノイズ（雑音）を拾いすぎることである。説明力を高めるための作業が、同時にノイズを拾うという当然の帰結に結び付く以上、ノイズという不秩序るＡＩＣの最小化作業が営まれる（エントロピー）にペナルティーを課すことで、誤差の表現でもあると表現することができよう。

それでは、ＡＩＣはどのような状況で適用されるのか。ハイゼンベルクとウィーナーの双方に、「ゆらぎ」への着目という点において、認識論上の同質性があることをすでに見た。赤池先生は、周期的変動とノイズとに焦点を当てることにより、インプットとアウトプットの従来把握から脱しようとされた。先生もまた古典力学の及ばざる領域についての認識と、それに対する接近手法との双方の学習のなかで、歴史的に抜きんでた研ぎ澄まされた手法を提示されたのだ。

それではなぜ、ＡＩＣの経済データへの適用と、これに基づくモデル選択の繰り返しという創造的手法が半世紀も無視され続けたのか。われわれはこれもまた歴史的事情によると受け止めている。時系列データに基づくモデル構築にあたって、インプットとアウトプットとの関係性把握とは「トレンドの解明」に他ならなかった。説明力を増すために、周辺的な経済変数とその決定要因とを拾い続ければ、より真理に近づき、命題の検定により寄与すると受け止められてきたのだ。１９７０年代半ばまでは日本の経済成長が、70年代後半からは財政、金融による刺激策の効果が、分析の対象である時代が続いた。たとえば日銀の金融研究所を含む調査担当部門では、１９８０年に「時系列モデルによる予測」について、懐疑的結論を出した。少なくともその後の日銀の調査担当者はそう受け止めてきた。

分析手法としてのＡＩＣの再評価は、まず機械学習の分野から生じた。命題の検定の精度ではなく、事態が次の段階でどう展開するのか、という予測の領域に関心が移行したのだ。そして次々と事態が展開するというダイナミクスにあって、その都度予測モデルの再選択という課題が生まれたのだ。ＡＩＣこそが相応しい手法という認識が生まれ、赤池論文の引用回数が急増した。ＡＩＣにかかわる作業とは、探索という予測経路の提示がまずあり、続いて実現値とのズレを次の段階で情報として投入してさらに探索を続ける、という手順が想定される。そしてズレが狭まれば、利用という局面に至る。

ビッグデータを背景に機械学習の領域が広がり、探索から利用という局面変化のなかでＡＩＣが駆使される状況になった。われわれは中国「写真機」プロジェクトで、月次のＣＩＰＰＳ中国指数の作成を２０１１年から開始した。２０１５年の中国人民元危機の前後も、ＡＩＣによるＣＩＰＰＳ中国指数の予測経路は状況をほぼ拾い、かつ予測経路の提示から、先行きについてめどを付けたとする協力企業もかなりの数に上るようになった。ここからグローバルエコノミーの状況を示す一般的な公表データを駆使して、全般的な予測経路の提示を目指したらどうか、という思いも募るようになった。

転機は米国の金融政策の歴史的転換である。２０２１年11月以降、量的・質的金融緩和（ＱＱＥ）から量的引き締め（ＱＴ）への転換が予想されるようになった。株価、債券利回り、為替レート、ハイリスクの金融商品などの価格動向からその時点における潜在的意味合いを引き出そうとすれば、月次ではなく、週次データの利用が望ましいことは明らかだ。そこで、週次の公表データを使ったモデル選択の用意を始めた。ＱＥないしＱＱＥの時代が20年余りも持続したため、ＱＴの開始は間違いなくイベントといえた。その帰結の姿を思い浮かべるためには、予測経路の提示を行いつつ、その後の観察値とのズレ（誤差）を次の段階で新たな情報量として投入するという、ＡＩＣに基づくモデル選択は不可欠な手順となった。そしてその3カ月後にはウクライナ侵攻があり、２０２２年4月からはウクライナ戦争の長期化は不可避となった。２０２１年秋から２０２２年春までの半年間だけをとって見ても、event attribution（イベントが帰結させるもの）へのまなざしは真剣なものにならざるをえなかった。

５　探索から利用への局面変化の背景にあるものとその帰結の到来

われわれは週次データを吟味しつつ、認識枠組みに沿って逐次問題処理を続けることとなる。こうした手順とそれを積み重ねることについて、図1によってイメージをつくり出してもらいたい。まず、予測したい目的変数と関連のあるデータ群を抜き出す。そして過去の時系列データ群のどれ（複数）を使うと尤度が高くなるのかを試す。そしてこの結果のモデル選択に基づき、予測経路

図１　AIC を適用したモデル選択と探索・利用の関係性

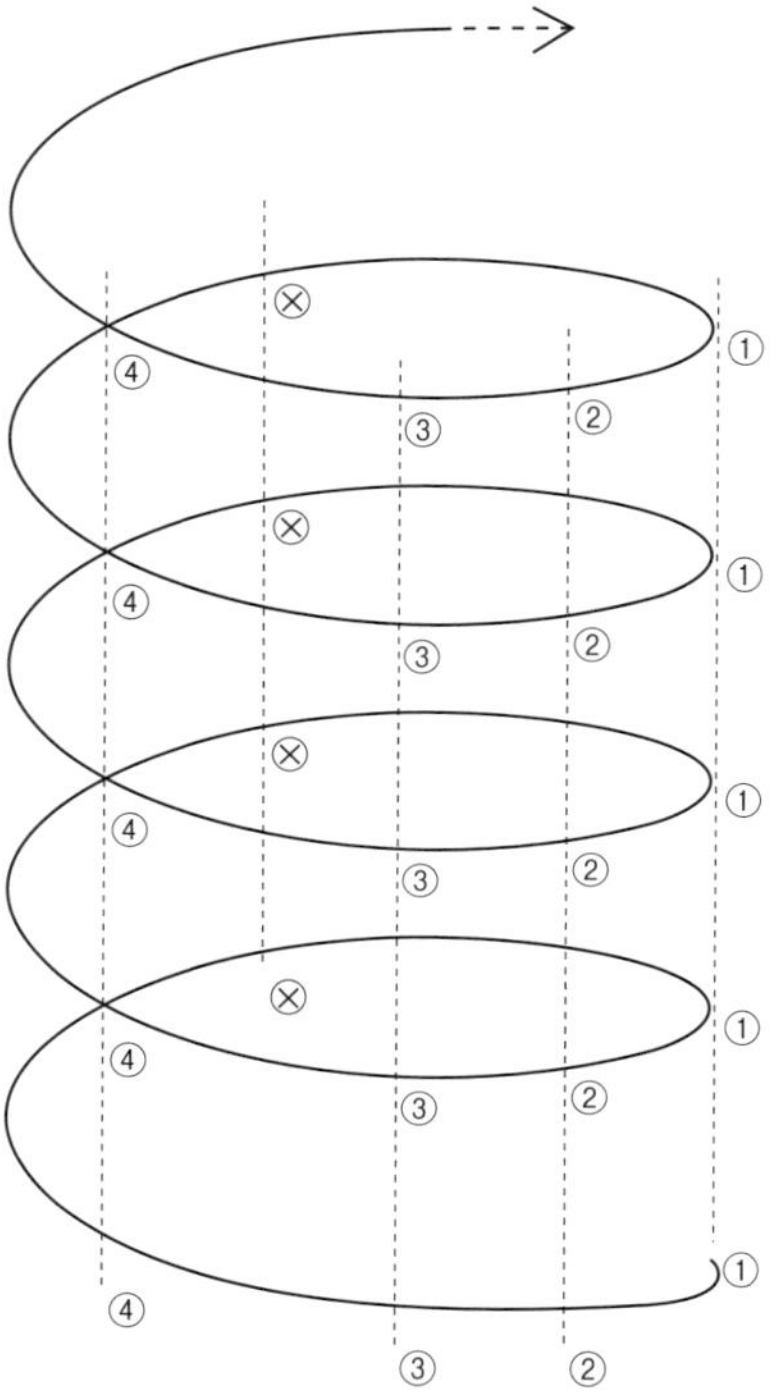

①データ群についての仕分けとモデル選択の準備
→予測変数の変動に寄与するはずの複数の変数の選択と、遡って入手できるデータの次数を点検する。
②AICの適用によるモデル選択
→尤度の向上に寄与する採用変数候補の決定と、AICを適用してモデルの変数や次数を決定する。
③探索：モデルによる予測経路が示すものと実績値との比較
→導出した予測経路と実績値とのズレについての点検を行い、このズレを新しい入力として活用し、モデルの再選択を行う。
④利用：複数段階における探索を活かしたモデル再選択による予測経路の導出
→探索は片手回数程度で収束局面を迎えることが多く、週次データならば１カ月程度で利用局面に入ることができる。
⊗全体の過程の分析と、次段階への教訓の導出

の導出を行う。モデルに無作為の乱数を入れ、予測経路の導出を行うべく試技を１００回行う。予測経路の幅が導出されるが、幅の両端の12・5％ずつを切り捨てた中央に位置する75％相当の領域をはじき出す。そしてその平均値をもって予測経路に見立てる。その後の観測値と予測の平均値とのズレを新たな情報量として、次の段階の予測モデルに投入す

る。イベントが思わざるほど意外なものならば、こうした逐次予測を重ねて予測経路の導出を続ける。これを4回行わなければならないときは、1カ月経ってやっと探索から利用に入ることになる。おおよそ準備がなされていないほどのイベントならば、変数の制約もあり、2カ月分ほど（8回）の試技を要することになろう。こうした探索の積み重ねが意味するのは、事態の意外性だといわねばならない。

図1にあるように、探索の繰り返しは、同じ手続きで実施される。この間モデルの再選択の過程で、変数の組み替えや次数の絞り込みが行われていると見るべきだ。"less is more"というＡＩＣの適用過程の表れである。月次データでなく週次データの利用が可能であるということは、探索から利用への道筋が4倍速であるといってもよい。消費局面を表す小売企業のＰＯＳデータ利用、また投資局面を表すファクトリーオートメーションにかかわる企業の週次ごとの売上（受注・成約）データについての利用が可能な場合には、探索から利用への局面変化は1カ月程度、長くても2カ月程度に短縮できるであろうことを意味する。ということは、1カ月ごとに営業方針やマーケティング戦略の微調整を行うことは理にかなっているといえよう。

6　ＡＩＣに基づくモデル選択の特徴

日本経済のＧＤＰ予測モデルや、企業内部で行われてきた製品やサービスに対するこれまでの予測モデルでは、経済や経営にかかわる諸変数間にどのような関係性が成立しているのか、の究明から始まる。現実を説明しきるモデル開発が出発点といってよい。ここからデータの収集努力が積み重ねられる。複雑な現実の経済諸変数間に成立しているであろう因果律を汲みとることができれば、予測の精度は高まるはず、との期待があった。

しかしこれを実行していっても、予測精度の向上は期しがたいのが通常だ。そしてここからの努力は、現実を引き映すはずの諸変数をさらに投入し、説明力の向上を目指すという方向性を帯びる。しかし結果は芳しくないというのが実際の展開になる。

ＡＩＣは以下の3点についてまったく異なる視点からのモデル選択を前提としている。第1は、現実を説明し切るためのモデル選択を目差すのではなく、最初からよりよき予測に到達するためのデータ選択を行うのである。何が従来のモデル選択と違うのか。従来は現実をよりよく説明するために、データを拾う努力を続けるなかで、必要と思われるデータを、いわばたたき出そうと努力するがごとく振舞う。結果として観測データに含まれるノイズも一体として拾い続けることになる。

説明力を向上させるために変数を増やし、かつデータを遡って収集する努力を続けると、結果としてノイズもまた次々と拾うことになるのだ。因果関係をデータで確かめようとする努力が、結果として複雑な現実が持つ数個の変数では説明しきれない部分を拾い上げてしまうことになるのだ。

ここからアプローチを変えて、予測のためのモデル選択という方針を立てたのが赤池先生であった。予測力の向上に貢献してなんぼ、という立脚点からは、説明変数を増やすことによってノイズを拾いすぎることは回避すべきだ、という方針が登場する。ＡＩＣは説明変数を増加させることにペナルティ（罰則）を課す、という原則から成り立っている。

１９８０年代の初めの頃、筆者のひとり田中は、マクロ経済や産業分野におけるモデル選択にかかわって赤池先生から指導を受けた。その折、経済予測の担当者間で成立している職人的なワザについて質問があった。フォークロア（民間伝承）とでもいうべき、語り継がれているワザの部分を中心に予測モデルを組んでみたらどうかという助言である。

赤池先生は、セメントのキルン（焼成炉）の制御という課題の取り組みなかでＡＩＣを産み出された。石炭や石灰石の燃焼過程で炉の壁に付着する不純物は、ある頻度で壁落ちというイベントを発生させる。その後の状況にあっての制御（予測精度の向上）こそが、赤池先生に課された任務だった。当時は職人たちが炉の内側をのぞいて、原料や燃料や空気窓の制御指示を行っていたという。いまから半世紀以上も前のことだが、この職人たちの持っていた技が予測や制御にかかわるものであった以上、フォークロアのなかに、モデル選択の重要な手掛かりが存在していたといわねばならない。このことは、現実の事態に対する説明力を向上させるために変数を拾いすぎる手法の対極にあるものだったといってよい。

ＡＩＣの特徴の第2は、予測の確度を高めるため、逐次的な情報量の追加を目指して予測経路と実績値のズレを使うことである。従来のやり方はズレが生じたときに、これまでの実績値の相互関係を再度検証し、変数や関係式の見直しを行うのが常だった状況と対比すれば、ズレ自体を意味付けの情報量として使用するのがＡＩＣといってよい。

「制御工学の技術者は、フィードバックを随意運動において重要な要素と呼ぶ。与えられたひとつの型どおりに、あるものの運動を行わせようとするとき、その運動の原型と、実際に行われた運動との差を、再び新たな入力として使い、このような制御によって運動をさらに原型に近づけるということである。」

これはウィーナーの『サイバネティックス』の記述から引用したものである。運動の「原型」を「予測経路」に、「実際に行われた運動との差」を「予測経路と実績値との差」に読み替えれば、ズレを新たな入力とする情報のこなし方こそがＡＩＣの工夫の背景にあったといえよう。

ウィーナーはこうした考え方が、第二次世界大戦の初期におけるドイツ空軍の優越と英国の守勢とから、科学者が高射砲の性能向上を目指さざるをえなかったことに起因しているとも述べる。静的な標的と異なり、砲弾と標的とが、ある時間経過の後に空中のどこかでぶつかるように発射せねばならない。ということは、飛行機の未来の位置を予測する手法を考えねばならない。照準を合わせようとする射手も、標的である飛行機の操縦者もそれぞれに動作特質を持っているなかで、フィードバックに起因する新たな入力を使って、すなわちこうした制御を通じて目的を果たさねばならない。赤池先生は江田島の海軍兵学校に入学された。ここで、こうした科学者の格闘が始まっていることを認知せざるをえなかった、とわれわれは感じている。

制御工学と通信工学においては、メッセージにかかわる課題の追及という点で類似性を有する。ウィーナーは次のように述べる。

「メッセージとは時間的に分布した測定可能な事象の離散的、あるいは連続的な系列のことであり、電気的、機械的な方法、あるいは神経系などによって伝送されるものの一切を含む。これはちょうど統計学者が時系列と呼ぶものに他ならない。」

これまで見たように、ズレからの入力という課題を追いかけ、メッセージの抽出という作業に取り組もうとすると、「ゆらぎ」というもうひとつの現実に突き当たる。ウィーナーは次のように述べる。

「メッセージの将来の予測は、その過去にある種の演算子を施して行いうるが、この演算子は数学的な計算、または機械的か電気的な装置によって実現される。」

「理想的な予測装置は望むまま近似度をもって滑らかな曲線を予測できるが、精密なものにするには常に感度増大という犠牲を払わなければならない。滑らかな波形を得るという点で秀でた装置は、その滑らかさから少しずれても発振しやすく、またそうした発振は減衰しにくい。」

ここから時系列のメッセージに対するデータ処理上の工夫が必要となる。これが第3の論点に繋がる。

第3は、時系列の経済・経営データにおける、トレンド部分と短・中・長期にわたる周期的な動きの部分との区分、そしてフィードバックの周期的な動きにかかわる部分での抽出という、データ処理の仕分け手法である。たとえば個人消費と国民所得の間において、所得の伸びに対応して消費が増大するという関係性をトレンド部分として抜き出して区分し、時系列データのうちトレンドの周辺におけるゆらぎの部分に着目したうえで、因果解析に帰すことのできる変数間のフィードバック関係の見極めを行うという手法である。ゆらぎは相互に関係しあう誤差であり、ハイゼンベルクの量子力学では、位置と運動量の測定が互いに相反するという命題に行きつく。これに対してAICの適用にあたっては、予測すべき時系列の統計的性質を考慮し、トレンド部分と周期変動に仕分けたうえで、分析者は予測作業に臨むことになる。

従来はトレンド部分の見極めにあたって、入力と出力との関係性の発見に焦点が置かれた。ニュートン力学における把握手法の援用といってよいだろう。ゆらぎという周期性を帯びたものの把握では、不確定性原理にあたるものを援用しているといってもよい。いわば古典力学ではなく、相対性原理の考え方を援用して、因果連鎖の究明を目指し、予測経路の導出を目指すのである。

7　マイナスのエントロピーとＡＩＣ

経済・経営を取り巻く環境に大きな変化が生じたとき、これまでの手続きを通じて導出された予測経路と環境変化後の実績値との間で大きな乖離が生ずることは当然考えられる。われわれが主に取り上げる２０２１年11月以降のＱＴ開始の予感と、２０２２年２月のロシアによるウクライナ侵攻という新たな環境の登場は、モデル選択の大前提が揺らいだ事態といえる。赤池先生が体験された「壁落ち」という事態は、炉の制御のために新たなメッセージを抜き出さねばならない状況と表現できよう。これと対比できるほどの状況急変がわれわれの周辺に迫ったといえよう。赤池先生が長考一番ひねり出されたＡＩＣの登場が待たれる事態である。

状況急変のなかで、その時点において向き合わねばならない現実は絞り込まれる。とすれば、それ以前において意味を持っていた変数や変数と変数の関係は、いまや不秩序そのもの、すなわちエントロピーに他ならない。ということは、秩序の再構築にかかわる計算式においては、エントロピーにマイナスの符号を付けねばならない。マイナスのエントロピーとはすなわち秩序化に他ならない。モデルの再選択において、それ以前の状況において意味を持っていた多くの変数には、いまやペナルティーが付けられているのだ。新状況において説明力を持つ変数だけに絞り込んで、予測経路の新規の導出を試みなければならない。この尺度がＡＩＣといえよう。

ウィーナーは、情報量の概念は統計力学における古典的なエントロピーの概念と結び付くと述べる。

「ある系の情報量はその秩序の度合いの測度と考えられる。同時にある系のエントロピーとは不秩序の度合いの測度とも考えられる。したがって、一方の正負の符号を変えさえすれば他方になる。」

「壁落ち」にあたっては、従来の制御を続けることはエントロピーを増大させることになる。このエントロピーに負の符号を付けて秩序化を図るとは、従来の変数の多くを引き取らせることだ。変数を落として、現実に向き合うべく努力を続ける状況を explore（探索）と表示できよう。そして予測経路が実績値に収斂する兆しを明らかにすれば、それは exploit（利用）局面に入ったと表現できよう。ＡＩＣに基づいて、変数を絞り込んで予測経路をはじき出し、その後実績値がこれを追うようになって、状況の制御はいったん成功に近づくのである。

このexploreの局面からexploitの局面への転換は、learning machine（学習する機械）が目指すところでもある。連続的自己投影の過程を演じていると了解するならば、machine learning（機械学習）に限りなく近づいているといえるだろう。２０１０年代に入って機械学習の領域への挑戦が開始されると、ＡＩＣへの言及は再び増大に転じた。われわれはこの過程を追おうとするものではないが、マイナス符号を付けたエントロピーへの関心は高い。

〔質問〕

グレゴリー・マンキューが１９９０年に、*Journal of Economic Literature*上でマクロ経済学やその適用であるＩＳ－ＬＭモデルが現実経済の予測に役立っていないと書いた。これは一例だがそれから四半世紀以上を経過しても、マクロ経済学をリフレッシュさせる試みは成功したとはいえない。本書はＡＩＣという情報量規準を使って現実経済への挑戦を行ったといえる。仮説形成についての思考方法というアブダクション（誘拐）の新展開事例といえるかどうかは別にしても、新検証命題を浮上させる可能性がＡＩＣの適用から見えてきたことは間違いない。本書の読者には何を望むのか。

〔回答〕

ビジネスで実務に携わっている方々は、手元にある個別の経営に関するデータ群があるにもかかわらず、新経営環境の大きな変化のなかで予測の難しさを日々感じておられることだろう。本書で試みたように、月次データ、また週次データを使ってＭＡＲモデルをつくり、ＡＩＣでモデル選択を繰り返しながら、explore（探索）からexploit（利用）まで持ち込むことができる分野は多々あると思われる。これには決してビッグデータが不可欠というわけではない。手元の経営データと一般に流通している公開データとを組み合わせればできることだ。生成ＡＩのような大規模言語モデルを前提としているわけでもない。原地、原物にかかわるデータの持つ情報を材料として、将来を展望しようとする試みを応援したい、というのがわれわれの思いである。

第6章　グローバルエコノミーとＡＩＣによる検証命題づくり

〔質問〕

今日では、グローバルエコノミーはdelinkage（供給網からの専制主義国家外し）やderisking（専制国家群への資材や製品依存の持つ脆弱性からの離脱）という脈絡において語られることがもっぱらだ。しかし現代史においては、経済の因果関係をたどるうえでも、グローバルエコノミーの成立は、分水嶺を構成することになり、新しい検証命題を生み出すとともに、これにかかわる因果解析においても思い切った踏み出しが必要だったのではないか。

〔回答〕

現状に対する経済対策を施そうにも構造解析は不可欠である。それではグローバルエコノミーの成立時点をどこと見定めるのか。予測と処方箋作成との関連を重視すれば、1984年の米国経済が焦点だった。学説のうえでは閉鎖経済を前提として構成されるマネタリズムが俎上に載った。日本では1984年以前の枠組みで予測と処方箋の作成を行うリフレ派が、2013年以降の金融政策展開においても影響力を行使した。21世紀の初頭における日米経済の共通基盤についての新命題づくりに関するわれわれの試みを、もう一度振り返ってみる必要がある。われわれは日米統合モデルによって、経済の足元も、また、足元からの予測経路も抽出できたと自負した。しかしこれを広く社会に提示し、政策形成の場に持ち上げることができたのか、という具体的な現実貢献となれば、間違いなく非力だった。このときの反省を込めて、量的・質的金融緩和（QQE）終了後のグローバルエコノミーを展望する手掛かりとしたい。

1　一国経済モデルからの脱却過程

半導体が産業の米といわれる時代がやってきたのは、1980年代に入ってからである。「鉄が鉄を呼ぶ」時代から「半導体が半導体を呼ぶ」時代への変化として産業史上位置付けられた。論理素子としての半導体よりも、記憶素子としての半導体の方が大量生産方式になじみやすかった。そして日本の半導体企業にとって経営の焦点は製品の歩留まり率の引き上げになった。生産工程における歩留まり率の向上という点に課題が絞り込まれれば、学習曲線が重い意味を持った。生産累積量の高まりとともに歩留まり率は向上した。こうした業界内での理解が広がると、新規の市場参入には大きな障壁が立ちはだかることになる。日立、東芝、三菱電機などの総合電機メーカー、またNECや富士通などの通信機メーカーの後を追いかけることは簡単ではない、と受け止められたのは、この歩留まり率であり、その根底にある学習曲線であった。しかしこの理解は日本流の半導体産業論からの帰結であり、その後の半導体を巡る世界の発展形態への示唆を何ら内包しないものでしかなかった。

今日では台湾が半導体産業の中心地であり、台湾積体電路製造（TSMC）の熊本県への進出や、さらには第二工場の建設までが大きな話題となるなかでは、40年前の論じ方はいったい何だったのか、ということになるだろう。1988年に台湾総統の蔣経国《シャウー》が亡くなったが、その直後の訪台にあたって筆者のひとりである田中は、当然のことながら新竹の工業団地を訪れた。旧台湾総督府の建物は総統府として使用されていたが、そのなかで次世代の台湾を論じたとき、若手の研究スタッフのひとりは「蔣家による台湾支配の歴史は終わった」と述べた。そして新竹市を中心とした半導体産業誘致戦略についての感想を聞きたい、とも続けた。TSMCの創設者のモリス・チャンがファンドリービジネスとして、半導体生産の請け負いという経営指針を提示していることも知らずに、「学習曲線」の持つ意味は重いとコメントした。恥ずかしい不勉強だったことに気付いたのは後のことだった。後刻のことになるがチャンに会ったときこのことに触れたが、彼は笑って別のことを教えてくれた。彼はテキサスインスツルメンツで半導体ビジネスの根幹を体験するが、彼が香港から米国に留学するとき、海路を使い横浜経由で米国に向かったという。太平洋航路への乗り継ぎに数日のズレがあったので、東京と横浜の見学ができたそうだ。高度成長期に向かう前の、いまだ戦後の混乱を引きずっていた1949年当時の日本の産業秩序の一端は興味深いものだった、と述べたのだ。逆にいえば日本の戦後の骨格は見た、挑戦の場は米国だ、という認識だったのだろう。

われわれがマネタリーベースという操作変数の意味を引き出すモデリングや、グローバルエコノミーの下での投資集団のデフォルトの発生と資金の逆回転の意味付けを行った後に、新検証命題として浮上したのは「Y2K」をきっかけとした半導体需要のただならぬ盛り上がりであった。思考を積み重ねると、新検証命題づくりというよりも、先行きについての判断を誤った半導体企業群は簡単に元に戻れるのかという課題が生まれていた。伝統的な関連性への復帰という命題では済まないはずで、問題処理群の新発生という性格のものだ、ということになった。

Ｙ２Ｋ問題とは西暦２０００年の到来がもたらす情報錯乱であり、コンピュータが「00」をこなせないことが事故や事件を多発化させるのでは、という先読みが引き起した想定問答のことである。たとえば東京湾で大型タンカーと大型貨物船とが衝突するような重大事故の発生確率を論ずべし、などの問題提起が相次いだのがＹ２Ｋである。

情報新武装の必要性が論じられるなかで半導体に対する需要は急速に膨れ上がった。こうした異常事故発生の懸念がもたらす半導体に対する仮需要の膨張は、結局どのような調整を生むことになるのか、という新検証命題の浮上とわれわれは受け止めた。そこで多変量自己回帰（ＭＡＲ）モデルで異常値の大きさに対する尺度を工夫するとともに、Ｙ２Ｋという危機時間帯通過後の調整メカニズムがもたらすものへの想像力の手掛かりをとり出すことを目指した。半導体需要の盛り上がりの異常性はすぐに表示できた。結果として日本の多くの半導体関連企業は２０００年代の初めにかけて大きな打撃を受けることになった。世界の半導体関連企業のなかでデルコンピュータ社だけがＹ２Ｋを挟んでも大きな悪影響を免れることができた。それは最終需要家からの発注がなければ生産体制に入らない、という生産と販売との間の距離の圧縮が彼らの特徴だったからといえよう。

図１　機械受注の逐次予測（1998年10月〜1999年４月）

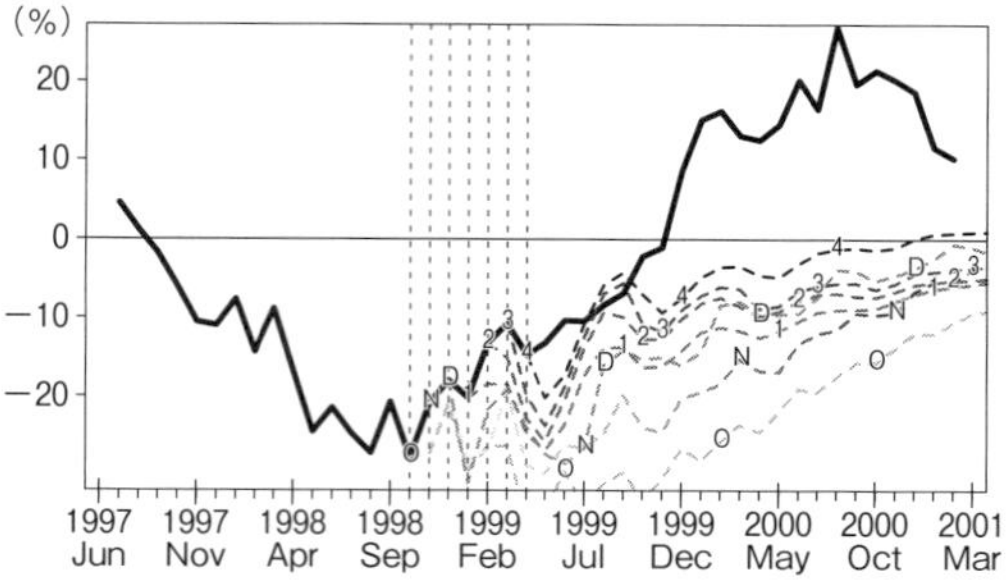

注：実線は実績値、破線は各月までのデータに基づいた予測値。

Ｙ２Ｋ問題が終った後に、日本の大手半導体生産企業のあるＣＥＯに図１を見せた。彼は「Ｙ２Ｋ問題の浮上は想定外だった。仮需が積み上がっているときに、この図を見ていれば対応は違ったはずだった」と残念がった。われわれも提示が遅れたことを悔いた。

Ｙ２Ｋ問題の後には、不況克服のための財政支出増を、という声がまたしても広がった。森喜朗首相の下では、政府自民党はあげて財政支出拡大によるテコ入れ策を主張することになる。こうしたなかで小泉純一郎首相が登場した。彼は借金増を重ねる政府像に対して否定的な見解の持ち主として知られていた。そこでは日本経済の置かれた国際的位相は何なのか、どのような入力が日本経済のシステムに及んでいるのかについての解明が日本経済の分析者には問われていたといってよい。

すでに述べたように、グローバルエコノミーの下での物価や景気の行くえは、閉鎖経済を前提とした経済のモデリングでは追求できなくなっていた。１９８０年代に入ってからの米国レーガン政権における持続的ドル高の下で、米国に製品や資材を持ち込むという対応を非米国の生産者がとり始めていた。台湾、韓国、香港などにはNewly Industrializing Countries（ＮＩＣｓ）という称号が与えられたのは、米国の製造業の東アジアへの移動ともいうべき状況が生じていたからである。

新検証命題が浮上したのは１９８４年で、しかもこれはマネタリズムという旧命題の退陣と合致するという回り合わせになった。１９８２年のメキシコの経済危機は、米国における１９７９年以降のポール・ボルカー連邦準備制度理事会（ＦＲＢ）議長の下での金融引き締めの開始とその持続に発している。メキシコ中央銀行のトップからのボルカーへの電話は、「もう外為市場に介入するドルにも事欠く」という悲鳴だったという。４年間持続した金融引き締めの手を、ボルカーは休めることにした。そして米国のマネーサプライは増加に転じた。これを観察したミルトン・フリードマンは「１９８４年は物価上昇の年になり、結果として再び金融引き締めに転じざるをえない」と予測した。これをきっかけに在庫減らしを狙った対米輸出増が紙パルプ、アルミ地金から電子製品まで生じた。こうしたグローバルエコノミーの担い手たちの積極行動により、米国の物価は冷やし込まれた。結果として１９８４年の米国経済の成長率は堅調で、かつ、物価上昇率も抑え込まれた。この１９８４年における新命題の成立は閉鎖経済を前提としたマネタリズムの現実妥当性を撃ち落としたのだ。

小泉政権の登場した２００１年は、グローバルエコノミーを象徴する年となった１９８４年からすでに17年も経過していた。「不況の声があがれば財政支出増」という瞬間反応図式には退陣してもらう必要があったというのが歴史上の総括だったといえよう。

グローバルエコノミーとは、次第に共通のプレートとでも呼ぶべきものが形成されることだとの認識が、われわれ二人の筆者の間で次第に固まっていった。システミックリスクが解消した後、Ｙ２Ｋによって混乱は生じたものの、やがて共通プレートが誰にもわかるほどに確認されるのでは、との思いを強くしていた。そこで日米双方から共通プレートを確認するために必要と思われる変数群をとり出し、ＭＡＲモデル構築の試みの開始を決めた。それぞれの変数の予測経路と事後的に確認される実現値の系列とを比較し、尤度（当てはまり）の点検を続けた。財政支出増によるいわゆる景気対策がとられなくとも、共通プレートとして切り取った日米両国経済の変数群に、どのような変化が生ずるのかを確かめるという手法である。

日米両国でマネタリーベース、10年物国債の利回り、企業物価指数、鉱工業生産指数の４つをまずとる。そして日本では機械受注（民需、船舶、電力除く）、米国では製造業新規受注（半導体除く）をとる。そして円ドルレートも付け加えた。この11変数でＭＡＲモデルをつくり、月次ごとの予測経路をはじき出すことにより、景気の先行きについての見当を付けることができる（図２）。２００１年４月の小泉政権成立当時にあっては、たとえば機械受注は１年後の２００２年４月頃ま

図2　日米モデルによる逐次予測（2001年3月～2002年2月）

〈日本・機械受注〉

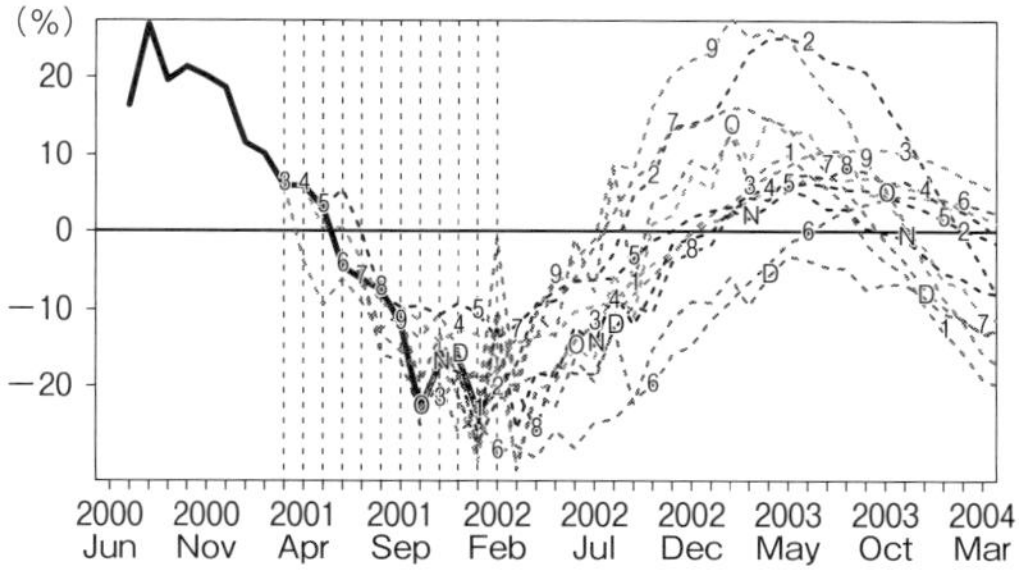

〈米・新規受注〉

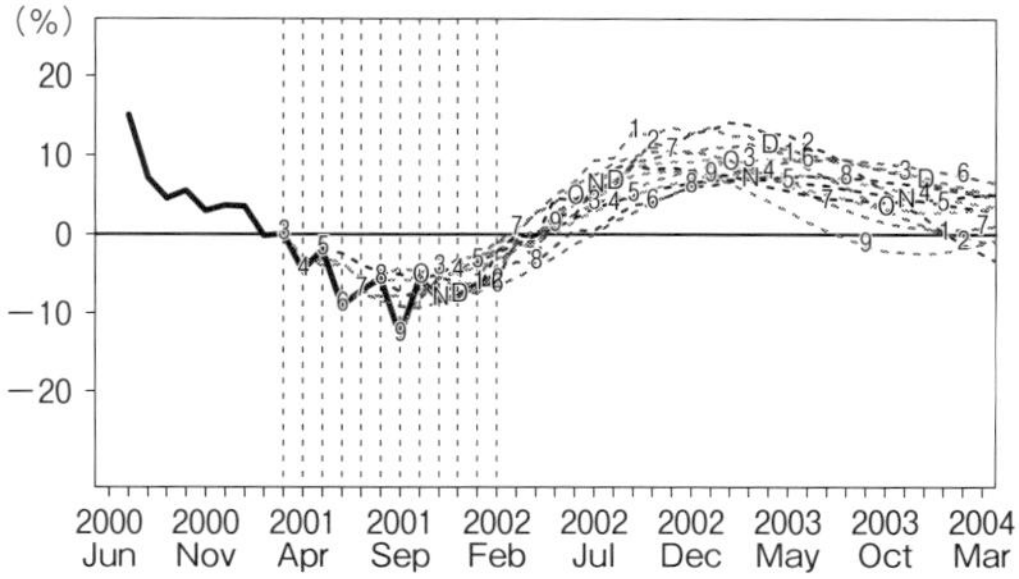

注：実線は実績値、破線は各月までのデータに基づいた予測値。

では下方への調整を続けるものの、その近辺で底入れするのでは、という予測経路となった。この時点ではじき出された米国の製造業新規受注の予測経路においては2002年5月頃には対前年同月比でプラスに転じようというものだった。日本の機械受注は底入れしても対前年同月比では依然マイナスだが、米国はもう少し強いという局面が描き出された。

ここで点検できたのは、日本の場合は景気の後退局面にあるものの、在庫循環がもたらす局面を表示しており、遠からず日本経済に回復の兆しが表れよう、という穏当なものだった。そして日米の共通プレートを点検する限り、米国の回復に引っ張られるようにして、日本にも好影響が及ぶというものでもあった。「政府の赤字拡大は日本のためにはならない」という小泉首相の発言に問題があるとは思われなかった。この景気判断は小泉首相にも伝えた。

その当時の小泉政権の財政支出増に依存しないで政策運営を行うという経済観に対して、旧来型の思考にとらわれた人々からは厳しい見方が多く寄せられた。ある経済関連官庁次官OBからは「日本経済の背骨が折れそうなのに、首相に財政支出増不要の入れ知恵しているひとりが君だと皆がいっている」といわれたこともある。また首都圏知事会の場でMARモデルによる景気回復の展望について説明する機会があった。そのとき、当時の石原慎太郎東京都知事からは「小泉首相はこのモデルの予測力を本当に信じているのか」と聞かれた。私の回答は「首相は自らの信念に基づいて行動されていると思います。われわれがMARモデルで見出そうとしているのはグローバルエコノミーという共通ベースが次第に構築され始めており、一国の景気循環にも大きな影響を与え始めているという事実関係についてです」というものだった。東京都の税収見積もりについて、ある程度の見当を付けねばならない知事としての職務からすれば、議論の土俵が海を越えることもありうべし、というのでは議論の緒を見出すのも容易でなくなる、という戸惑いがあったのかもしれない。

自動車や半導体の対米輸出が日本経済活性化の手掛かりとなり、ひいてはそれが日米貿易摩擦の原因となった1980年代はすでに過去となっていた。MARモデルの構築を通じて、新しい検証命題を浮上させるという目的のためにどのような変数群を取り上げればよいのか、という視点から検証を開始した。NICsという名称では、台湾や香港をcountryと表記していることになるので、economyと呼ぶべきだ、という主張もあり、Newly Industrializing Economies（NIES）という呼称が当時は有力になっていた。NIESからの対米輸出増が、日本からのNIES向けの輸出増にはね返るという観察は決して少数派の見解だったわけではない。しかし変数群を選び出し、「温故知新」の精神に則り、因果関係の抽出を行うためには、NIESのどこから、どのような変数を選び出すのか、という簡単ではない課題が存在した。環太平洋の経済連関は明らかだが、これについてのモデルへの取り込みは容易ではなかった。雑音（ノイズ）は変数群を拡大すれば間違いなく余分に拾いこむことになるため、NIESを代表する経済指標の絞り込みが必要となるが、それ自体簡単ではなかった。日本と米国の双方の経済に影響を及ぼすであろう交絡因子としてのNIESの代表的経済指標の抽出となれば、その指標はどこまで遡って採取が可能なのかを点検せねばならない。こうした検討を片っ端から試みるには時間がかかりすぎるというのが、われわれの見方であった。そこで日本と米国の2カ国の経済指標に絞り込んだMARモデルから新命題発見の手掛かりを得ようということになった。そしてこの試みは、グローバルエコノミーの新現実を映し出すことに貢献するだろうとわれわれは判断した。

２００３年の年央の頃からは日本経済の立ち直りが少しずつ実感されるのでは、というのがわれわれの弾いた予測経路からの判断であった。日本の機械受注統計にこれが反映するという見通しを根拠にしている。そしてこのことに貢献するのは、米国における投資増が、非製造業の情報化投資を中心に観察され、これがＮＩＥＳの経済活動にはね返り、その恩恵を日本の半導体機器製造企業が受けるという連鎖がすでにグローバルエコノミーの反映として生じていたからである。「温故知新」を通じて仮説形成に資するという思考方法について、赤池弘次先生は晩年、チャールズ・サンダース・パースの提唱したアブダクション（誘拐）に言及しておられる。誘拐とはただならぬ言葉だが、仮説形成と新命題の検証手続きづくりにあっては、知的には誘拐に類する因果解析の構築力が求められていることからの言語借用であろう。

この仮説形成の思考方法であるアブダクションによりモデルづくりを試みた。われわれの場合は「日米経済の共通基盤の下で景気循環に従来とは異なる因果律が存在する」という仮説についての検証を目指したといえる。そしてＭＡＲモデルを通じて新しい命題も浮上する可能性が出てきた。採用変数には入っていないが、ＮＩＥＳを介して、日本経済に影響が及ぶ可能性を日米経済モデルが示したのだ。仮説形成が仮説群形成にまで及ぶためには、モデルの丹念な検討と現実経済についての注意深い観察が欠かせない。アブダクションはモデル構築以前に、具体的な仮説形成に至る洞察力の練磨が欠かせないことを含意しているといえよう。そしてアブダクションという仮説形成の思考方法は、さらなる仮説構築の必要性を示唆しているともいえる。

すでに述べたように、われわれの日米経済統合モデルに基づく予測経路では、２００３年になれば日本経済に前向きの投資が戻ってくることを示していた。そしてたまたまりそな銀行への公的資金の注入決定が２００３年5月に発表されたため、年表的表示では銀行セクターへの公的資金注入決定が景気回復の実感の直前に位置することになる。ここから公的資金注入なかりせば景気回復はなかった、という立論に結び付くという日付の巡り合わせ問題が生ずることになる。これに対してわれわれは、①環太平洋の経済循環のなかで日本の設備投資増の気運が確認された、②りそな銀行に対する公的資金注入の決定で市場の雰囲気は一挙に好転した、③ＮＩＥＳにあっては半導体製造機器や高度の工業用資材の提供についての日本への信頼感が確実に存在した、という3点を指摘したい。

以上の3点を歴史枠組みに置き直すと、21世紀の初頭において、①は日米経済の統合過程の進展、②は国内の政権構造に対するビジネスの信頼回復、③は供給網の国境を越えた統合の実現という状況との重なりが観察されたのだ。そして小泉政権の終了のときには、基礎的財政収支（プライマリーバランス）の赤字幅は大きく縮小していた。新しい局面を日本経済は迎えられるのでは、という期待の高まりも見られた。アブダクションという仮説形成の手続きによって、ＭＡＲモデルの構築と、これに基づく予測経路の提示は間違いなく新しいものを示すことになった。残りは赤池情報量規準（ＡＩＣ）によるモデル構築と、外側からのシステム撹乱に伴う不安定状況が生じた場合の、変数と次数の絞り込みによる新現実の追求であった。予測経路とその後の実現値とが大きく乖離するとき、この誤差を新たな情報量として生かしながら、新現実を追うにあたっての必要な手続きとしての変数と次数との絞り込みである。これがＡＩＣの醍醐味といえよう。

そしてその後の経緯のなかで、サブプライムローンの破綻をきっかけとした世界的なシステミックリスクの発生の前後こそがＡＩＣの試しどころであった。しかし残念なことにわれわれはこの機会を逸したのだ。赤池先生はセメントキルンの制御において決定的なのは「壁落ち」という局面だと思い定められた。抜群の力量を持つ職人にとっては炉内の燃焼が乱れたときこそが本当の出番であって、その時には彼らは炎の正常な形状に戻すべく、炉内への送風や原燃料供給の落とし込みなどにかかわって制御変数を絞り、かつ直近のデータだけに関心を集中させていた。これが尤度（当てはまりの良さ）の追求とパラメータの絞り込みという2点への集中によるモデル構築手法の抽出に継がり、ＡＩＣという提示になった。サブプライムローンの価値劣化に発して、２００７年に火が付き、翌２００８年のシステミックリスクに帰結した一連の経緯こそ、ＡＩＣによるアブダクションが試されねばならない局面であった。

しかもわれわれは、サブプライムローン組成の問題点に関するチャールズ・キンドルバーガーの警告を、システミックリスク発生前に聞きに行っていた。米国のGDPに関する成長寄与度を見ると、住宅投資の比重は一貫して高い。そしてフレディマックやファニーメイという政府支援企業が、市場から住宅抵当証券の買い取りを続けていた。キンドルバーガーは、信用度の低い世帯による住宅建設と、政府によるそれへの金融関与がもたらすであろう市場メカニズムの歪みや不安定性を問う批判論文を、ニューヨークタイムズ紙に寄稿していた。すでにサブプライムローンの返済問題に火が付く兆しを彼は捉えていたのだ。彼の仮説形成に関する絞り込み方を尋ねたのは、ボストン郊外の老人保養施設だった。2002年秋のことである。それではなぜわれわれは、米国のサブプライムローン問題への取り組みを躊躇したのか。

理由は3つあった。1つ目は、米国の住宅投資は、日本の公共事業のように政治構造の中心に位置する政策だったことに発する。信用度の低い階層にも住宅保有の動機付けを工夫することにより、社会の安定性も経済メカニズムを通じて実現するという一種の社会福祉政策であった。だからこそ政府支援企業というスキームをつくって、継続性の担保を行ってきたのだ。政府支援企業にかかわる問題点を論ずるならば、日本の公共投資こそ、生産性引き上げや財政支出の効率性の見地から相応しいものかどうかが先に論ぜられるべきだろう、という内外の指摘が予想されたのだ。

2つ目は、広義の政府部門の債務拡大に関する視点がある。政府部門のバランスシート拡大の適否を論ずるとなれば、米国の住宅関連の政府支援企業よりも、日本政府の膨れあがる債務問題、すなわち1965年以来の財政赤字の放置という構図の持つ不活性化、そして不安定化効果を論ずるべきだ、という視点である。米国の側からは「まず自らの頭の上のハエを追え」といわれそうだった。

3つ目は、米国の経済研究者の量と質を考えれば、学者として最も敬意を払われている部類に属するキンドルバーガーが示唆する問題点だからこそ、米国内部から研究が相次ぐはず、と考えたことがある。しかし後で考えれば、アラン・グリーンスパンが言及し「低金利持続の謎（コナンドラム）」というエアポケットに米国の研究者のほとんどが落ち込んでいたのだ。アブダクションという仮説形成に関する思考方法は、米国全体の経済研究者をとっても見事に欠落していたのだ。

サブプライムローン問題をきっかけに生じたシステミックリスクは、グローバルエコノミー全体を覆うことになった。そして米国の経済学者たちの分析や提言にこの間見るべきほどのものはなかった。たとえばポール・クルーグマンは総需要の急速な落ち込みに対して、諸政府が責任を持って需要喚起策をとるべし、と論じた。そしてこの視点からすれば中国が最も健気だ、ということになる。これではアブダクションの思考方法に前進があったとは到底いえない程度のものだ。われわれはアブダクションに焦点を置いた取り組みが必要だと深く思い知った。

そこでわれわれは二段構えでグローバルエコノミーの諸課題に取り組もうと話しあった。第1は経済データの探求である。統計量は工夫してつくり出すべき、と赤池先生は論じられていた。この点からすると、この時点において中国経済を把握するための統計量は決定的に不足していた。第1章で取り上げたように、中国経済を映す統計量への取り組みを開始した。エネルギーや工業用原料の世界的な値動きを最もよく説明するのは、中国の経済統計量だという時代がすでにやってきた点については、2010年の時点ではもはや誰も否定しなくなっていた。

第2はMARモデルを構築し、予測経路を弾き出し、その後の実現値との誤差を新しい情報量と位置付けて新たなモデル選択を試みるなかで新検証命題を浮上させ、これと向き合うという研究方法をとるという点についての確認である。この点については次章で向き合うことになる。

2　グローバルエコノミーの成立

グローバルエコノミーという国家間関係を越えたところで成立する経済的相互関係の成立に気付かざるをえなかったのは、1980年代の半ば以降だった。1985年のプラザ合意から対ドル円レートの急速な切り上がりが始まると、日本企業の海外展開は本格的なものになった。そして米国経済はといえば、1979年にFRB議長に就任したボルカーの下でインフレ抑制政策が展開され、1980年の大統領選挙で勝利を収めたレーガン大統領の下で継続的なドル高への移行が観察された。その結果米国の製品輸入は本格化し、金融政策の展開と物価動向との関係は、閉鎖経済を前提とする因果解析とはまったく異なるものとなった。1984年の米国のマクロ指標が端点にこれを表現した。

ドル高と米国の金融引き締め継続の下でメキシコ経済に悪影響が及び、1983年になると国際収支危機に陥った。このためボルカー議長は金融緩和に踏み切らざるをえないと判断した。米国のマネーサプライは1983年から上昇に転じた。マネーサプライの増大が観察されると、ミルトン・フリードマンは、1984年の米国経済には金融引き締めの開始とともに不況色が強まるはず、と予測したのだ。

ところが1984年の米国の物価はむしろ沈静し、実質成長率は低下しなかった。閉鎖経済を前提としたマネーサプライの増加率と物価上昇率との間の因果解析は、ここでは成立しなかったのだ。経済データの読みとり方は、グローバルエコノミーの下ではまったく異なるものに変質していたのだ。フリードマンはこのとき以来、マネタリズムに基づく展望を語ることはなかった。

筆者のひとりである田中は、1988年に『グローバルエコノミー』を出版したが、論点のひとつは因果関係の見極めのために、どのような関連付けの努力が新たに必要となるのか、であった。そしてそのとき以降、赤池先生のもとを頻繁に出入りするようになり、多変量時系列モデルによる解析が役立つのでは、という思いを強くした。グローバルエコノミーの下での経済データ間の因果解析においては、変数間の時系列に沿った寄与のあり方を探る必要があった。赤池先生や北川源四郎先生は、すでに各変数の寄与の程度（パワー寄与率）を周波数領域に応じてはじき出すという手法を使いこなしておられたのだ。

１９９7年頃からは、銀行破綻に伴ったシステミックリスクの顕在化が大きな研究課題として登場した。金融機関の間において相互不信が広がり、金融システムに対する必要にして十分な流動性の供与が考えられねばならない状況であった。介入手法については一長一短があるものの、債券や株式などについて、日本銀行を含む当局の臨時的な買い取りが考えられた。１９９8年には「日経経済教室」にこれを寄稿した。しかしそのときは、当局の介入によって価格メカニズムが壊されることについての批判の声も強かった。だが状況の制御に失敗すれば、その弊害は余りにも大きいはずであり、最悪を回避する策としては、臨時の流動性供給が一番であり、債券や株式の買いとりという臨時措置も政策手段のひとつとして検討されることは当然だとわれわれは総括したのだ。

西暦２０００年を控えて、Ｙ２Ｋ問題が論じられるようになった。このためシステムの安定性維持のための追加投資増が諸方面で観察されるに至った。そしてこれは世界的な半導体需要の盛り上がりに繋がった。このときも異常な外部からの介入が生じたのと同様な事態が現出したのである。ここに至った以上、反事実（counterfactuals）、すなわちＹ２Ｋ問題が起きなかったとすれば、半導体に対する需要はどうだったのか、という分析上の視点が重要になる。実際にはＹ２Ｋという「介入」が生じてしまっているが、こうした「介入」なかりせば、因果関係はどのように推移するかが問われている、とわれわれは考えた。こうした因果解析を行うにあたって、「介入なかりせば、どのように半導体需要は推移したのか」をはじき出し、「介入」が生じた現実の推移との間の差異からその後の収束を予測するというＡＩＣによるモデル選択を行った。Ｙ２Ｋ問題が収まった時点においてて初めてこれを提示したというわれわれの取り組みの遅れは、返す返すも残念だった。われわれが知る限り、デルコンピュータはＹ２Ｋに巻き込まれずにすんでいる。パソコンの最終需要者からの発注に応じた生産体制をとっていたデルは、結果的には「介入なかりせば」という状況を自らの回りに生み出すことが可能だった。デルは過剰在庫問題からは相対的に距離を置くことができたのだ。

21世紀に入ると、米国の非製造業における情報化投資が目立つようになった。この時点において半導体生産は、日本から韓国や台湾に移行しつつあった。しかし半導体製造装置となれば日本の独壇場といえる状況であった。日米モデルで、米国における投資拡大が日本のそれに波及する経路について順を追って説明しようとすれば、たとえば韓国や台湾の対米輸出の拡大も大きな要因となろうが、データとしてこうした中間過程を除いても、寄与のかたちが抽出できた。

このように四半世紀以上にわたって、われわれは因果解析の枠組みの拡大を経済データに即して試みてきた。そして周波数領域において、個別の経済変数の寄与度を確かめられる以上、もう少し広く経済社会の内部でＡＩＣが使われてもよいのでは、と思うに至った。そして21世紀に入ってからの世界的な経済拡大を経て、２０２０年代に入るとグローバルエコノミーに次の4点が、いわば「介入」事例として登場したのである。

第1は、物価上昇率の基調の変化である。ジェローム・パウエルＦＲＢ議長は、個人消費支出デフレーターの年率2％程度の上昇率を誘導目標として揚げた。２０２１年夏には価格上昇率は高まったが、彼は依然として目標の範囲内にやがて収まるとの判断を示していた。ところが11月24日に10月の対前年同月比上昇率が5・0％と発表された。このときから金融引き締めの開始止むなし、との判断を彼は示すことになる。四半世紀以上にわたって続いてきた金融の緩和基調に大きな変化が生まれそうだとの見方が一挙に広がった。そして２０２２年以降はこれが実証された。

第2は、２０２２年2月24日の、ロシアによるウクライナ侵攻である。欧州の地において第二次大戦以降初めて本格的な軍事戦闘が開始されたのだ。ロシアに対する経済制裁の実施に、いわゆる西側が一斉に踏み出すと、ロシア産の天然ガスや原油は西側から遮断されることになる。物価上昇懸念の広がりはもう止められなくなった。そして停戦への道筋が浮上しそうもない状況が続いた。

第3は、２０２３年10月7日のガザからのハマスによる対イスラエル武力行使である。この背景には、２０２０年以来の「アブラハム合意」という、イスラエルとアラブ諸国の一部との国交回復があった。アラブ首長国連邦（ＵＡＥ）とバーレーンがイスラエルとの関係に一歩を踏み出す決意を実施に移したのである。こうした流れにサウジアラビアもまた乗り合わせる可能性が取り沙汰されると、ガザ地区の支配権を持つハマスにとって、状況の打開策が必要になったと思われる。背後にハマス、レバノンのヒズボラ、イエメンのフーシとの緊密な関係を持つイランの影響力を感じとる分析も多い。中東情勢の新展開は、ＥＵや米国をも巻き込むだけでなく、中東におけるイランを中心とするシーア派勢力の連動のきっかけになることも考えられるに至った。因果解析の射程を一挙に広げざるをえなくなったのだ。

第4は、中国経済を巡る調整過程の深刻化がある。中国の高い経済成長率を前提として、世界中の企業は自らの投資指針をつくり込んできたと表現してもよい。工業用原料や燃料は当然のこととして、機械機器から消費財に至るまで、中国の成長持続を織り込んで各国の企業は投資計画をつくってきたといえよう。ところが習近平体制の下において、「国進民退」という国有企業による民有企業圧迫の事例が積み重なるなかで、経済体制の空洞化とでも呼ぶべき現象が相次ぐことになった。２０１５年から16年にかけての「人民元危機」はそのマクロ的表現の第一波であった。そして２０２０年11月のアリババ集団のトップ、ジャック・マーに対する攻撃が始まってからは、次第に共産党集権体制による経済構造の「鋳直し」の様相が明らかとなる。

われわれは第1章で、中国経済の変質過程の分析を行った。背後には、２０１０年から開始した「ＣＩＰＰＳ中国写真機」という、中国で売上を計上している日本企業の約60拠点からの毎月の業況等報告を邦人企業の本部で取りまとめてもらう仕組みの構築がある。そしてこれをＣＩＰＰＳ中国指数に仕立て上げた。２０１５年夏の「人民元危機」以前から、中国経済の停滞基調は明白だった。その後、いったんは回復の局面もあったが、２０２１年2月をピークにＣＩＰＰＳ中国指数は下方への動きが明らかとなった。世界経済がこうした中国経済の長期的な調整過程の影響から逸れることは難しい。

われわれは経済過程に関する因果解析に新しい装いを持って臨まねばならない。経済変数の予測経路を描き出すという目標を設定したうえで、因果解析の道具としてＡＩＣを使いこなすという決意で新しい経済状況に挑もうとしている。ＡＩＣによるモデル選択の有効性に対するわれわれの確信の背景に、これまでの成果があるのはいうまでもない。

２０２２年11月のChatGPTの発表以来、生成ＡＩが成果をもたらすかもしれない領域に対する想像力は飛躍的に高まった。ディープラーニングが切り拓いた領域から始まる人工知能のカバーする分野の広まりはとどまるところがないようにも思われる。背後に因果解析における革命的状況変化があったといえよう。ここで、因果解析の過程をたどってみよう。

第1に、状況の関連付けについての考察がある。これは知的認識の第一歩のところでの作業である。経済に引き寄せて考えれば、変数間の関連付けにかかわるものである。たとえば消費水準を決める要因として、どのような変数を拾い上げ、その相互関係についての見極めをどのようにつければよいのか、という作業が続くことになる。

第2の段階においては、状況を切り拓く、ないし状況に変化をもたらす契機が登場せざるをえない急速な変貌の様相が対応する。第1の関連付けだけで動きが出るわけではない。自働的、ないし他働的な契機が登場して、関連付けに「介入」が付加されるイベント発生の状況と表現してよい。これを観察から新しい認識枠組みづくりへの踏み出しと表現することもできよう。

第3の段階においては、「介入」後の事態の変貌についての考察が求められる。ここからは深く考えることなしに因果解析は前には進まない。ここでは「もしそうでなかったとすれば……」という予測経路の導出との関連で、現実が生み出したものとのギャップに関する想像力が試されているといってもよい。

以上の3段階の行程を経済的事象に当てはめると次のようになる。観察に基づき経済変数間の関係を記述する。多変量の時系列データがわれわれの前にある。MARモデルを使って因果の関連付け（association）を行うのが第1段階である。求める変数の推移にかかわって、他の変数の時系列的な並びから、どのような寄与を受けるのかについてのモデル化を行う。そしてトレンドの部分を除いた確率的周期変動にかかわって各変数からの寄与度を確かめる作業に入る。的確な変数選択がカギを握ることになる。現実の過程の関連付けという作業は、分析者にとって当然の手順である。MARモデルをつくり、トレンドの周辺領域に生じる変動から、各変数による寄与度を見極めようとするところに特徴がある。

それではＡＩＣの適用さえ行えば、ことがらの進行についての因果解析は常に適切なものでありうるのか。予測力の向上があらゆるケースにおいて望まれるという状況は、工場の設備稼働の安定性追求や安全制御という命題の追求を例にして考えれば、理解しやすいものである。ＡＩＣはまさにそういう状況のなかで生み出された手法といってよい。

中国経済の停滞がもたらす悪影響について、ということならば、中国市場の成長に期待し、対中投資の水準を引き上げてきた企業の売上高の予測において、モデル選択の良否が確かめられるべきであろう。すでに第2章で見たように、Ｐ＆Ｇは Greater China を含めた中国経済圏への注力に早くから取り組んでいた。「改革と開放」開始により、初期的成果が生まれた１９８０年代はともかくとして、中国の市場規模に世界の目が注がれるようになったのは21世紀に入ってからである。

中国のＷＴＯ加盟が成立するうえで、江沢民のリーダーシップは明らかだった。米国からの穀物の対中輸出の受け入れを決意し、労働集約的製品の対米輸出増を手掛かりとしたテイクオフの路線を選択したのだ。中国国内においては人口を農村から都市に大規模に移すという政策の転換を意味した。鄧小平の下で踏み出した改革と開放路線の下で、そもそも農業の位置付けは最も難しいものだった。今日では使われていない政策用語に三農問題があった。農業、農民、農村の３つである。生産性の向上を農村に及ぼすという課題は、中国のみならず世界中で挑戦されたものである。特定の条件が満たされれば、目標達成は不可能ではないが、広大な地域における人口の塊が対象となれば、歴史に例を見ない実践が求められた。江沢民が選んだのは農民を都市に集め、世界に工業製品を供給するという路線であった。米国は相互依存構造を受け入れた中国に、やがて民主化が実現すると期待した。そしてこうした構図の下に、中国のＷＴＯ加盟を受け入れた。クリントン、ブッシュの両政権はこの構図の下、グローバルエコノミーの成立に自信を示したといえる。全米に販売拠点を持つウォルマートは、広東省を中心に商品の調達基地を整えた。ロサンゼルス港のコンテナヤードは拡張し、大陸横断鉄道にはウォーレン・バフェットも大規模投資を行うこととなった。そして好況の持続にもかかわらず、米国の物価は安定したままという状況が生まれた。グリーンスパンはこれを謎（コナンドラム）と呼んだ。グローバルエコノミーの成立が、謎解きの手掛かりとなったのだ。

ところが米中の経済関係のなかに転機が持ち込まれる。それが中国の国内市場の伸び率の低下予想だった。将来の市場規模が何倍にもなるならば、知的所有権の侵害にも目をつぶらざるをえまい、と自らに了解をつけてきた米系企業も、将来の収益期待が縮むとなれば、これまでの商慣行の見直しに踏み出さざるをえない。中国における合弁企業に提供した知的所有権の、中国側パートナー企業による実質上の窃取に対しても、米系企業は利益持分の拡大期待のゆえに目をつぶってきたが、今後はこうした慣行を是正する、という方針を打ち出すようになった。２０１５年夏の経済調整や人民元の急速減価はひとつのきっかけだったといってよい。２０１７年からのトランプ政権の下、最大25％の制裁関税賦課が論じられるようになり、２０１８年からは実施に移された。グローバルエコノミーの変容の始まりのひとつだったといえよう。

習近平体制の下、南シナ海や東シナ海における実質的領土拡張行為が顕在化した。また新疆ウイグル自治区における人権侵害事例の多発、そして香港国家安全法の施行が重なると、中国の軍事的能力の拡大に繋がりかねない半導体の対中輸出に対して警戒観は一挙に高まることとなった。decouplingという表現を米国政府の当事者が使うことは稀だが、分析側に立てば、連結を解くとの表現になる。

こうしたdecouplingの徐々の進行が、グローバルエコノミーの変容過程を生み出しつつあるなかで、コロナ禍による供給網の一時的遮断が生じた。これが思わざる物価上昇に繋がった。２０２1年10月の米国の個人消費支出デフレーターの対前年同月比上昇率が5・0％に達したことが判明した11月24日以降は、パウエルＦＲＢ議長は自らの見通しが楽観的に過ぎたことを認識せざるをえなくなり、金融引き締めに踏み出すことを米国議会で証言することになる。これはグローバルエコノミーの変容過程における最初の大きな衝撃だったともいえよう。

変容するグローバルエコノミーの下でのイベントは、このときを皮切りにして相次ぐこととなった。物価の安定の下では実害の目立たなかった政策金利の異常ともいえる低水準化は、このときから持続の条件をなくすことになった。コロナ禍は持続したが、中央銀行の肥大化したバランスシートの圧縮は不可避との受け止め方がいわゆる西側で広がったといえよう。こうしたなかで2022年2月24日のロシアによるウクライナ侵攻が突発した。これによってエネルギー価格の水準改定はグローバルエコノミーを覆いつくすことになる。成果として語られてきたグローバルエコノミーが、その脆弱面を露わにしたのだ。このときから金融市場の変動もまた、制御の範囲に収まりうるか否かが問われるに至ったといってよい。低金利水準のときに構成された金融資産のポートフォリオの組み替えが、再構成の基本図式を銘々の投資家が思い浮かべるなかで、実施に移される局面を迎えたのである。ここから一つひとつの経済事象のそれぞれについて、また生ずるであろうその相互関係の変容を因果解析というかたちで提示することが求められるようになったのだ。均衡分析の手法の適用例としてのグローバルエコノミー像から、その時々の状況における経済の予測経路の提示と、予測と観察結果との食い違いを新たな材料としつつ、モデルの再選択を繰り返す作業への組み替えの模索が始まったといえよう。

すでに見たように、グローバルエコノミーの成立条件のひとつが、年金基金を中心とした機関投資家にとっての競走場裡の整備要求であった。いわば公益を代表するかたちで、金融市場の整備が唱えられる状況の出現である。そしてここに至れば、中国はその環を構成するが、日本とて例外ではない。そしてこうしたルールづくりのなかで、どこかでもしリスクを顕在化させるような要因が出現すれば、市場での警告という彼らのメッセージ構成の要件は満たされたのか、が具体的に問われることになる。それが国家債務の異常な累積であったり、中央銀行のバランスシートの異常な拡大だったりするのは当然だろう。年金資産の健全な運用環境づくりという視点は、保守主義者であれ、人権尊重重視論者であれ、当然の要望である。そして世界大の金融資本市場では、健全な運用環境づくりに資するため、「警告」をも発しうる市場づくりが進む。われわれの日本の国家債務の状況、そして日銀のバランスシート規模の肥大化についても「警告」が発せられる可能性が高いことを知るべきだ。

エネルギーや穀物の価格急騰、そして円安への移行を受けて、日本においても物価上昇による実質賃金の下落という現象が広がった。ここから賃金の引き上げという、もうひとつの経済課題が浮上した。「就職氷河期」の到来以来、賃金や物価の水準に変化は生じにくい、という構図が日本に定着した。四半世紀を超えるこうした状況に、グローバルエコノミーを起点とする変容が及んだのだ。こうしたこれまでの「安定解」の存続そのものが問題なのは明らかだが、この永年続いた解が解きほぐされる過程で生ずることもまた、考察の対象とせねばならないだろう。なぜならば、賃上げや価格の引き上げという経済局面においては、働き手や企業や消費者の置かれた状況はまちまちであり、一律に論ずることはできないからである。因果解析を巡る諸検討が待たれている。いわゆる均衡の模索過程とは異なる経路を、それぞれの置かれた状況を汲み上げながら映しとる手法を練磨せねばならないだろう。

日本のような賃金、物価を巡る「安定解」がそもそも存在しなかったところでも、すでに因果解析が可能な状況となりつつある。グローバル企業の2022年10〜12月期と2023年1〜3月期の企業決算を比較してみると、たとえばP&Gは売上単価の引き上げを通じて、前期の売上高に関する不振を次期には挽回している。マクドナルドやコカコーラについても同様な状況が観察されており、ブランドの確立に注力してきたところは、消費者は値上げを受け入れたという結果が出ている。しかしすべての消費財メーカーが、値上げにもかかわらず売上高の落ち込みを防いだという結果に至ったわけではない。ということは、こうした状況のなかで、賃金水準の分布に変化が、また業界内の勢力図に変化が生じていることを意味する。社会変動のダイナミズムにも変貌が押し寄せているといえるだろう。

はたして、日本においてはどのようなダイナミズムが生まれようとしているのか。2022年度の物価上昇率が3・0%、2023年度が2・8%であったことを考えると、すでに日本の内部において何が新たに生じたのかの考察は重要となっていた。そして累積する国家債務残高と日銀のバランスシートの肥大化とは、間違いなく新たなダイナミズムの源泉に位置することから、日本社会の内部に起きるであろう変容についての因果解析は決して手抜きが許されない状況といえよう。われわれは相次ぐイベントの到来のなかで、変数と変数の間のフィードバック現象に注意を怠ることなく、予測経路の提示と、その後の実現値との乖離を新しい情報として使って予測モデルの再選択を行い、連続的な予測経路の導出を目指すべきであろう。そしてこの過程で因果解析の手掛かりが得られるよう、全体の調査設計を行うことが望ましい。「安定解」の時代が日本経済のリズムが失われた長期間に相当するとすれば、グローバルエコノミーの変容過程での日本の位置取りを巡っては、因果解析を重ねるなかで展望の手掛かりを見出す以外にないであろう。異常ともいえる円安水準についての考察は、極めて重要なものになりつつある。

3　QQEの終焉がもたらすもの

２０２２年から始まる米国における金融引き締めが、どのような経済的帰結に繋がるのかを巡って諸論が展開された。大きな議論の分岐は次の2点であった。

(1)　物価上昇の持続性にかかわる論点

1　derisking とサプライチェーンの見直し

いったんはグローバルサプライチェーンが成立したものの、中国における集権体制やロシアによる軍事力の行使など、国際分業を成立させる前提条件が覆された以上、derisking（供給側のリスク要因の封じ込め）は不可欠なことから、供給体制の組み替えに伴う供給価格の引き上げはやむをえないとの見立が広がった。

[2] 労働力供給におけるネックの発生とその持続

２０２１年に入った頃から、ＦＩＲＥ（金融上の独立と早期退職の組み合わせ）が論じられるようになり、労働力確保のための賃上げという現象が生まれた。こうした労働供給全般についての逼迫要因が持続する以上、物価抑制のための金融政策の強度に対する予測は一段の見直しに繋がる可能性がある。

[3] ＯＰＥＣプラスという石油供給体制の硬直化のなかでのウクライナとガザでの紛争勃発

ロシアのウクライナ侵攻の前から、ロシアによるＯＰＥＣへの接近があり、しかもその後の武力紛争勃発により、高価格エネルギーの居座りという受け止めが広がった。金融引き締めは中途半端なものではすまないとの見方は広がった。

[4] 国債価格の下落による金融機関への影響を通じての経済の落ち込み

引き締めの強化、そしてその持続化予測の広がりとともに、金融資産価格の下落をきっかけとした需要不振の持続性をどう見るのか、という四半世紀を遡る旧来の論点が浮上した。

(2) 経済のイノベーションに果たしたスタートアップ企業の役割と、彼らが受ける打撃にかかわる論点

1 四半世紀にわたって続いたスタートアップ企業への順風の停止と生産性の伸び率鈍化

引き締めの長期化を前提とすれば、スタートアップ企業にとっての好条件の持続という時代は一度終止符を打つという見方も生まれた。はたしてそうなのか。

2 金融の旺盛なイノベーションは一度終止符を打つのか

金融の量的緩和（QE）や量的・質的金融緩和（QQE）は、物価上昇率が限定的なものであった時代に定着した。そしてこうした金融環境の下で、金融上のイノベーションの花が吹いた。しかしこれが量的引き締め（QT）に転化したとき、金融上の革新の芽は摘まれてしまうのか。

米国においては、中央銀行である連銀のバランスシートが異常に膨張したものの、その縮小が始まった。そして製品市場においても新しい価格体系の模索が開始される。そうしたなかで金融政策も政策金利の引き上げの打ち止めから、状況の展開次第では政策金利の引き下げもありうべし、という一般的展望が広がり、金融資産価格形成に対する諸入力が相次ぐこととなっている。P&Gのようなグローバル市場での消費財供給企業も、消費者に向けた新しい試みを用意しつつあるといえ

そうだ。

日本の場合は、2022年から23年にかけても、イールドカーブコントロールに対する日銀の想定される政策対応も、また春闘を巡っての賃上げ率にかかわる立論も、状況を整頓する基軸とはなりえず、仮の検証命題から脱することはできなかった。

まず日銀についていえば、日本流のQQEが展開される直前までは、足元の短期金利については政策的意思決定の対象となるが、債券市場の値付けは市場に委ねるという原則が採用されてきた。国債の売買にまったく介入しないわけではないが、日銀のバランスシートを使った意図的な介入があるとすれば、それは市場メカニズムの喪失が生じている、との認定がなければならなかった。もちろん、期限を区切った介入の可能性が排除されるわけではない、という理解枠組みは存在した。

しかし、日銀のバランスシートは膨張を遂げ、その縮小の目標や縮小過程の管理さえも論ずることが現実的とはみなされない時期が続いた。ということは、イールドカーブコントロールからの退出についてはその定義から論じられねばならない、というのが今日の状況といえるだろう。

このことは、因果解析の展開を通じて経済指標の読み解きと展望とを図りたいわれわれにとって、日本の金融市場で引用されるいかなる価格や金利をとったとしても、第1段階の経済変数間の関連付けのところで立ち往生してしまうことを意味する。ということは、米国の金融政策が一挙にQTに移行した2022年以降の日本経済分析においても、因果解析のうえで本来は外部世界からの

「介入」として処理すべき事柄であるにもかかわらず、「介入」が日本の金融資産価格体系の大宗に影響を与えないことから、分析のうえでは次の段階にあたる反事実（もしそうでなかったとすれば）に沿った予測経路の導出もできないことを意味する。

それでは、日本の今後の経済展開における因果解析を行ううえで、何を手掛かりとすればよいのか。われわれは、米国における経済経路と政策対応とを参考にすべきだと考える。それは日本が米国に従属しているから、などという根拠なき立論に依っているからではない。理由を4つ掲げて、その所以にかかわる構図を描いてみよう。

第1は、米国の金融市場における経済展望を巡る情報のこなし方の奥深さである。いわば金融市場の厚みといってよい。それをつくりあげたのは、ベビーブーマー世代の毎年の年金拠出額の累積だった。日本の場合は、復員兵を家庭に迎え入れた時期は戦後の一定期に集中しており、いわゆる団塊の世代を構成した。米国の場合は第二次大戦後もNATOの結成や朝鮮戦争への直接的関与もあり、ベビーブーマー世代は1947年生まれから1964年生まれまでの広がりを持つ。この十数年間に誕生した世代が、年金拠出者としての厚みを構成したことから、資産運用ビジネスの裾野が広がり、運用ビジネスを巡る法制や業界慣行の成立も世界の先陣を切ることになった。最終投資家の立場からの業界基準の作成が行われたといえる。フィデューシャリーデューティ（受託者責任）が実務上業界に浸透していったのは、1970年代から80年代にかけてであった。米国の経済予測の基本は、金利動向の予知努力に尽きるといってよい。しかしこの冷徹な事実は、日本には簡単には伝わらなかった。フィデューシャリーデューティの慣行の定着についても、日米の差は大きかった。欧州や豪州の年金基金が運用市場としての米国を頼りにしたのは、米国の金融市場における金融資産の値付けが情報を的確にこなすという意味で、世界で最も効率的だったからである。

われわれは、2021年11月のパウエルFRB議長のQTへの踏み出し決意と、個人消費支出デフレーターとの関係を見た。米国の消費者による選択を通じてはじき出される足元でのインプリシットデフレーターの推移とその予測が、米国国債の利回りにすぐ反映したことが検証できる。金融市場における四半世紀ぶりの変動に繋がったのだ。そしてその後も、ウクライナや中東での武力紛争という「介入」があり、また中国経済における過剰在庫の積み上がりという「介入」もあり、その時々における変数間の調整もあったが、2023年10月の個人消費支出デフレーターが3・2%にまで収まるなかで、QTはひとまず終了局面を迎えたといってよい。そして次なる見極めが求められるのは、在庫調整圧力がどの分野で、またどの程度の強度として存在しているのかである。景気の全面的な後退はあるのかというテーマも消えてはいない。しかし株価の上昇という推移から見ると、QTの終了は在庫調整の完了間近し、を知らせているとの理解の広がりを受けて、「介入」に対する調整は終わりつつある、との見方が有力だといってよかろう。

米国の金融市場はこうした展望をつくり上げるに足るサインを出し続けたことになる。そして残念ながら、日本の金融市場は何ら独自のサインをこの間出すことはなかった。

第2に取り上げるべきは物価動向の展望にかかわる分析用具と、この用具の使い方についての政策枠組みの存否についてである。米国では年金拠出者、そして年金受給者の意向に沿うべく金融市場が打ち出すサインにかかわって、少しでも誤りなからしめんとする努力が継続される。

デフレーターについての吟味から見てみよう。日本では消費者物価指数の作成により、消費者が直面する状況が記述できる、とみなしてきた。しかし、もし消費者もまた日々新しい経済情勢のなかで生計を維持するため諸工夫をしているという現実を重んずれば、「物価」の捉え方も工夫がいる、ということにならざるをえない。これが消費者の行動を経て結果として導出されるインプリシットデフレーターというものである。これに対して一定時点、たとえば5年前の消費者が購入した財やサービスのウェイト付けした組み合わせを、5年後のいまも同じ組み合わせで購入すると仮定したときの価格上昇率とは、各財や各サービスを、5年前の固定化したウェイト付けで計算したものに他ならない。これを消費者物価指数（ＣＰＩ）と呼ぶ。ＣＰＩの上昇率にもそれなりに意味があり、経済状況を記述するうえでひとつの手掛かりとなりうる。しかし、消費者の日々の格闘は反映されていない。

それでは消費者はといえば、新物価体系が提示されれば、そのなかで使途を変更しながら総合的な満足を得ようとする。たとえば飲料のなかでも値上がり率に差異があれば、値上がりしていない、ないし値上がり率の低い商品へのシフトを起すかもしれない。そして新規の選択が行われたところで、選択した商品群の値上がり率を前に遡って計算したものが、消費者が受け止めた値上がり率ということになる。これがインプリシットデフレーターで、米国のFRBはこのようにして導出された個人消費支出デフレーターを政策判断の基礎資料として使うことを10年以上前に決めた。月々に発表される個人消費支出デフレーターにはそういう意味で信頼が置かれている。

日本では月々の個人消費支出デフレーターは作成されておらず、以前の固定された財やサービスの組み合わせに即して選択をしたとすればどれほどの物価上昇になっているか、という消費者物価指数の上昇率を使う以外にはない。したがって金融市場には微妙なニュアンスの変化を伝えられないといってよい。社会人は金融市場における価格形成機能をその分割り引かねばならないといってよい。日本の物価統計の整備状況は、金融市場に対してやさしくないといえよう。

第3に考慮すべきは、賃金の決定と物価情勢との関連付けである。2022年から、政府によるエネルギー価格面への補助金支給が始まった。また金融政策においても「介入」持続となり、そのうえでの物価の決まり方となっている。何の対策もなされず、物価上昇によって実質所得がその分毀損することは受け止めがたいと政策決定者が判断したからである。

実質所得を回復させるためには、賃上げは不可欠である。したがって労働組合の要求が実質賃金の改善を掲げて賃上げへの要求を強めることは当然である。しかし、マクロ政策の総合的な点検任務を負う政府や、資材価格の急騰という「介入」にあって、生産性向上に努力せねばならない経営者が、「賃上げの必要」に言及するというねじれをどのように理解すればよいのか。経済予測の前提にあるべき因果解析の段階において、日本政府や経営者層の一部に目に余る未熟練が存在するのではないか。

経済実態の記述とその後の展開予測を行うとき、「介入」後の物価上昇による実質所得の毀損の発生は前提である。このため、実質消費の伸び率の鈍化や一部には減少が見られるのは当然のなりゆきだ。インフレによって実質所得が損われ、結果として消費者が脇を固める行動に移ることは当然ありうる。インフレーションとシュリンク（萎縮）とが同時観察されれば、それはシュリンクフレーション（shrinkflation）と呼ばれるべきであろう。このことを示す断片的な現象はすでに生じている。一部の耐久財や、少し前には需要の伸び率が相対的に高かった分野では意図せざる在庫増がすでに発生している。そうした経済ニュースには残念ながらこと欠かなくなっている。もし在庫調整が始まれば、一部の商品の値下がりは避けられない。そして在庫循環が始まったとすれば、最終財価格はむしろ値下がり傾向を示すだろう。価格上昇だから賃上げへ、という道筋が想定されないわけではないが、この経路を断ちかねない動きもすでに生まれていると見るべきだ。こうした経路予測を欠いたまま、因果解析を行うことはあってはならない。そして日本と米国とを比較すれば、在庫調整圧力の存在については日米共通であるものの、米国にあっては中長期的な経済引き上げに繋がる強力なＩＴ部門の存在がある。在庫循環を免れる可能性の高いＩＴ部門の比重は、残念ながら日本では高いとはいえない。

もちろん、賃上げを可能とする売上高の伸び率確保や利益率改善を実現させる企業も存在するので、物価上昇と賃上げの共存という領域がないわけではない。しかし政府が考慮すべきは、賃上げ率を巡って日本経済の内部に「分断状況」が生まれる可能性をもう否定できないという点である。因果解析をこの方面に働かせ、分断の緩和のための政策体系をどのようにして組み上げるべきか、が十分に論じられ、かつできるだけ早い時点から政策として展開されるべきであろう。われわれは因果解析の的確性を改善するためのデータの開発に注力せねばならない。

第4に取り上げられるべきは、中国経済の不振に伴う世界的な在庫調整圧力と、システミックリスクの顕在化の可能性に対する備えであろう。

中国経済の想定せざる調整は、２０１４年から16年にかけて、そして２０２１年に入って以降、そしておそらく２０２４年以降の3回が、直近の10年間でも生ずるのではないか。ＣＩＰＰＳ中国指数は、２０１４年からその予測経路において大きな落ち込みの可能性を示していた。国進民退という国有企業部門のみで経済を引き上げることが無理になったことを示したといえる。２０１５年の人民元危機の後も、経済が順調に回復軌道をたどったわけではない。そして２０２１年からは共産党による民間企業への介入が相次ぐなかで、中国の民間企業経営者のなかに、将来の中国経済像を自らの側から描き出すことは不可能だ、という感触が生まれたといわざるをえない。そして中国の内部での民間企業の投資には、このとき以来明確な絞り込みが見られるようになった。そしてこのことは2024年時点でも依然として持続しているといってよい。

中国経済が2021年以降「異形の調整」に入ったことを端的に示すのが、ブラジルから、そして豪州からの鉄鉱石輸出価格である。予測経路は下方への移動を示すが、その後の実現値は予測経路をさらに大きく下回り、その月ごとに示される予測経路の連続的引き下げが生じた。こうした予測経路が帯状に連続的に下方シフトする形態は、われわれの幾多の分析では、金融におけるシステミックリスクの顕現過程のときと同様である。したがってわれわれは、2021年以降の習近平体制への民間経営者の萎縮を、いわば図表化したものとみなしている。

2023年の秋以降、中国経済の内部で、多少の上昇期待が見られたようだ。いわば動意が見受けられたといえよう。2023年暮れのIMF予測ではこれを受けるようにして、「改善する2024年中国経済」を提示した。2023年下期の多少の盛り上がりは、共産党政権が経済振興への取り組みを本格化させるという期待があったから、といえよう。しかしこれが長続きするのかどうかが問われている。われわれのCIPPS中国指数とその予測経路を見れば、先行きについての楽観論に根拠は乏しいといわざるをえない。そしてもし中国経済に、システミックリスク懸念の長期化が乗り合わさるとすれば、中国経済には間違いなく大きな転機が到来したことを意味する。天然資源の国際価格の低迷が２０２３年後半の特徴だったが、在庫調整圧力だけで説明できるのかどうか。

4　鞭効果（bullwhip effect）は確認できるか

２０２３年3月9日からの10日間に、「システミックリスクは襲来するのか」という不安が米国内で広がった。シリコンバレー銀行、シグネチャー銀行、そしてクレディスイスに至る預金引き出しの嵐である。米国でもスイスでも、当局は個別の銀行破綻がシステミックリスクの火種と化することがないように、手早い措置を講じた。このため3月第2週、第3週では金融不安の広がりが見られたが、これをきっかけに当局による流動性供給に関する市場の期待もまた観察されることになった。これにより3月第4週と第5週では市場における落ち着きが見られたものの、これがどのような実態経済を生み出すのか、また金融政策の展開の基調がインフレ期待の抑制という従前のものに戻るのか、それともシステミックリスク回避のための流動性供給への転換となるのか、という疑問は残ったままだった。米国のサブプライム融資の膨張は結局のところ、２００８年の債権証券化ビジネスの破綻に帰結したが、その前の２００７年夏の段階で、パリバショックというミニクライシスがあった。小さな綻びはその時点において抑え込んだが、しかし同じ兆候は広がりを見せていた、というのが実際だった。

今回はシャドーバンキングと称される銀行業務の周辺におけるハイリスク商品の取り引きが進んでいたことがある。「ゼロ金利」と呼ばれる状況の長期化のなかで、広範なリスク商品の浸透過程があったことは明らかである。したがって２０２３年3月はこのことをビジネスの現場で「認識せざるをえない」という受け止め方がまず広がったと見るべきだろう。このような場合には通常の業務にどのような新たな見通しと行動変容が生ずるのか、という点に注目する必要がある。

２０２３年3月は、グローバルエコノミーにdecouplingという要因が一段と広がりを見せたときでもあった。米国の議会と政府は、中国における軍事的装備の革新に繋がる可能性のある機材や部品の輸出を封じ込むための施策に踏み出し、同盟国にもこうした方針の採用を促すに至った。こうしたdecouplingが一つひとつ進行する過程においては、供給網の目詰まりが起きやすくなる。専制的統治体制をとる国家群として、ロシアに対する経済制裁に次いで中国が言及され、輸出や投資の一部に中断や停止が相次ぐことも予想されるに至ったといってよい。

信用不安とサプライサイドの再編という2つの契機がたまたま同じ時期に認識されるという局面は、市場での取引にどのような新要因として登場するのかの見極めも必要になったといえるだろう。２００2年3月の5週間の変化で注目すべきは、工業用基礎資材の価格上昇である。すでに見たように、システミックリスクの襲来という事態もどこかで計算に入れなければならず、したがって輸送需要も手控え気味で、労働市場においても新規雇用の受け入れ対応に追加的な積極性が見られるわけでもないのに、銅、アルミ、ニッケルの価格の上昇が見られたのだ。従来ならば、中国経済の回復スピードの上昇ないしは期待の改善が、こうした基礎的な工業用資材の価格上昇の背景にあった。しかし2023年3月に関していえば、これは確認されてはいない。考えられるのは、供給網の遮断が、システミックリスクの顕在化によって起きる可能性を考慮して、早めに資材の手当てに入ろうとしたのではないか、という点である。システミックリスクについていえば、1カ月や2カ月で見極めができるものではなく、前回の経験に照らせば12カ月前後は想定しておく必要があろう。

工業用資材の市場における中国の比重はおよそ半分にまでなったことから、ネットワーク効果が及んでいない資材の代表としてこれらの取引商品の動向を受け止めるべきであろう。ネットワーク化されている中国関連の資材となれば、豪州やブラジルからの鉄鉱石輸出がある。それぞれのCIFベースでの鉄鉱石価格は3月において特段の変化が起きているわけではない。ネットワーク取引の典型である米国天然ガスの価格をヘンリーハブでとれば、3月第2週から第5週にかけてむしろ値下がりしている。ネットワーク化されない、あるいはそれが難しい資材については、サプライサイド遮断が生じる恐れを、どこかで誰かが持っている可能性があったのだ。

1961年に出版されたジェイ・フォレスターの*Industrial Dynamics*では、変動する需要がサプライチェーンを遡っていく過程において、不比例的な拡大に繋がるというダイナミクスを指摘した。鞭の先は手元から離れるほど大きな振れになるという意味で、鞭効果（bullwhip effect）と名付けた。こうしたサプライチェーンを巡る不安定性の問題があるところに、米中対立の経済的波及としてのdecouplingが乗り合わせてきたというのが実情である。ＡＩＣを駆使することにより、bullwhip effectに迫ることができるのか、またこうした考察を起点に、ネットワーク化を図るためのある種の「情報共同体」の試みもまた有用と受け止められる可能性についてはどうか、という視点が浮上する。消費、生産、投資、購買、運輸など、消費者から生産者までの仮想ネットワークの情報共有を手掛かりとして構築することが考えられるのではないか。そうしたことを考えるきっかけが与えられたといえよう。

5　想定外だったdigital bank run

digital bank run（電子的銀行取り付け）が米国で生じたのが２０２３年3月だった。それから2カ月ほどの間に合計3行が実質破綻に追い込まれた。こうした情勢が日本には大きな波及を見せることはないとされる。理由として考えられるのは次の2点である。

第1は、米国においては銀行設立も、また銀行の実質破綻も市場における自由意思とその結果とに委ねられることが多い点だ。たとえばＩＴ企業の勃興が著しいカリフォルニア州においては、Ｉ

T企業への融資やその新規株式公開（IPO）にかかわる投資銀行業務のネットワーク化に特徴を持つ銀行が生まれることになる。預金者保護の枠組みは一律25万ドルで全米共通だが、破綻時の保護枠25万ドルを超える預金量が全預金の5割を大きく超える銀行も珍しくない。それはIT企業が、たとえばIPOで調達した資金や、業務拡大投資を狙って融資を受けたものの、当面は預金口座に置く部分が少なからずあるからだ。これでは銀行のバランスシートは本源的不安定性を抱え込むことになる。いつ大量に預金が引き出されるのかについて不確定性が大きい以上、銀行の資産サイドに国債が増えるのは当然だろう。ところが2022年春からは、連銀が連続的に政策金利の引き上げに入ったところから、国債価格は大きく値崩れした。こうした銀行の資産の痛みは誰の目にも明らかなことから、2022年の年末にかけて、預金の預け替えが生じた。IT企業といえども自己保全を図らざるをえなくなったのだ。3月に実質破綻したシリコンバレー銀行の場合、2023年1月には銀行間の資金過不足を調整する現先市場（インターバンク市場における国債を担保とした資金借りと資金融通）において、従来にはない水準の資金確保行為が行われていたという。しかし財務省も連銀も、今日からすれば的確な対応策をとっていたとはいえない。米国には金融取引においてもこうした際立った特徴がついて回る。日本の場合は、こうした事業展開も金融対応にも縁がない。

第2には、物価上昇面でも金利水準の改定においても、日本は米国ほどのダイナミズムを示しておらず、国債価格の下落幅も限られたものであり、銀行の資産サイドの痛みは国内債券については限定的な点である。もちろん、たとえば米国国債の保有比率が大きい場合には潜在的な資産毀損はありうるが、当面のところは目立ったほどの資本損失の恐れはない。２０２２年12月20日に、日本銀行の方針変更で長期国債の変動幅が±０・25％から±０・５％へと引き上げられたが、当面はこの程度の変動幅に収まるとの見方が強かった。背景には、米国の物価上昇率目標２％程度にまで抑制するためには、その時点においてさらに1年以上の引き締め継続不可避との見方が多かったことがある。これに対して日本では、２％の上昇率は目標として揚げ続けられているが、異常なエネルギー価格の動向が収束すれば、２％という中長期のデフレ脱却目標達成は簡単ではない、という見方がいまだ多い。結果として銀行のバランスシートの痛みは限られたものといえよう。

それでは日本は、システミックリスク顕在化の恐れが少ないから安心だといえるだろうか。われわれはチャールズ・キンドルバーガーの警告に改めて耳を傾けた方がよいだろう。彼は、国家が市場に介入して本来あるべき価格形成を歪めれば、その落とし前を付けるようにして信用不安が忍び込むところに、システミックリスクの源があるとした。こうした歪みは二層構造を持っていた。第一層は、住宅建設投資に対する政策優遇は必要だという米国社会で広く受け入れられるはずの目標設定である。日米間で比較すれば、日本は政府固定資本形成、米国は民間住宅建設の対ＧＤＰ比率が高い。両国での有権者の意向に沿うものとされてきた。したがってこの第一層のレベルでは、問題の所在の指摘にとどまる。第二層は第一層を支えるための特別な介入構造からなる。住宅抵当証券の発行によって住宅金融の円滑化の手段とするというところまでは、通常の政策的配慮ということになる。ところがこの住宅抵当証券を市場から過度に拾う政府支援企業を設置して、そのバランスシートの肥大化について何ら制約もなさそうだ、ということになれば、住宅金融の証券化の手続きの無制限の持続性を政府が保証することになる。借り入れにあたって信用格付けの低い買い手に対する与信物件も次々に購入されていく、ということになれば、低い格付けが持つはずの警告機能は市場から無視されることになる。そしてこれが住宅抵当証券を組み込んだ証券化商品の崩壊にまで行きつくことになった。怪しい、怪しいという声がやがてそうした証券化商品の大幅な値崩れとなり、こうした商品の組成や流通に本格的に関与してきた金融機関の信用度の急落に繋がったのがパリバショックであり、リーマンショックだったといってよい。そしていったんこの証券化市場が破綻に直面すると、世界的な与信の仕組みの修復には2年や3年では済まない、という状況が生まれたのである。この因果関係がきっかけとなり、危機の構図はさらなる広がりを見せた。他方で中国経済は、証券化商品との直接の関連はなかったものの、総需要水準を維持するための4兆元という政府関連支出のなかで、自らの内に歪みをつくり出し、低い生産性の伸び率への移行を運命付けられることになり、かつ共産党による経済介入に口実を与えることになった。

キンドルバーガーの警告に相当するものを、日本経済の内部において見つけ出す工夫をしないでよいものなのかどうか。市場への介入によって価格形成が歪められたのは国債である。リフレ派の政策展開は日銀のバランスシートの拡大を通じて、経済の内部から盛り上がるべき需要項目に刺激を与え続け、結果として物価の適度な上昇傾向を導き出すという語り口に代表されよう。日銀の国債保有残高は既発行分の半分以上になり、金利形成の仕組みは根っこのところで歪められ、放置されたままである。米国はサブプライムローンという一部の金融資産の歪みにとどまったが、日本の場合は金融市場の王様である国債価格の歪みとなった。結果として、日本の経済の仕組みのすべてに影響が及ぶことになった。そして金融機関の国債の売買部門からは人材が消えた。日本の金融市場における価格形成の歪みは全体に及んだといってよい。そして財政規律にも当然のことながら悪影響が及んだ。キンドルバーガーに登場してもらうならば、財政と金融の双方が抱え込んだ闇はともに深すぎるということになる。

グローバルエコノミーは、サプライサイドの広角化を通じて世界の価格水準の安定に大いに寄与した。こうした潮流は中国のＷＴＯ加盟が実現した21世紀に入ってから定着した。そしてこの安定した価格体系の下で低金利が世界を覆った。結果としてリスクとリターンの関係の把握において、ともすればリターン追求への傾きに振れることが多くなった。ＩＰＯやベンチャーキャピタルの提供という投資銀行業務の担い手に期待されるところが多かったといえる。しかし、生じた潮流は自らの内において、あるいは他の要因との関連で変化を迎えることになる。

グローバルエコノミーのサプライサイドに20年の単位で最も影響を与えたのは、人口要因だった可能性がある。先進国を中心とした少子高齢化の到来は、それ以前の40年間のベビーブーマー世代の年金拠出の急拡大が持った影響の裏面ともいえる。グローバルエコノミーの生みの親がベビーブーマー世代だとすれば、その変調を生んだのは、少子高齢化の持つ労働供給の制約だったかもしれない。これに、COVID-19の襲来とこれを受けての各国横並びの低金利政策の展開があった。米国に端的に表現されたFIREという現象は、感染症の到来下において、社会への関与を一人ひとりが再考する機会と重なるなかで実現したといってよい。そして米国ほどではなくとも、有能な人材を職場で確保し続けるためには、相当はずんだ給与水準を用意する必要がある、との共通認識が生まれるようになった。エネルギー価格がウクライナ戦争ではね上がったというだけならば、一時的現象という側面も強いが、労働供給にかかわる変容となれば、対抗する経済政策もより深められたものにならざるをえない。パウエルFRB議長のそのときどきの発言が、その後の事態を十分に予測したものになっていないのでは、とのコメントが市場関係者から寄せられるのも稀ではなくなっている。しかしその背景において、一人ひとりの働き手としての経済への関与姿勢がCOVID-19をきっかけに変化しているとすれば、パウエル発言がときに適切さを欠くとしても、転換期にあってはやむをえない事柄だともいえよう。

ＡＩＣによってのモデル選択を繰り返すなかで、われわれが確かめようとしているのは、上述のサプライサイドの変貌が、金利の動向や金融資産価格の変動にどのような効果を生んでいるのかである。またこうした因果解析を通じて、リスクとリターンの組み合わせに現実にどのような変化が生まれているのか、そして企業を巡る意思決定過程へのその影響はどうなのか、である。20年近く続いた安定的金融環境の下で成立したベンチャービジネスやベンチャーキャピタルとの関係、ＩＴ分野からの革新軸の提供、プラットフォーム型ビジネスの隆盛などのマクロ動向とミクロレベルでの企業活動との関連は、再び問い直されようとしている。設備投資や個人消費の動向にも、足元で興味深い動きが見受けられる。分析手法が問われているのだ。

米国におけるＩＴ関連産業やプラットフォームビジネスが、いわゆる産業金融の大変容をもたらしたことは過去20年の特徴といえる。これに低い物価上昇率と低金利というグローバルエコノミーの特徴が重なり、選好される金融資産が大きく変化した。経済と金融の新段階において、物価情勢を取り巻く環境の激変が到来し、米国の金融機関のバランスシートはこれによって痛痒を加えられた。その結果、米国における融資の伸び率や、これまでの金融取引量の増大スピードに悪影響が及ぶことになった。われわれはこの点に関する因果解析を継続するであろう。

すでに述べたように、日本の金融機関に今回のシステミックリスクの到来の恐れは少ない。裏返していえば、米国における産業金融の大変容や金融機関のバランスシートの変動に相当するものがなかった。激変する金融機関の行動様式が彼らの特徴だったとすれば、日本の金融機関の内部変容に指摘すべきほどのものは少なかった。彼らは動態にあり、われわれの側は静態のままなので、今回の局面ではシステミックリスクに襲われる可能性は低い、といえよう。

しかしこれだけをもって日本経済の安定性を認定することは誤りである。ここでは日本国債（JGB）の発行残高の膨張、日銀のバランスシートの急拡大、金融市場における金利機能の衰微、物価水準の膠着の4点を取り上げてみよう。世界の金融市場において大きな役割を果たすいわゆる投機筋にとってみれば、タイミングを見て日本経済を材料にして儲けの機会を見出そうとしてきた。また投機筋として括られない一般の事業者にとっても、近未来のリスク拡大に対して、日本にからまる金融商品の先物取引を通じて、リスク回避策をとることの意味が世界的に見てあったといえる。日本経済の規模は資本主義国では依然として第2位に相当し、かつ為替取引の自由度が保証され、このことゆえに日本に関連する金融取引高が膨れ上がってもこれを吸収できる市場である。金利機能が働いていない状況は長く続くが、リスクのヘッジを図るうえでは日本の金融資産は十分に材料視することが可能なのだ。そしてその取引は日本という場所に限定する必要はない。上場投資信託（ETF）という商品構成をとって、ETFを構成する一つひとつの金融商品の価格さえ常にクォート（引照）できれば、日本に関連するETFを組成できる。そのひとつに欧州で取引されているJGBのユーロ建てETFがある。短期国債（たとえば2カ月物）、中期国債（たとえば5年物）、長期国債（たとえば10年物）、超長期債（たとえば30年物）の構成比を決めれば、JGBのユーロ建てＥＴＦとして成立する。先物（たとえば6カ月先）市場において、ＪＧＢの値動きの予測がいろいろ存在するなかで、ある値段でこのＥＴＦを買う、あるいは売るという行為が行われ、期限ごとに決裁もなされる。日本にかかわる金融商品はクォートしがいのある有力な商品なのだ。

国際的な金融取引のなかで、ＪＧＢのユーロ建てＥＴＦはどのように使われたのか。われわれは日本経済の長期的な安定性や健全性について当然のことながら高い関心を有する。こうした視点に立てば、ＧＤＰの2・6倍もの国債発行残高という借金漬け状況は攻撃するに足る脆弱性の腹を丸出しにしている。そして金融政策の展開予想に関していえば、日銀が肥大化したバランスシートを通じてＪＧＢの発行残高の5割以上も保有する状況は大前提となる。こうしたバランスシートの圧縮という、いわゆる出口の模索もままならない情況が続く。どのような処方箋が用意できるのかを具体的に論じ合わねばならない時期がとうに到来しているといえよう。われわれはその手掛かりとして、因果解析の道筋の提示をしたいものだと考える。

２０２２年2月にウクライナ戦争が勃発した。そして4月に入ると戦争の長期化不可避を前提とした金融市場の動きがあった。こうしたなかユーロ圏においてはイタリア国債の下落がどの程度になるのか、下落を食い止める手段はあるのか、また下落幅がさらに広がる場合には金融市場の内部でリスクを食い止める手段はあるのか、などが問われることになった。ユーロ圏の金融機関においては、国債価格下落の引き金が引かれれば、それは資産サイドの痛みに直結するという事情について広く共通の認識があった。EUの内部で資金の融通や資金移転を図る基金構想が論じられてきたが、イタリア国債の価格急落は基金の創設にあたって資金移転の部分を多めにとるという基金創設時の合意形成に繋がり、これでイタリアにおける国債価格下落に歯止めをかけることができた。その間およそ4カ月を要している。

この不安定な時期に、JGBのユーロ建てETFは欧州におけるリスクヘッジとして使われた。対GDP比でいえば、イタリア国債の発行残高よりもJGBの発行残高の方が100%も高い。イタリアが問題児ならば、日本はもはや論外という扱いにも相当する。JGBのユーロ建てETFの先物取引において売りを早目に立てておくことは、リスクヘッジの手段として有効だったといえよう。取引が成立したのは、そこまで実際には売り込まれることはあるまいと想定した買いもまたあったからである。資本主義国のなかで実質上第2位の日本は、その程度には存在感があり、JGBのユーロ建てETFの使い勝手はよかったのだ。

日本の長期国債市場では、当時指し値オペを通じて±0・25%という値幅で取引が持続しており、JGBの価格急落は日本では観察されなかったが、欧州ではJGBのユーロ建てETFの先物取引が使い勝手のよい道具となっていた。それではJGBのユーロ建てETFは、リスクヘッジが必要なときには常に使われると考えてよいのか。

2022年9月に英国国債の急落があった。成立したばかりのトラス英国政権は財源の手当てもしないままで、大幅減税案を打ち出した。財政規律無視のトラス首相に対する市場の反応は厳しいものだった。トラス政権はわずか3カ月で退陣したが、このときもＪＧＢのユーロ建てＥＴＦは大幅に売られる側に回り、リスクヘッジを図ろうとする勢力にその使い勝手を評価されたのだ。日本の内部では特定価格での相次ぐ買い切りオペを行い、日銀の資産の部に国債は積み上がったが、日本に関する国際金融市場での自由さは、別のところで便宜を供給する側に回ったのだ。

先進国のなかで国債発行残高が飛び抜けて高い日本は、イタリア国債が売り込まれる折には、リスクヘッジを図る勢力に「使い勝手のよい、もうひとつ別の国債」としての利用に供された。また財政規律無視の蛮勇が振るわれるときには、「使い勝手のよい、もうひとつ別の国債」という位置付けの下、英国国債下落による損失を部分的にでも埋める道具として市場取引の道具となった。

それでは日本の金融資産が、国債、円為替、株式などの種類を問わず売られるという、いわゆるトリプル安は回避できるのか。そうした状況が起きる場合には、いったい何がきっかけとなりうるのか、などについての因果解析は、あらゆる手立てを通じて試みられる必要がある。イタリア国債の場合は、ＥＵの基金創設時において渡し切りの資産を増やすことによってとりあえず乗り切ろうとした。英国国債の場合は政権交替を短期で行い、財政規律を無視しない、という政治的合意づくりで状況をしのいだ。日本のケースは、われわれにとって逃げ隠れができない事態であり、市場からのメッセージの読みとりにも、また予測経路の提示を通じての現実へのより確かな接近にも注力せねばならない。こうした状況が問われる事態はもう間近に迫っていると判断すべきだ。われわれはこうした認識の下、政策金利の引き上げをきっかけとする金融システム不安の広がりと、その後の実体経済への新たな波及過程の観察に怠りがあってはならない。

6 decouplingの到来と需要、供給の新しい関係性

経済指標の読みとりに新しい工夫が必要な局面が来た。その直接のきっかけは、decouplingと称されるこれまでの経済的な組み合わせの部分的な解体が、意図的に行われることに発する。直接のきっかけはロシアによるウクライナ侵攻だ。第二次世界大戦時の欧州情勢を思わせる戦闘状況が欧州大陸の地で生まれると、国際的な展開を行ってきた大手企業群が、ロシアにおける資産や事業を切り離して減損会計の対象とせざるをえない状況を現出した。ロシア軍の初動から2カ月足らずの間に、石油、自動車、ビール、小売店舗網などがロシアを離れた。従来ならば、株主も関係事業先というステークホルダーも、とても受け入れるとは考えられなかった撤収が行われたのだ。むしろもし経営陣の判断が遅滞すれば、解任決議がなされそうな雰囲気だった。撤退や損失の発生を受認するという原則が確認されたのだ。そしてスウェーデンやフィンランドは第二次世界大戦後一貫して維持してきた非同盟政策を放棄し、NATO加盟の道を選択した。経済システムにおける

decoupling はその延長線で生まれたといってよい。

中国が decoupling の対象として浮上したのは、軍事力に物をいわせる対外展開のゆえである。２０１６年にハーグの国際仲裁裁判所は、南シナ海において中国が主張する九段線について、歴史的に見ても国境を形成していないとの判断を示した。しかし習近平体制の下、中国は国際社会における広い認識を受け入れなかった。

もうひとつ、いわゆる西側の中国認識に大きな影響を与えたのが、中国市場の将来規模についての非楽観論の台頭である。２０１５年の夏にかけての経済停滞を否定する材料は当時から少なくなり、人民元の下落も現実のものとなった。中国市場に焦点を合わせてきたドイツの輸出の伸び率は期待外れとなり、結果としてＥＵ加盟国のなかでドイツの輸出伸び率は目立たないものにまでなった。そして中国の成長鈍化は中国市場の内部での競争激化と結び付かざるをえず、期待した利幅も確保できないこともしばしばという情勢となった。それまでは大目に見てきた知的所有権を無視する行為に対しても、西側企業は厳しい態度をとらざるをえなくなった。こうして経済摩擦の種は拡大の一途をたどる。そして決定的だったのは、中国の軍事力の対米キャッチアップである。オバマ政権の終わり頃になると、中国軍の装備についての詳しい観察は不可避となった。

２０１８年からは中国からの対米輸出品に最高25％の関税が課せられることが原則になり、米国市場への中国の進出にストップがかかることになる。そして米国議会は共和党・民主党を問わず、人権や知的所有権のテーマについて厳しい態度をとるようになる。そして軍事技術の中国における革新に、米国からの情報や機材が利用されないようにするための方策が提案されるようになった。中国からの大学生や教官の米国大学への接近についても、次第に厳しい基準が導入されるようになった。こうしたなかでウクライナ戦争が始まったといえよう。

高級半導体やその製造機器が中国に、とどのつまり中国軍部に渡らないようにという判断基準が作成され、この面では間違いなくdecouplingは大前提となりつつある。それでは民需品ならば問題はないのか、となれば軍民間の交錯利用が一般的なことから、企業には自己抑制という契機が働く。対中投資の渦は過去になりつつある。それに中国市場での需要の伸び率低下からの利幅の圧縮も次第に現実のものとなった。どうやらわれわれは、単なるdecouplingを論ずるのではなく、中国経済内部の需要面と供給面との双方にかかわって分析枠組みをつくり上げねばならない。そもそも中国経済に関してはGDPそのものでさえ、その精度は高いものとはいえない。需要面から供給面、供給面から需要面という因果連鎖が働くことは一般論からすれば当然だろう。しかし供給面からのdecouplingが半ば制度化される局面においては、それが需要面に及ぼすであろう影響とその経路は改めて分析せねばならない。

比較的簡単な事例をとれば、半導体不足が起きれば自動車部品の製造面で支障が生じ、供給量が絞り込まれるという事態がコロナ禍で生じた。当然のことながら満たされなかった需要は、経済全体のなかでは一部とはいえ需要水準の落ち込みの顕在化であり、供給主体に対しても悪影響を及ぼす。われわれはこうした事象に対して、ＭＡＲモデルの作成を通じて接近する。トレンド部分を外して、周期的変動の領域に焦点を当てて変数間の多段階にわたる影響を拾い出すことになろう。

中国経済の場合、鉄、銅、アルミなどの工業用資材の生産と消費は世界のなかで圧倒的であり、鉄鉱石、原料炭、銅鉱石、ボーキサイトなどは波及需要として扱うことになる。原油や液化天然ガスへの波及需要についても同様な扱いがなされるだろう。しかし一部の資材とはいえdecouplingの対象が登場すれば、供給面への影響とともに、供給逼迫からの需要面への波及があることは当然であろう。時系列データを使ってこの間の推移を追いつつ、decouplingが結果としてどのような影響を及ぼすのか、という側面を分析対象とする。decouplingの対象となった経済の内部に生ずるであろう過不足が、次の段階において何を用意するかを探ることになる。

冷戦期の旧ソ連への封じ込めがなされると、旧共産圏ではコメコンが結成された。それではコメコンの内部ではどのような分業体制が生まれたのか。いわゆる自由圏のミニ版がコメコンに生まれたかのように今日世代には受け止められそうだが、実際には旧ソ連が資材調達網をコメコン加盟諸国にまで広げた、という表現以上のことは起きなかった。１９９１年に旧ソ連が解体に追い込まれると、バルト三国やポーランドなどにおいて反モスクワの渦が生まれた。ＥＵ加盟、そしてＮＡＴＯ加盟が当然のこととなり、たとえばＥＵは旧東欧圏の加入時に統合のため資金用意をすることになる。その当時、旧東欧各国の政策決定者と議論すると、こうした試みはウィンウィンの関係に過ぎない、との基礎認識があることがわかった。西欧諸国は新しい市場を獲得し、旧東欧は復興のための資金を手にする、という理解が、何ら悪びれることなく表明されたものだ。

EUはこのとき、ドイツ統一における旧西ドイツと旧東ドイツとの経済再統合開始のプロセスを注意深く観察した。旧西ドイツは再統一のための税負担を負い、旧東ドイツの生産設備は実質上解体過程に入った。このとき旧東ドイツを訪問すると、彼らは「どうせわれわれはオッシーだから」と自らの立場を冷笑せざるをえなかった。オッシーとは東の人々の意味であり、ある種の被差別感を示すものであった。市場メカニズムが存在せず、指示と統制しか経験してこなかった世代は、新しいシステムへの同化に戸惑いを示していた。もちろん若者は違ったが、体験が負の意味しかなかった世代にとっては、この再統一過程は苦いものでもあった。こうした状況を早期に転換させなければ、再統一過程は旧西欧の多くの人々にとっては単なる負担増でしかなくなってしまう。地球温暖化防止にEUが早くから熱心になった理由のひとつは、この欧州の再統一であった。そして手段として排出権取引の仕組みが導入された。地球温暖化防止という課題追求にあたって、EUで成立した排出権取引の仕組みが実質的な世界標準となったのは、欧州における coupling 過程の受容という歴史があったからといえよう。旧共産圏時代のチェコスロバキアでは、排ガス、排材など汚染物質でボヘミアの平原でさえ手が付けられなくなった。この地で排出される汚染物質の削減のために既存設備の代替が行われれば、過去の高い排出量からの削減分を排出権取引市場で売却可能とした。他方、西欧における排出削減に対しては厳しい規準が適用されるため、新設備への代替が不可避となるが、その途上においては、旧東欧における新規投資に伴って排出権の余剰枠が売りに出ることから、その購入によって繋ぎとする対応が生まれた。Reunification（欧州の再統一）によって、政策手段導入の円滑化という道筋が誕生し、couplingを成果に結び付けることができた。そして2005年以来の排出権取引の実績が、世界の次の展開の基軸となった。

中国経済はWTO体制の下で、couplingという新現実を生み出した。中国の所得は急成長を実現し、グローバルエコノミーは新しい供給余力を得て、低物価上昇率は半ば恒久的に持続するとさえ想定されたこともあった。しかしすでに見たように、リーマンショックから4兆元の投資、そして国進民退、中国共産党の経済介入の強化・生産性の伸び率鈍化というもうひとつの波及経路が生まれた。しかもこの間に、共産党の国内での集権体制の強化は、対外的には権力主義的威圧としての機能を持つようになった。少なくともアジア太平洋において、G2という対抗かつ相互承認という2つの超大国という認識構造が、いったんは米中間に生じた。しかし南シナ海や東シナ海においては、中国の一方的な軍事態勢の強化となると、G2という表現は米国の側で消えた。そしてここにウクライナ戦争が生ずることになった。対ロシア経済制裁が実施されるなかで、台湾海峡を巡る抗争の軍事化というシナリオの登場は、対中国態勢についての新たな意味付けに繋がらざるをえない。

新疆ウイグル自治区における人権抑圧も、リーマンショック以前には大きく取り上げられることがなかったことを考えれば、習近平体制と呼ばれるべきものを生み出した遠因のひとつは、リーマンショックだったといえるだろう。そしてdecouplingへの傾斜の下でのグローバルエコノミーにおける因果解析にあたっては、中国における需要面と供給面、そしてその相互間のフィードバックがまず論じられねばならない。そして、世界における基礎的な工業資材の約半分に中国経済が関与する以上、中国の変容はグローバルエコノミーの全構成要因の再問に繋がると考えられる。

CIPPS中国指数は中国経済の動向をかなり的確に拾ってきている。とりわけ共産党の支配が経済局面に及ぶのでは、と中国の民間人が受け止めたときには、回答者群の業況見通しは概して下方に向く。これは2021年2月以降にも見られたし、2023年2月以降についても同様だ。2021年は中国のプラットフォームビジネスへの共産党の介入が、2023年には全人代における新指導部の経済方針が景気浮揚に結び付きそうにないことが懸念材料として取り上げられたときだった。ゼロコロナ政権の終焉の後のペントアップ需要の盛り上がりは持続しそうにない、と判断されるに至ったのだ。そして因果解析からすれば想定外の動きが見られたのが、香港島の地価動向である。これまではCIPPS中国指数と香港島の地価とはほぼ同一の動きを示していた。ところが共産主義青年団（共青団）系の指導者が7人の常務委員から一掃されることが明らかになって以降、いったん地価に上昇の動きが生じた。中国のなかで事業の拡大に向けられるはずのカネが、香港島の土地に向かったとすれば、それは外への離脱に繋がる可能性があるカネ、と解釈できなくもない。ともかく従来とおりの解釈枠組みでは手に余る現象が生まれたのだ。そしてさらに微妙な地価動向となる。2023年3月以降は、この地価は再び勢をなくしつつあるようにも思われる。香港島の経済運営枠組みに新しいものが追加されたかどうかの確認が必要となったといえよう。

米国経済の多様な担い手は、常に新たに登場してきた。しかしシステミックリスクの虞が広がり、中堅銀行が与信管理を厳格化すれば、投資にも消費にも影響が及ぶと考えられる。2023年3月中頃以降5月初めまでの時期においては、経済に下押しの力が及んでいることが見てとれる。背後にあるであろう因果連鎖を推論する手掛かりが求められるところだ。

もし米中両国が従来とは異なり、すなわち双方に経済の下押し要因が働いているということになれば、エネルギーや工業用原料の価格動向に影響を及ぼさないわけはない。新しく因果解析の手立ての工夫がなされなければならないといえよう。

予測の枠組みとして次の3点を考える。第1は伝統的なマクロ政策の枠組みに関するものである。世界のGDPの第1位と第2位の米中経済が、もしともに下押し圧力を受ければ、世界的な資源価格動向に確実に反映されるだろう。また製品市場においては、在庫調整が進行せざるをえない。2022年3月以降の世界的な物価急上昇の局面は、2023年下半期に転機を迎えることが予測された。こうした見通しが広範化するときには、金融政策当局の物価対策がらみの金融引き締め策の転換もありえた。もしそのとおりに推移すれば、グローバルエコノミーのサイクルは、景気の下押しによる金融緩和策への緩慢な移行ということになったはずだ。だが、こうした経緯をたどることはまったく通常の景気サイクルなので、新たな因果解析を展開する必要はない。

しかし、こうした一般的な景気サイクルをたどらない可能性もありえたのだ。それは従来になかった財政支出拡大要因が膨れ上がっているからだ。国によって要因に違いがあるが、地球温暖化防止のための再生エネルギー対策等への支出需要は、財政的に見てどこも否定できない。また軍事支出拡大も避けられそうにない。NATO諸国も、またアジア太平洋の諸国も、継続的な軍事支出増を覚悟している。専制主義国家である中国やロシアの軍事的示威行動が先行した以上、軍事支出拡大以外の解はない、との受け止め方が急速に広がったのだ。大きい政府という財政上の分類の回避は困難だ。

さらに、国内における国民意識の亀裂拡大が深刻なものになりつつある点にも留意が必要だ。就業を通じてのスキルに磨きをかけるという伝統的手法が通用しにくい職場が増えるとともに、そうした職場から就業機会を奪うような技術革新が進行中といえる。デジタライゼーションという呼び方はひとつだが、新しいサプライサイドへの絶え間ない変貌が押し寄せるなかで、働く人々のなかでの対応力や意識についての亀裂は拡大している。ここから極端な主張の広がりが観察されるようになると、財政支出増に繋がる措置によってとりあえず社会修復に取り組む、という方向性が政治的には生まれやすい。それだけ社会は脆弱化しているともいえる。「大きい政府」は時代によりその発生の源に違いはあったが、職場の変容は間違いなく歴史的にも新しいものだ。

ウクライナ戦争によってエネルギーや食糧の価格が高騰すると、グローバルサウスと呼ばれる開発途上国の民衆には直接的な被害が及ぶことになった。これに対して真正面から向き合うには、グローバルノース側での負担増は避けられないだろう。マクロ政策上は金融緩和の余地が生ずるほどの下押しの景気状況が予想されつつあるが、グローバルノースの財政支出需要拡大の契機は稼働したままだ。物価上昇率と金利は本当に低下するのか。

第2の論点は、景気の下押しが明らかになれば、これまでの銀行融資のうち、不良債権化するものも増えるという現実に関連したものだ。銀行の貸出資産の一部の不良債権化は景気循環に伴って発生する。だからこそ銀行は、貸倒引当金を計上してそうした事態に備える。しかし今回のシステミックリスク発生の恐れは循環的なものとは区別されねばなるまい。20年、あるいはそれ以上の期間にわたった金融緩和の持続の下で、高いリターン（すなわち高いリスク）の金融商品への選好が異常に拡大しているなかでの金融引き締め局面の到来という性格があるからだ。ということは同一の金融商品に対して、これまでは高いリターンという側面にもっぱら光が当てられていたが、QTの局面では、高いリスクの側面への注目度が飛躍的に高まる。ということは、金融機関の与信が慎重化するため、経済社会全体には流動性確保という要請事項が表面化しやすい。景気のサイクルのうえでは金利の低下は当面の局面なのだが、金融システム全体としては流動性維持への高い関心が続くことになる。こうした要因がどのような因果関係を生み出すのか、検証が待たれるところだ。

以上述べてきた2点に関しては世界共通の局面理解といってよいが、日本を論ずるうえではもうひとつの「日本の金融問題」についての因果解析が必要だ。

第3点はこうした認識に発するもので、２０２３年以降の日本の経路の特徴の抽出がポイントだ。システミックリスクの発生源に日本がなることはない、という命題についていえば、その確度は高い。米国国債の値下がりや、クレディスイスが発行した永久劣後債（ＡＴ１債《えーてぃーわん》）の無価値化などにより不利益を被った金融機関や投資家は存在するが、それらは投資社会における許容量の範囲内であろう。しかし日本発の、ということは永年にわたって日本が採用してきた処理方法の持続性にかかわる想定が、日本の金融メカニズムに大きな影響を与えるような経路もありうるのだ。こうした流れとしては、日本の財政規律にかかわるものが中心的な役割を果たすことになろう。個別の金融機関、あるいは特定期の金融政策が問われるのではなく、主権国家としての日本のあり様そのものが俎上に載せられる情況といえる。そして引き金を引くのは、俊敏な投資家群ということになるのではないか。きっかけは財政規律の喪失の恐れにかかわるものとなろう。

少子化対策のための新規財政支出と軍事的な対応能力強化のための支出は、異例の規模に膨れ上がる状況だ。日本社会の歴史的持続性が問われるに至る厳しい現実が覆いかぶさる以上、財政支出規模の拡大にはやむをえない面がある。しかし、もしこうした支出増が増税を中心に賄われず、主に借金に依存するという政治的意思決定がなされたとすれば、「日本社会の持続性に問題あり」とする立論に対しては、国際的な投資集団のなかでかなりの賛同者が名のりを上げる可能性がある。とりあえず試されるのは、欧州におけるＪＧＢのユーロ建てＥＴＦであろう。すでに見たように、２０２２年にはイタリア国債と英国債に対する売却気運がそれぞれの理由から高まった。こうした背景の違いにもかかわらず、ＪＧＢのユーロ建てＥＴＦはその都度売り込まれ、それを反映した値段が付いた。日本がイタリアや英国と対比され、リスクヘッジの対象として浮上したのだ。

7　deriskingとグローバルネットワーキング

今後の日本経済を考えるうえで、外部経済環境をどう捉えるのか、という課題がある。従来と異なる側面のひとつは、リスク回避のための新しいグローバリズムだろう。ロシアのプーチン政権がどこから変容したのか、その理由は何かについては、ロシア研究者のみならず、グローバルエコノミーの設計思想の依って来たるところを解き明かそうとする研究者をも動員する必要があろう。そこではプーチンのロシアだけでなく、それを取り巻く国際環境をも検討対象とせねばならない。旧ソ連を支配した軍事経済体制の民需転換に手を貸す試みはなぜ始められなかったのかも問われねばならない。1991年の旧ソ連解体から、ロシアに入った経済思想で最も影響力を持ったのは、privatizationだった。経済総体に対する国家管理が貫徹した体制が打倒の対象になると、目先の利く投機集団は入札の値札を入れて、懐具合を目に見えて改善させた。いわゆるマフィアがロシア経済を乗っとったのだ。この局面における西側の対ロシアへの経済関心は、天然資源や消費者向けの経済活動に集中し、投資財や物流、市場経済の仕組みにかかわる分野には関心が向かなかったといえよう。こうした経済環境の延長線上でウクライナ侵攻が起きた。

それでは中国についてはどうなのか。専制主義体制、周辺領域への軍事膨張、「中華民族の偉大な復興」と並べ立てると、ロシアとの類似性が浮上する。そしてそれ以前から中国に対して米国議会が厳しい評価を行い、かつ中国への関与にかかわって経済行動の一つひとつを取り上げて批判的分析の対象としたことから、枢要な資材のサプライチェーンから中国を外して他の友好国に振り替えるという意味でのフレンドショアリングが提示された。高級半導体がまず槍玉となった。

こうした状況が広く認識されるようになると、中国経済に首根っこを押さえられたら大変だ、という発想が広がり、中国リスクの回避という意味でのderiskingの考え方と、その具体的な適用としての中国での調達比率の意図的な引き下げ策が論じられた。これは、新規立地を東南アジアやインドへと振り替える行為を意味する。そして中国への新規投資については抑制を旨とする、となる。中国における反スパイ法の制定が、企業活動にもたらす不確実性も考慮対象になった。

日本における経済活動に対してグローバル要因がどのような影響を与えてきたのかは、興味深い分析テーマだが、輸出入を通じての分析がもっぱらだったといってもよい。しかしわれわれは、AICを通じてのMARモデルの選択の繰り返しを通じて、形成途上のグローバルネットワークを映し出す試みが可能となる。その成果の一端はすぐに提示できる。

8　REITの値動きとグローバルエコノミーの新局面

不動産投資信託（REIT）は、個々の不動産の塊りごとに計上される賃貸料を投資家に割り戻す仕組みだ。そして個別のREITの持分は、この上場を通じて売買が可能となる。ミドルリスク、ミドルリターンの証券化商品と分類される。日本でもREIT上場から20年が経過した。不動産はオフィス、住宅、物流施設などに分類される。ここではオフィスと物流施設のREITを取り上げ、その値動きの特徴を拾う。価格データからトレンドを外して、周期的な動きを短・中・長期のスペクトラムごとに捉えると、どの変数がどのあたりの周波数のところで他の変数の変動に寄与するのかがわかる。こうした相対的寄与度の分布から、因果解析が可能となる。

日本のREIT市場において、海を越えて影響力が及ぶのは、オフィスのREITと物流施設のREITだ。これに比すれば、住宅REITは海を越えた影響が小さい。

オフィスにＥＵの経済活動からの影響が大きいことをどう理解するか。日本のオフィスに対する需要となれば、新規に日本市場への接近を図る目的で、オフィススペースへの需要が発生するケース、また日本での営業活動強化のための増床を期すケースが考えられよう。日本において新規に発生する財やサービスへの需要を考えるとき、ＥＵは有力な供給源である。そしてタイミングになれば、日本市場への関心を経営努力として実現化しようとするときといえよう。日本における自社の提供する財やサービスに対する新規需要の発生が、どの分野において目立つものなのかの点検もあわせ求められよう。

物流施設のＲＥＩＴ価格には、米国の経済活動からの寄与が目立つ。物流もいろいろな段階に分けられるが、確かに米国の景気が上向くときは、日本の工場稼働率の上昇に直結するであろう。そのときには部品や工業用原材も動き出すわけで、倉庫の稼働率に影響を与えることであろう。

日本は輸出立国と表現できるかどうかの境目にある。現地生産の展開スピードは１９８０年代後半からテンポを高めた。１９８５年の「円・ドル委員会」をきっかけに、大幅な、かつ持続的な円高が生ずると、海外進出のテンポは急速な高まりとなった。しかし今日でも輸入品を賄う程度の輸出は基本的に続く。物流ＲＥＩＴの値動きには輸入が動くときもそれなりの反映振りとなるが、主要輸出先の景気動向によって日本の生産が動き出すときには、物流施設にとってもまた活況の手掛かりとなる。

欧州諸国が日本向けに財やサービスの販売展開を加速するときには、日本のオフィスの増床に繋がるという関係性も興味深い。一般の工業製品において日欧間で双方向の交易が盛んになる状況ではないが、サービスを含む深い交流にあたっては、当然のことながら欧州側からの販売努力が具体的になされていることを示すものである。

9　価格急騰と社会的亀裂の拡大

経済社会内部の亀裂拡大は、次の段階に入ると政治の不安定に結び付きやすい。１９３０年代の日本、ドイツ、イタリアでは長期化する不況が、保護貿易主義の世界的波及に随伴するように深刻化すると、国際システムにおける現状打破の主張と行動とに帰着した。軍国主義、ナチズム、ファシズムと呼び方は異なるものの、status quo（現状）からは何も得られない、という焦燥感が社会に根付くなかで生じたといえよう。

それではわれわれの足元ではどうか。極端な低金利が持続する例外的な時期は終了した、という認識の広がりのなかで、期待インフレ率は上方へと移行した。しかし経済社会の内部は均質ではないので、原材料や資材の値上がりに直面する点において状況は同一であっても、製品やサービスの提供価格の引き上げが可能かどうかに関しては、現実は千差万別である。

２０２２年２月以降のウクライナ戦争のなかで、こうした状況がグローバルエコノミーに現出した。そしてこの時期はCOVID-19の猖獗と重なったこともあり、働き手の意識変化も大きかった。そしてさらにInternet of Things（ＩｏＴ）の波も経済社会の内部に大きな変貌要因となった。価格変動、労働を通じての社会関与の仕方、そして一人ひとりの働き手の周辺に生ずる技術条件の変化とそれへの適応という問題が、一度に押し寄せた。ここから企業群、また一人ひとりの働き手にとっても、新時代の乗り切り方が問われる局面が到来したといってよい。経営能力が高く、自らの商品の優越性を消費者に十分に伝えることで成果を上げてきた企業群は、値上げを通じて業績を維持・拡大させた。２０２３年１～３月期の決算書を見れば、Ｐ&Ｇ、コカコーラ、マクドナルドなどに代表される銘柄については、値上げにもかかわらず、消費者が納得して従来製品の購入を続けていると想定できる。株式市場においてもこうした関係性が評価された。

またウォルマートは、“everyday low prices”に徹するなかで、値上がり幅を極力抑制する努力を続け、売上と収益の両側において成果を収めるのに成功しつつあるといってよい。永年にわたって築き上げてきた商品調達のネットワークは、多方面の努力によって維持可能だったと総括できよう。ネットワーク全体が新状況でも機能を果たし続けた。

以上のような、変化のなかにあっても持続する経営力を発揮できる企業群は、働き手にも賃上げという成果を提示しえている。消費者との関連における満足度の充足、関連事業者とのネットワークにおける工夫の余地、働き手の貢献に対する対価の提供という三側面において、結果に繋げつつあるといってよい。社会の内部にあっては、いわゆる勝ち組が抽出されつつあるといえよう。

しかし他方では、販売単価の不十分な引き上げ、また実質賃金の低下という結果の受け入れしか当面期しがたい企業群の存在がある。物価高騰のなかで浮上したいわば二層の構造が、次の局面では社会的亀裂の拡大に繋がる可能性がある。

こうした端初をデータで確かめたいのだが、実際には容易ではない。データの収集とモデル選択にかかわる工夫を行い、因果解析にまで持ち込む工夫をわれわれは積み重ねようとしている。今日までを映しとるモデルではなく、変化のなかで生まれるであろう亀裂に沿った予測モデルの選択が求められていると、われわれは理解している。

〔質問〕

本章はＡＩＣによるモデルの再選択の過程がなぜ不可欠になったのかを、経済情勢全般の構造変化のなかで説きほぐそうとしたものだといってよいね。一般読者は、伝統的な均衡モデルが次の経済事態を展望するうえで無力と化していることに失望を覚えている。こうした読者は、本章のＡＩＣによる検証命題づくりの記述で閉塞感を一掃させることができると思うか。

〔回答〕

簡単でないことは承知している。第1に、新しいデータの整備が求められることだ。トレンドを外したうえで確率的周期変動に焦点を当てるということは、相互に関連するはずの変数を集めることが可能であることが前提となる。しかも寄与する可能性のある変数群は、できれば週次データで準備したい。変曲点を見出す作業にも直結するはずだからだ。おそらく企業データへの接近も工夫する必要が出てくるだろう。最終章では、構造変容への接近は可能か、というテーマと向き合うことになる。

第7章　予測モデルで構造変容に迫るＡＩＣ

〔質問〕

経済予測を通じて経済の構造変容に迫る、というお二人の試みも最終章に入るね。改めて経済予測という作業は何なのか、またその実効性は期待できるのか、という点からまず入ってもらいたい。こうした依頼をするのは、予測は予測屋がやり、経済構造変容に関しては、ある種文明論的記述が先行するというのが実態とみているからだ。予測を通じて変容の背景に迫ることができる、というのでは、きれいごとに過ぎると受け止める読者も多いのではないか。

〔回答〕

これは決してきれいごとではなく、認識と現実への接近において一歩を進めたい、という切実な願望に発していることをまず知ってもらいたい。そして行きつくところは、残念ながら永遠の真理ではなく、当座のところ、せいぜいしばらくの期間説明力を持つ予測モデルづくりに過ぎない、という枠組みでしかない。しかしわれわれは、これを軽んずべきではないと思っている。現実の枠組みの変容にかかわって、それを変化の時点で認識することができれば、無駄や犠牲を、また被害を回避することができるからである。そういう意味では実務家諸氏といかに寄り添うことができるのか、という観点からの接近といえる。まずはわれわれの赤池情報量規準（ＡＩＣ）への接近の経緯から入りたい。

〔質問〕

従来の経済学が現実経済の諸現象を説明できなくなっているという指摘を、たとえば有力な経済学者のグレゴリー・マンキューは30年以上前に行っている。マクロモデルによる経済予測の非力についても彼は触れざるをえなかった。しかしこれまでのお二人による本書の論述では、因果解析にまで踏み込むことができるはずだ、という。いったいモデル構築において従来のものと何が違うというのだ。対照表のようなものを提示してくれないか。

〔回答〕

伝統的計量手法と、ＡＩＣを通じたモデル再選択の過程とを対比した表をつくってみた（表1）。生産工程に携わる職人にとって、真か偽か、という設問は意味を持たないし、あらゆる状況に適用できる万能の方式があるわけでもないことは彼らもよく知っている。ＡＩＣでは入力と出力との間にあるトレンド（趨勢線）に意味付けを持ち込ませない。そして、トレンドを外した周期的な波動の解明に注力するというこなし方に踏み込む。ＡＩＣを通じたモデル再選択のなかで、説明されねばならない変数に最も影響力を持つはずの少数の変数への絞り込みが肝だ。最終章ではこの醍醐味を味わってもらいたい。

1　足元の経済に影響を与える5つの要因

２０２３年から24年にかけてのグローバルエコノミーは、以下5点について検証過程に入ったといえよう。これは、２００１年の中国のＷＴＯ加盟以降のグローバルエコノミーの成熟段階に間違いなく変容が到来したことを意味する。現実の経済変動を、複数の要因とその相互のフィードバック関係にからめて映しとることができるかどうかが問われる。まず経済人は内外を問わず、次のよ

表1　伝統的計量手法とまったく異なるAIC

赤池情報量規準（AIC）を通じたモデル選択	統計的検定論に基づく構造モデルによる予測
①粗いモデル →環境あるいは対象の特性を部分的に表現する粗い予測モデル。	①真か偽という規準が先行 →仮説が真であるや否や、という視点に立った“真の構造”の模索。
②暫定解の提示 →得られた現在までの知識に依存するという意味で、あくまでも相対的な、対象に関するひとつの近似の提示にとどまる。	②現実の採集データにつきまとう多くのノイズ →ひとつの仮説を提示して真偽を論ずる手法では、ノイズを多く含む変数群にかかわる予測経路の導出は難しい。
③トレンド外しと周波数領域 →トレンドとトレンド回りの動的変動とを区分し、その周波数領域において互いに影響し合う状況を確率過程として捉える。	③混乱に陥った大型計量モデル →大型計量モデルは、分析対象を巡る経済行動の多様化にあって、結果に結び付かず。
④モデル再選択の繰り返しによる、複雑な現実からの予測提示 →データ解析はオーダーメイドかつ、モデルの再選択を繰り返し、探索を繰り返し、暫定利用に入る。	④interregional factorsの抽出に行きつかず →閉鎖経済（closed economy）が前提か、または一般的開放体系（international order）としての取り扱いがせいぜい。
⑤現実のデータ群におけるノイズの存在と、最も重要な変数への注力 →尤度（当てはまりの良さ）の改善を、変数や次数を制限しつつ追求する情報量規準。	⑤イベントの多発に対応できず →過去から現在までを解析する手法では、予測や制御が持たねばならない先読みの視点は遠ざけられる。
⑥真偽の視点から最も遠い予測手法 →永遠かつ確定的解を求めない予測手法としての特徴。	⑥interregional factorsの重みを反映できず →derisking, decoupling, friendshoringなどの特定のregionsの動向をまったく追えない。

うな設問と、それに対する自分なりの暫定的な回答を導き出したうえで、当面の事態への対応策を練ることになろう。

(1) 量的引き締め（QT）の打ち止めは近づいたのか

中規模以下の銀行の破綻事例によって、総体としての銀行の与信の伸び率は抑制されたものになると考えられることから、住宅投資、民間企業の設備投資は従来考えられていたものよりも抑制的になる確度が高まった。このことは消費の伸び率の停滞に繋がるかもしれない。普通ならばこの与信対応の動揺はリセッション（景気後退）の引き金になる可能性がある。期待インフレ率の抑制に手を焼くと覚悟したはずの米国連銀と欧州中銀は、２０２３年後半には政策金利の引き上げの打ち止め時期を探るに至った。金融市場における価格形成はこれを前提とする動きとなった。格付けの相対的に低い企業も、支払い金利水準の上昇に歯止めがかかるのでは、との期待を高めつつあるといってよい。予想経路の展望が待たれるところだ。

(2) QTはシステミックリスクの顕在化に繋がるのか

これまでのシステミックリスクの顕在化過程を振り返れば、銀行の実質破綻の一例の勃発は、背後に同様の事態に直面する少なからざる不安事例が続いており、少なくとも1年程は警戒が必要だ。

２００７年夏のパリバショックから２００８年のリーマンブラザーズの破綻までの1年余りは、こうした過程を象徴するものであった。当時のサブプライム住宅融資とその証券化、そしてファニーメイやフレディマックという政府支援企業（ガバメントスポンサードエンタープライズ）による証券化商品の恒常的な買い取りという仕組みが、結果としてリスクの累積に繋がった。たとえば米国連邦政府が21世紀に入ってすぐに住宅金融から手を引いていれば、リスクの累積に歯止めがかかったと考えられる。

(3) コロナ禍対応が金融システムの不安定性拡大に直結したことはなかったのか

供給力拡大の余地の大きい中国を巻き込んだグローバルエコノミーの浸透の最大の特徴は、物価上昇テンポが景気拡大の持続にもかかわらず抑制されたものだったことだ。こうした経済実態を背景に、COVID-19という感染症に襲われると、果敢な流動性供給を行ったのが米国やユーロ圏の金融当局であった。世界的な感染症の流行により、当初は金融資産価格の急落が懸念されたが、実際には中央銀行のバランスシートは一挙に拡大に転じ、これを受けて格付けの低い企業の発行する社債もその株式も上昇に転じた。こうした流動性の過剰供給によって、投資家のポートフォリオ構成には巨大な歪みが発生した可能性がある。銀行破綻の2、3の事例の表面化から何を汲みとればよいのか、という研究視角が求められる。

(4) 量的・質的金融緩和（QQE）からQTへの転換により、ベンチャーキャピタルの動向への変化は起きるのか

COVID-19をきっかけに潤沢な流動性供給が行われたため、金融資産価格の急上昇が生じた。これは一方で、ＦＩＲＥ（Financial Independence, Retirement Earlier）という労働供給面への影響に結実したが、もう一方ではベンチャーキャピタリストの積極的な投資意欲をも刺激した。ＩＣＴ分野のグロース株の価格も急上昇となった。

しかし、COVID-19に収束の兆しが到来すると、肥大化した中央銀行のバランスシートの圧縮が大きなテーマとして登場せざるをえなくなった。それ以前の２０２２年春頃から、期待インフレ率の上昇抑制のための金融引き締め局面が到来していたため、ロシアによるウクライナ侵攻とその後のエネルギー価格の上昇は、金融面での一大転換期となった。低格付けの企業にとって、またリスクへの挑戦をいとわなかった企業にとっては、中期的に試練のときを迎えたといえる。グローバルエコノミーがこうした局面を経験するのは、Ｙ２Ｋ問題（２０００年問題）前後のＩＴバブルとその崩壊以来といえる。

この局面の転機が、いつ、どのようにして構成されるのかにかかわって、どのような変数の採用によって予測経路の導出が可能となるかは、極めて興味深い。変数間に働くフィードバック現象の抽出は、いかにすれば可能なのかが問われる。

(5) 習近平体制の下での中国経済のリズムの特徴は何か

習近平体制の中国で生じたことと、これに対するG7レベルでの decoupling にからまる諸措置が、何をグローバルエコノミーに持ち込むことになったのか。また、中国の資本形成にどのような変容が及ぶのかが問われた。2021年年初からは、22年党大会に向けて習近平体制による経済への締めつけが強化され、21年夏には「共同富裕」が唱えられることになる。社会福祉システムや所得税制を通じての所得再配分メカニズムが論じられることもなく、党による民間経済への「基準なき介入」だけが突出するという構図が明らかとなる。そして2023年3月の全国人民代表大会（全人代）では、共産主義青年団（共青団）系の常務委員が7名中ゼロとなる。民間経営者層にとっては、党の姿勢は経済を行政の延長線で把握しようとする企図の突出としか受け止められなかった。

これがどのような波紋を生じさせるのかは、今後の中国経済の分析上欠かすことのできない視点といえよう。ひとつの仮説は、中国経済の内部に価値創造のメカニズムをつくりあげることは難しい、との判断を下したビジネス関係者が少なからずいた、というものである。公表データでの確認の手掛りとなれば、中国沿岸部での荷物船の運賃指数、熱延鋼板価格、シリコン資材価格、工業用資材（アルミ、銅、ニッケル等）の国際価格、香港島地価、上海、深圳の株価指数などがある。2023年に入ってからの推移からは、中国経済の内部において従来は見られなかった因果関係の抽出ができそうだ。高級半導体の輸出や半導体製造装置の輸出において、中国を decoupling の対象とする動きが米国を中心に強まった。反スパイ法の制定やその適用基準の曖昧さが中国の内部に残るなかで、拘束下に置かれる内外の民間人が増えたという現実もある。

グローバルエコノミーの発展相のなかで、中国経済を位置付けることは相当に難しくなった。変数間のフィードバックを捉えるなかで、中国経済についての因果解析を試みることの重要性は高まった。

〔質問〕

足元の経済状況に及ぼす5要因のそれぞれについて回答していくのは容易ではないだろう。流れを論理的に記述するだけでも骨の折れる作業になろう。

〔回答〕

米国社会の分断や、国際的には孤立主義への傾倒が指摘されることが多いが、世界経済の構図変容に迫る分析となれば、米国の動向を手始めとする以外になかろう。まずは過去半世紀の米国経済分析と、そこからの波及という流れから入りたい。

2　過去半世紀の米国経済の変遷

なぜ2021年以降今日まで、グローバルエコノミーの動向に大きな影響を及ぼすイベントが相次ぐのかは、極めて興味深い。もちろんいくつかの仮説はすでに提示されてきた。ひとつは、グローバルエコノミーという新しい現実を生み出すのに最も寄与度の大きかった米国の、国内における亀裂の拡大である。

注目すべきそもそもは、1980年代のロナルド・レーガン政権におけるドル高持続である。財政面では軍事費支出の持続的拡大があり、金融面ではポール・ボルカー連邦準備制度理事会（FRB）議長によるインフレ率抑制のための引き締め対応があった。こうした財政と金融のポリシーミックスによって、高めの金利が持続した。そしてこの時期はベビーブーマーズによる年金拠出が積み上がる時期だった。ベビーブーマー世代が勤労の任に就いたのが1970年代以降であり、従業員退職所得保障法（ERISA法）によって年金運用の任を帯びる金融事業者には、投資家に対して果たすべき義務、受託者責任（fiduciary duty）が課されることになった。1980年代は、こうした金融構造が米国を中心にして一つひとつ構築されていった。ドルの価値が高まったこの時期は、金融事業者にとっては格好の成長のタイミングであった。米国の製品市場がドル高によって開放されるとともに、資金運用の面においても、米国の金融市場は世界中の年金運用受託者にとって欠かすことのできないものとなったのである。グローバルエコノミーは財、サービスの分野でも、また金融の面でも米国を中心にして成立したのである。

１９８０年代の初め、米国のエコノミストの任務は金融資産の値動きについて見極めをつけることであった。経済予測は金利予測を中心としたものとなった。日本ではこうした潮流の変化に対応できないままだったといえる。グローバルエコノミーとは、日本の輸出環境の変化を考察するために必要な海外経済の知識くらいと受け止められていた。そして１９８５年の日米円ドル委員会という枠組みの下で、１ドル＝２４０円程度であったものが、１ドル＝１００円時代という荒波を受けることになる。日本でつくられた乗用車の対米輸出によって、１台あたり70万円前後の粗利益が出た1ドル２４０円前後という時代は、グローバルエコノミー成立のごく初期のことだった。米国での乗用車生産を強いるために、円ドル委員会の設立を米国政府が強いたと表現することさえできるだろう。米国の内側から、職を喪失するという声が出始めると、グローバルエコノミーにも政策協調枠組みが必要なのだ、という主張が強まった。日本政府の対応は後手に回った。

グローバルエコノミー成立のきっかけの基点を、ブレトンウッズ体制の成立とすることに異議はない。第二次世界大戦勃発の原因を、１９３０年代に入っての保護貿易主義の台頭と見立てた米国の有識者らは、第二次世界大戦の勝利の展望が立った１９４４年、戦後の自由な貿易体制の構築を前提に、ブレトンウッズの地で基本図式を描いた。こうした原則の確立過程に当時の日本国の軍事体制が少しでも気付いていれば、と思わざるをえない。陰謀史観しか頭になかった当時の日本の軍事指導者にとっては、ブレトンウッズはそれにしても余りにも遠かったといわねばなるまい。おそらくは、日本の指導者を戦後秩序から放逐するための仕掛けくらいにしか受け止めなかったのであろう。こうした認識構造からの転換が戦後は国民の大多数に浸透したがゆえに、占領軍が解放軍に転化するのに時間を要しなかったともいえる。

自由貿易体制の成立として戦後史が語られるようになったときは、製造業が市場を海外に広げることと符合していた。１９６０年頃までの復興から生活の向上に至る過程はまさにこれにあたる。日本の戦後政治は、１９５５年の保守合同と左派と右派の社会党の統一をもって「55年体制」と呼ばれることとなった。現世利益の代弁が保守党のよって立つ基盤となり、製造業における労働組合を主体として革新党が位置付けられ、「保革体制」が成立したのである。利益の社会各分野への配分と、職場における雇用維持の要求をともに満たすことができたのは、米国の打ち出した自由貿易体制のおかげであった。１９６０年代に入ると高度成長の果実も手にすることができた。１９６５年から70年の5年間で、実質ＧＤＰは約2倍になり、長年苦しんできた国際収支制約からも脱却したのである。

日本人のわれわれは気付くのが遅れたが、１９７０年代の世界経済の特徴は年金拠出の積み上がりであった。ベビーブーマー世代が世界中で働き始め、その年金拠出が年ごとに積み上がる時代を迎えた。日本でも事情は同様であったが、年金拠出やその受給についての意識は盛り上がりに欠けた。おそらく就職よりも就社、職を通じての自己実現よりも終身雇用による安定性確保という選択の延長線上で、年金支給額についても会社が賢く配慮するのだろう、という程度の理解が続いた。

しかし、米国のみならず欧州や豪州などでは、年金運用には専門家集団があたるという慣行が成立し、受託者責任という概念もすぐに定着した。日本の多くの職場では、勤労部のＯＢが年金担当者に回ることが多く、メンバーシップ制度の適用の域を超えることは珍しかった。拠出された年金の塊りをどう運用するのか、という点に知恵を絞れば、経済動向のなかでの金利見通しの重要性は決定的であった。１９８０年代に入ると、米国では証券化手法が住宅融資や商業用不動産の開発案件にも適用されることになり、しかも国境を越えた運用は当然のことになる。円キャリトレードや先物決済の手法も一般化した。

自由な国際貿易体制の枠組みを最大限に利用した最初の事例が日本だったといってよい。日本の内部でサプライサイドをつくり込み、製品輸出で外貨を稼ぐという経営モデルが定着し、これが周辺アジア諸国によって追随されるようになると、「東アジアの奇跡」とかＮＩＣｓとかＮＩＥＳという newly industrialization を体現する country や economy が拾い上げられることになった。しかしこのときも、グローバルエコノミーという把握が広がったわけではなかった。

筆者の一人である田中は1988年に、論文集にその時点での総括論文を付して『グローバルエコノミー：アメリカの世紀からの巣立ち』という書籍をNHK出版から出した。その折、グローバルエコノミーをタイトルに付した論文や出版物の所在を米国の図書館で確認したが、見出せなかった。ただし、論文名にグローバルポリティカルエコノミーが付いたものがあったことだけは記憶している。旧ソ連崩壊の3年前の時点だったので、原油価格の値下がりや米国の株価の急落現象は生じていたが、国際的な金融資産価格形成における因果連鎖の背景に年金基金の運用手法があることや、金融大国としての米国における証券化手法の広がりの持つ意味からグローバルエコノミーの下での因果解析の試みが開始されるまでには、まだ間があった。そうした因果の下にあるはずのグローバルエコノミーの骨格を、疎略でもよいから素描してみたいと思ったので『グローバルエコノミー』と名付けた。それから36年も経過したが、今回は赤池情報量規準（AIC）を駆使して、経済変数の相互間に働く因果関係を、因果解析の枠組みづくりのなかで捉えてみたいと考えた。ときあたかもグローバルエコノミーの大変容過程の最中にあるといってよい。年金基金の動向は、グローバルな資源配分に直結するという意味でやはり無視できない。設備投資も個人消費も、経済変数間の因果連鎖のなかで捉えられなければならず、専制主義国家の独断的意思決定がもたらす混乱についても、予測のためのモデル選択を繰り返すことを通じて追い求めることになる。こうした手続きを通じての因果解析に意味があるかどうかの判定については、論文や出版物の読み手次第ということとに当然なる。

本書では、２００７年のパリバショック以来のサブプライムローンの証券化破綻からの動向が、いわゆる大国の自己の位置決めを含めて、大きなうねりを生んだという立場をとっている。記述的に時代を追うなかで、いくつかの局面における因果解析において、予測モデルの選択の繰り返しが真実への接近につながる可能性に迫ってみたい。足元までのデータ群は、過去における因果関係の推定のために使われるのではなく、将来の予測のために使用されることになる。このとき情報量という尺度が有用であり、モデル選択の積み重ねのなかで、因果解析の重要な手段になりうるはずだ。

２００７年夏にパリバショックが起きた。この時点で他に波及し、サブプライムローン問題は一度歴史的に結着させられるだろうと予測した人もいた。しかし他方では、金融当局はリスクの全面的な顕在化を回避する策をとるだろうから、危機のシナリオは封じ込まれるはず、との希望的感触を述べる人も多かった。圧倒的な予想力を持っていたのはチャールズ・キンドルバーガーだった。彼の逝去の後で、パリバショックが発生した。彼から直接この問題の根深さについての指摘を受けていたので、２００７年の時点で因果解析のための方策を練るべきだった。データ群から情報量規準に基づいてモデル選択を繰り返しながら、予測経路を導出し、実績値とのズレを新情報に加えながらモデル選択を繰り返すという手法に行きつかなかったことについては、臍《ほぞ》を噛む思いであった。そして年金基金の運用者らは、過去のリスク負担が高収益率に直結したという関係性から逃れられないでいた。彼らの多くも因果解析の手法を持ち合わせていたわけではなかった。

このサブプライムローンを組み入れた証券化商品の相次ぐ値崩れは、リーマンショックからの回復を難しいものにした。このとき中国が4兆元の公共投資の実施に踏み出したことが、その後2つの新事実となってグローバルエコノミーの変容に帰結した。ひとつは、中国が米国と並ぶG2という枠組みの担い手として登場したかのごとき勢いを示したことである。米国オバマ政権は間違いなく、日本よりも中国の動向に関心を寄せざるをえなくなった。もうひとつは、米国政府が使用できる経済資源に手詰まりが生じたことである。シリア内戦が激しくなった2012年になると、「米国は世界の警察官ではない」という国際秩序に対する新たな関与姿勢に変化した。

これは軍事のみならず、グローバルエコノミーに対しても同様の考察が必要だったことを意味する。世界の年金の運用先に米国が名乗りを上げるならば、市場におけるリスクとリターンの組み合わせを歪めるような経済施策からは少なくとも撤収すべきだという、賢人キンドルバーガーの助言は聞き入れられることはなかった。そしてこの点についても因果解析の手立ては立っていなかった。

中国経済の変質について触れねばならない。4兆元の投資決定のなかで、国進民退という経済主体間の逆転が生じ、国有企業部門を担う共産党の意向が、政策面でも人事面でも明らかとなる。4兆元の公共工事の実施時は、広東省の輸出加工基地では人員削減が実施された。世界的な不況にあって、輸出主導の部門、すなわち民間企業の活力は落ちざるをえなかった。新疆ウイグル自治区から広東省に働きに来ていたウイグル人が失職に追い込まれ、都市の特定地域に集まるという情況の下、たまたまレイプ事例が生じたという。これがウルムチ等に伝わるなかで暴動が生じ、自治区ではウイグル人への厳格な監視体制が敷かれることになった。これ以来ウイグル人の人権問題は深刻化する。

２０１１年の「アラブの春」という民衆蜂起と世界不況との関係は、1対1で対応するものではないだろう。シリアの農村の不作がダマスカスへの人口集中に繋がったという意味では、地球環境問題の波及という側面も無視できない。はっきりしているのは、世界の秩序の修復という契機の弱まりのなかで、統治の質の劣化したところにおいて体制の危機が相次いだことだ。そして内戦が生ずると、武器輸出に関心を寄せるところが介入姿勢を強めたことだ。たとえばロシアの軍需工場だ。筆者が民需転換の可能性を調べるべく、ロシアのかつての軍需都市を訪れた２０１０年には、民需への転換の助言については、いわゆる西側から何も受けたことがないと当事者は当惑顔で語っていた。シリアでは、アラブの春は２０１２年になると激しい内戦となったが、ロシアの経済学者の一人は、「武器輸出は操業度改善に直結する」と述べ、シリアのアサド政権へのロシア支援の背景事情のひとつを語ってくれた。ロシアのＷＴＯ加盟は中国から12年遅れて２０１２年になってのことである。ソ連崩壊後のロシア経済の世界への組み込みは遅れに遅れた。「兵器ならば……」という感情が、ロシア社会の内部で渦巻いていたのは間違いない。

2012年にはロシア、ベラルーシ、ウクライナの3カ国でCISが結成された。グローバルエコノミーから実質隔離されたまま、旧ソ連崩壊後20年余を経過していたことになる。しかし、CIS結成が道を開くものでないと受け止めるウクライナの国内勢力もあった。ポーランドなどのNATOとEUへの加盟実現（2004年）は、「ウクライナもまた……」との思いを刺激するものだった。2014年にウクライナの親露政権が崩壊し、キエフの欧州広場が親西欧勢力によって埋め尽くされると、間髪を入れずクリミア併合に入った。米国の関与姿勢の変化、そしてロシアに残った軍事能力を秤に掛ける武力介入だった。

2011年のアラブの春から専制的権力者らが学んだことがある。反乱の封じ込めは速やかに、かつ徹底的に行うべきだ、というものだ。サウジアラビア、イスラエル、イラン、中国、ロシアは国内に潜在的に抱え込む不満分子を徹底的に抑圧するという態勢を敷いたといってよい。2014年の香港の民主派デモ、台湾での馬英九失職につながるデモなどが引き金を引いた。2015年にはサウジアラビアで、アブドラ国王の死去に伴ってサルマン国王の登場となると、国内的締め付けが強まった。アラブの春の波及の食い止め施策が本格化した。

グローバルエコノミーの運営上の亀裂とその修復の困難性について、余りにも拡大解釈を行うことは、因果解析を行ううえで望ましいことではない。しかし、グローバルエコノミーの波及の射程は間違いなく深くなってきている。そしてこのことは、現在のデータ群を使って過去の構図を映し取ろうとするのではなく、現在までのデータ群から予測のためのモデル選択を繰り返しながら、因果解析の手立てを構築していけるかどうかが問われているといえよう。そしてここまでのところで、年金資産運用のグローバル化と米国における証券化実績とが合わさるなかで、新しい亀裂線が生まれた事情をみた。そしてこれが世界的な信用不安に直結すると、世界の秩序の軸もまた揺れることが見てとれよう。

われわれは因果解析の手法に磨きをかけ、モデル選択のための工夫を進めなければならない。それでは足元の銀行破綻や信用収縮の可能性について、どのような接近方法が可能であろうか。足元までの期間において必要とされるデータ群については、どのような見極めを行えばよいだろうか。そしてこうした因果解析とは距離を置いたところで、decouplingや専制主義的国家体制の内部における経済システム変容と対外関与の姿勢変化も同時に生じている。また、COVID-19の収斂後という局面においては、就労形態や暮らしの基本の変化も生じており、労働時間、労働形態、ネットワークのあり方、生成ＡＩの急速な発展に伴う仕事の中身の変容もまた生じている。当然のことながら、因果解析の道筋やその生かし方にも変化をもたらすことが考えられる。今後の分析にあたっては、足元までの経済データの背後にあるものについての測度が求められているといえそうだ。

〔質問〕

足元での構造変容に対する接近を分析的に行ううえで、ＡＩＣが果たすかもしれない現状突破力には期待したい。しかし、そもそも分析にとっての新現実は、その都度到来したのではないか。ＡＩＣに関心を寄せるかたちで新現実把握に踏み出した分析者は多くなかったと聞いている。二人の筆者にとって、そもそもＡＩＣへの溯求のきっかけは何か。

〔回答〕

統計数理研究所に就職した佐藤にとっては、ＡＩＣは身近な研究対象だったが、田中にとってはその都度赤池先生を訪問して示唆をいただくという関係であった。予測モデルとの関係でこのことを見てみよう。

3　経済における情報量の取り扱いの実態

グローバルエコノミーの分析にあたって、ＡＩＣが生み出された状況との対比は、本書の著者にとっては欠かすことのできないものである。

日本経済に関するモデル構築を通じた分析にあたって、従来の経済構造モデルでは現実経済への接近が著しく困難になるときがあった。その都度「新現実」がわれわれに押し寄せてきたからである。筆者の一人である田中は、１９７０年代から80年代の半ばまで、当時の国民経済研究協会で景気予測の業務に携わった。最初に感じた従来とは異なる分析手法を必要とする「新現実」は、１９７０年代後半に毎年のように行われた財政支出拡大による景気刺激効果に、見るべきほどのものがない、という点だった。ケインズ的現実解釈と財政支出増という政策の組み合わせは、当時の日本においては既定の路線であった。これは日本の20世紀の歴史を反映したものでもあった。

日本軍国主義の源泉は農村恐慌だった。農産物価格の下落が繰り返されるなか、農村部の子女たちを襲った不幸と、これを身近に見た青年らの怒りが日本軍国主義の温床となり、対外侵略という行動にまで結び付いていった点についての理解は、戦後は一般的なものだったといえよう。こうした不況恐怖症の克服を担ったのが「ケインズ的現実解析」との受け止め方を、誰もあえて否定しようとはしなかった。昭和40年に到来した不況は「40年不況」と呼び習わされるようになり、この１９６５年に記録された財政赤字は、その後半世紀以上も継続的に持続し、「ケインズ主義者」は日本社会に定着したといえよう。

考えてみれば、１９７０年代後半に、赤字財政の下での歳出拡大策が思うような成果に繋がらないという「新現実」に対しては、新しい理解枠組みが必要だった。しかし、不況恐怖症とケインズ主義との組み合わせの日本における異常な強靭さが、追加的財政支出による経済刺激効果の実証的、分析的理解を深めることに直結しない、という日本的な跛行の原因だったといえるのではないか。

ロバート・マンデルはこうした状況に対する異った視座を、次のような理解枠組みで提示していた。財政支出増による刺激効果は金利水準の上昇に繋がり、これは外国との金利差の拡大に直結する。結果として変動相場制の下では自国通貨の切り上がりが観察され、資金流入が生じ、通貨価値のさらなる切り上がりに繋がる。その結果、輸出には抑制効果が、輸入には促進効果が及び、財政支出増による景気刺激効果は対外貿易面から冷し込まれるとの理論的考察を行った。しかし、ケインズ主義と合体する日本流の平和主義はマンデルのような理解を受け入れず、当時の政策当局者の間で、変動相場制の下での歳出増効果の無効化という言説が共有されることはなかった。

１９７０年代に入って変動相場制が定着したのだから、マンデルのような理解の仕方が日本でも広がるべきだったが、マクロ経済モデルに変動相場制が明示的に導入されることはなかった。マクロ経済構造モデルは閉鎖経済モデルが基本だったといってよい。

１９８０年代に入る頃には、研究所で景気予測責任者の役割が私に回ってきた。このときの状況は、１９７９年に米国でボルカーがＦＲＢ議長に就任し、2ケタインフレの退治にやっきになっていたときである。そして１９８１年に大統領に就任したレーガンは、軍事支出拡大によるソ連邦への強硬対応に終始した。金融引き締めと財政支出拡大の受認という組み合わせは、ドル高を顕著なものにした。１９８１、82、83年の年初にわれわれはドル高を予測したが、実際にはさらなるドル高が重なり、3年間にわたって対ドル円レートが下落を続けたのだ。当時日本からの対米自動車輸出は好調で、1台あたり70万円の粗利益が出るといわれたものだ。景気予測の成否の判定には、当時は年初の実質GDP成長率予想を年末時点で暫定評価するという手法が用いられていたが、本来予想すべきは、日米経済関係を基底のところで規定する「ドル高・円安」の持続性やいかにであった。どこかで、いかなるかたちの介入（インターベンション）が入るのか、という因果解析への踏み込みがあってしかるべきであった。1985年9月の「プラザ合意」とその後の日本経済運営の大動揺に関しては、反事実（カウンターファクチャルズ）の状況を想起することから始められねばならなかったはずである。「もしそうでなかったとすれば……」という考察の重要性の認識と、こうした因果解析の検証手続き手法とが当時のわれわれに欠けていたことは、返す返すも残念でならない。

しかし当時にあっても、何とかマクロ経済構造モデルによる現実把握以外の手法が工夫できないのか、という思いを田中は抱いていた。時系列データを生み出す構造の把握にあたっては、データの動向を説明する統計モデルが必要だとの認識は持っていた。時系列モデルの適用可能性を巡って、赤池弘次先生を最初に訪ねたのは1981年のことだった。私の予備知識は、経済構造モデルが因果解析の手掛りとなりにくい現状からすれば、時系列モデルの方が異時点間にわたる諸変数の推移にあって、われわれが見逃がしていた因果関係の拾い出しを可能とするのではないか、というものであった。赤池先生は、AICが経済状況の予測と制御にも効果を発揮しうるのでは、という視点からの接近方法を模索されていた。そこで先生からは次のような問いかけがまずあった。「景気予測の玄人筋で言い交わされている folklore（伝承）にどんなものがあるか」。

赤池先生が、セメント焼成炉の制御を行ってきた職人の観察視点と焼成過程への作業指示の学習から規準づくりを始められたことは、当時からよく知られていた。玄人筋は経済過程で何を、どのように把握しようとし、かつ集合知としてどのようなものが生き残っているのかを、まず知りたいと思っておられたのだ。生産・消費・投資という基本的な変数にあって、多少とも人口に膾炙しているもののなかに手掛かりがあるのでは、という見立てに沿っての質問だった。「半導体が半導体を呼ぶ」という自己回帰が当時もいわれていた。データ収集面からすれば、もう少し時代を遡った前のものが小手調べにはよいが、といわれたので、「鉄が鉄を呼ぶ」といわれた時代もありました、と述べたところ、「多変量自己回帰（ＭＡＲ）モデルをつくり、周波数領域で自らを含む諸変数の寄与率を次回までに提示しよう」といわれた。そして次のときは、「なるほど鉄は鉄を呼んでいました」と、相対寄与率を示す図を提示された。

中期的経済変動では設備投資が大きな役割を果たすが、「短期的経済変動は在庫調整の進展如何による」という、ある種のコンセンサスが業界の内部にあると述べると、「在庫調整が始まるきっかけと調整過程についての進展度合いにかかわっては、何かいわれていることがあるのか」との質問があった。いくつかの産業界では、「特定企業が過剰在庫の安値放出に入ったとの報が入ると、ライバル各社も一斉に追随するので、在庫調整開始期日は特定できる」という見方もある、と述べると、「変異点の特定のためにはデータ収集が決定的に重要」といわれた。ということは、四半期データでは間延びしており、月次データでも不十分なことがある、週次データへの接近はどの程度可能か、と問われた。

在庫調整の激甚性については、「半値8掛け2割引」との表現もあり、価格が在庫調整前の3分の1程度になるのがまず激甚度の高いものといえる、と述べたところ、それは3段階の調整が行われることを意味するのか、との質問が出た。半値は最初に踏み出した企業の言い値で、他社が次々と追随する過程で、さらに8掛けの、そして過剰在庫の一掃のためには打ち止めのさらなる2割引が続く、との解釈もある、と述べたところ、「在庫調整完了」のめどを価格水準の下落率で捉えるのか、調整の波及過程の把握に置くのかは、収集できるデータ次第という面がありますね、といわれた。不況の深度はそのときどきの景気循環によるが、的確にデータを追いきれるかどうかが重要なのは当然のことであろう。予測や制御の視点からは、最も変化が激しい部分に焦点を当てて、他の変数への波及経路を探るという因果解析にあたっての手続き面に触れられた。短期経済予測にあたっては、当然のことながら当てはまりの良さを追及する。このとき最も変動している変数に焦点を絞って、その動向を説明する他の変数やその次数も絞り込むことが望ましいという、ＡＩＣの規準を示されたといってよい。

4　沖に白波が立てば、時間を経てやがて足元まで崩れた波は押し寄せる

この小見出しは、40年以上前の日本で、在庫調整という時系列的な価格変動を巡る過程の描写を示すものだ。「半値8掛け2割引き」についていえば、着地水準についての見極めだったといえよう。赤池先生は周波数領域にかかわって、寄与要因の見極めも可能だろう、と見当を付けておられた。それでは沖に白波が立つ、というきっかけがなぜ特定の位置で成立するのか、という点についてはどうか。伝承はここでも注意深く扱われなければならない。企業体力とでもいうべき総合的経営能力は十分ではないが、見通しのよい卸売業の経営者のなかには過剰化した在庫を捌けさせるために、思い切った在庫処分に入るところがある。製造業者でも意図せざる在庫増に直面すると、他社に先駆けて安値出荷をするところも出る。販売主体ごとに見える風景も、最適な手段の組み合わせも異なることは当然だ。そしてその総体が、結局は足元まで白波がくることになるのだ。

以上は1970年代から持ち越してきた日本経済の回復メカニズムにかかわっての指摘であったが、レーガン政権の下での日米経済の新たな関連付けの登場については、いわゆるレーガノミックスの下での金融引き締めと財政支出の拡大という枠組みにかかわって、日本経済を規定する変数にかかわる取り込み方が問われる、との見通しを提示された。MARモデルを手掛かりとした考察を、

もしこの時点で試みていれば、ドル高の急速な是正方針を提示した1985年のプラザ合意と、その後の日本経済運営の基本指針作成に関する手掛りを事前に手にできた可能性もあった。しかしこのときには、筆者の側の力量不足から、日米両国の経済変数の適切な拾い上げから始まる作業工程に時間を要してしまい、また別の課題も筆者に降りかかったことから、絶好の機会を逸してしまった。赤池先生との共同研究は入口のところまでは到達したが、筆者の力量不足から、日本経済の大転機にあたっての分析機会を見逃してしまったのだ。

「プラザ合意」後の円高移行のマクロ経済への悪影響を回避するため、日本の金融政策は緩和の方向に大きく振れた。1985年時点をとってみると、その前年からはやくも東京都心の地価が急騰の勢いを見せていた。そしてこれが日本列島の各地に及ぶことになる。いわゆるバブル経済の顕在化である。

結果として日本の地価は異常値を付けた。皇居の地価を丸の内と同等とみなせば、カリフォルニア州の地価総額に皇居の評価総額が並ぶとの試算さえあった。そして当時の大手都銀の時価総額は、米国の大手商業銀行のそれを上回ることになった。土地に対する銀行融資額は膨張を続け、もはや代表取締役でさえも土地への融資を止められなくなったのだ。「『自行が抑制策に踏み込んでも、他行に取引先が移行するだけ』と担当役員からいわれると、結局のところ経営路線の変更に踏み出せない」と、そのとき日本を代表する都銀の代表取締役から聞いたものだ。

因果解析を通じて、バブルの異常性とその破綻がもたらす巨大な影響についてどこまで接近できたかどうかはわからない。しかし筆者は、１９８０年代の初めの時点において、赤池先生から制御の前提としてモデル選択における当てはまりの良さの追求はもちろんのこと、外部から「介入」が生じた場合には、変数や次数を絞り込んで、大きな変動要因を足元で追うようなモデルの（再）選択が重要なことを教授されていたのだ。

いわゆるバブル期には、マネーサプライや主要銀行のバランスシートの肥大化が生じていた。一般物価の上昇率においてはさしたる異常性は見られなかったものの、地価や株価の動きはそれまでの伝統的な因果解析の枠組みを越えていた。そしてこの顚末はといえば、金融当局からの土地融資への抑制という「介入」によって、バブル崩壊への道筋が用意された。われわれはＭＡＲモデルを通じての現実接近にも手間取った。そして、「介入」後の新現実と、反事実を掲げての「もしそうでなかったとすれば」という想定の下の予測経路との巨大なギャップから、モデルの再選択を通じて新現実を追うという過程を構想することもできなかった。１９９１年のソ連解体によって東西冷戦に終止符が打たれたとき、米国の一部に、「冷戦の勝者は米国でなくて日本」とのコメントがあったほどだ。しかし実際にはまったく別の成行きが日本経済を待っていた。「もしそうでなかったとすれば」という、反事実と現実とのギャップに込められたその意味を問い直す姿勢とはおよそ縁遠かったのが、実態だったといわざるをえない。

改めてわれわれは、今日のテーマに沿った分析にとりかからなければならない。赤池先生は、民間伝承には、実務における因果連鎖の仕組みについての知恵とでもいうべきものが結集していると理解されていた。２０２３年から24年にかけてのグローバルエコノミーの推移、また日本経済の運営の力点の変化にかかわる理解についてもこうした伝承は間違いなく手掛りとなるだろう。そしてこの伝承に入る前に、因果連鎖の関連付けから手をつけねばならない。

すでに第2章では、Ｐ＆Ｇの商品カテゴリーごとの平均売上単価、そして売上数量については公表データから四半期ごとに見てきた。要約すれば、資材価格の商品価格への転嫁についていえば、確立したブランド戦略もあって成功を収めている。そして株価維持にも大宗繋がっている。しかし気掛かりなのは、売上数量が概して微弱となっていることだ。これをどう解釈すればよいのか。

Ｐ＆Ｇについて見れば、２０２３年10～12月期以降、２０２４年４～６月期までの四半期データによれば、経営者の立場からすれば売上数量については期待外れといってよい。値下げないし価格維持を行った競合他社にシェアを食われている可能性もある。投入価格が上昇したから産出価格も引き上げた、と記述しただけでは、先行きについてのダイナミックスは展望できない。何が起きているのか。

消費者の実質購買力は価格上昇によって損われてきた。第6章で述べたシュリンクフレーションである。こうした実質最終需要の収縮によって、最終財価格もまた先行きについては注意を要する局面といえよう。そして在庫調整の可能性さえあると見るべきだろう。

2023年に入ってマクロ経済の調整が始まったことは、各国の企業物価指数の対前年比上昇率が順次収まってきたこと、実質GDPのマイナスが四半期ごとの経済のなかである頻度で各国に入り始めたことがある。2023年10～12月期と2024年1～3月期、同じく4～6月期の米国の消費市場が概して不振と伝えられていることからもこれはわかる。われわれは米国のFRBと同様に、個人消費支出デフレーターに注目してきた。消費者は財の購入の折々に、自らの財布の中身と相談しつつ、よかれと思う消費財の組み合わせを買い求める。そのときの購入財の組み合わせの値段が、対前年同期比、ないし対前期比でどう変動しているかを計算したのが、インプリシットデフレーターである。個人消費支出デフレーターは、今を生きる消費者の手腕や態度が反映されたものである。これに対して消費者物価は、数年前の特定時における購入財の組み合わせを固定し、それぞれの価格がどれだけ変化したのかを点検して、集計したものである。消費者の現在における消費動向が直接反映されたものではない。

消費者が格安な物の購入に踏み出せば、個人消費支出デフレーターの推移は次第に安定したものになる。こうした消費者の知恵の出し方や現実に対する見極めを通じて、実質消費量の落ち込みは、知恵や見極めに相当する分だけ補われているといえよう。2023年以降は間違いなくこうした消費者行動が見受けられる。P＆Gだけをとって見ても、注意深い観察とこれに基づく決断が求められた年といえよう。少なくとも競合する同業他社のなかには、在庫調整にすでに踏み出し、出荷価格の値下げを通じて、在庫水準の適正化の試みを開始したところがあることは間違いない。「沖の白波」が足元に打ち寄せるにはしばし時間の経過があることから、在庫調整への踏み出しに入ってはいないだけで、当然のことながら新情勢に対する新たな接近法が試みられるべき、と考える経営幹部がP&Gのなかでも増えてきているのではないか。そしてP&Gが全体としてのブランド戦略を歪めない限りにおいて、新しい価格帯の商品や的確な付加価値を付けた新商品、あるいは新ブランドの投入に至るであろうことは間違いない。

2024年からの経済や市場の内部の変化には注目すべきであろう。そしてこうした企図の積み重ねを観察するにつけ、値上げと賃上げの同時実現が経済の好循環の成立であるとだけ語られることが日本では余りにも多いという点について、どう見ればよいのか。続いてはこの点を検証する。

〔質問〕

赤池先生のいわれた、仮説形成のためのアブダクションという思考方法に入る前の段階がまず問題だ。閉鎖経済を前提としたマネタリズム（貨幣論）の現実不適合性が明らかになったのは1984年だったという、第6章での指摘は興味深い。しかしたとえ閉鎖経済を前提にしたとしても、貨幣供給量の増減が物価動向に直結するというミルトン・フリードマンの定式化は、現実経済における貨幣以外の諸要因のからみ合いによって不規則な変動が生ずるという実態を無視したものではないのか。1984年を待つまでもなく、フリードマンのマネタリズムへの批判はなかったのか。

〔回答〕

赤池先生は『経済セミナー』（1980年5月号）で、現実のデータに即して考えれば、時系列モデルを使った変動の予測や制御に至るうえでも、フィードバック（変動のダイナミックス）にかかわる解析が不可欠と指摘された。フリードマンのマネタリズムに基づく予測においても、不規則変動の取り扱い方への取り組み姿勢が決定的に欠けている、と指摘されている。例として、火力発電所の発電量と燃料消費率との間には当然のことながら一定の関係があることがまず引用される。ところが実際には、発電量変化に伴う過渡的変動は常に生ずるものだ。そして諸要因のからみ合いによって不規則な形をとる。発電所の運転に際しては、この変動の制御こそが肝だとされた。もし貨幣量の制御を論ずるならば、そもそもこうした過渡的変動に相当するもの（物価の実際のダイナミズム）についての具体的表現があるべきであるにもかかわらず、マネタリズムの定形化ではこれが初めから欠如していると論断されたのだ。

経済における変動のダイナミズムの解明が、いわゆるマネタリズムによる定式化によっては期しがたいと、1980年の時点で指摘されている。AICは、予測の視点に立って統計的モデルの評価を具体的に行うものである。他方歴史的に見れば、チャールズ・サンダース・パースは、アブダクション（誘拐）という仮説形成の方法論の重要性を指摘するとともに、確率と区別されたlikelihood（尤度）という当てはまりの良さを論じた。その延長線でAICというモデルについての評価基準が登場したといえよう。われわれはこの評価基準を駆使することにより、QQE終了後のグローバルエコノミーを分析対象とする。

〔質問〕

いよいよ足元におけるグローバルエコノミーの変容過程への切り込みに入るね。予測経路の導出で読者を納得させられるかどうか、また新しい検証命題づくりという赤池先生の唱えられた統計科学の探求の入口にまで行きつくことができるかどうかが問われている、ということでよいのか。

〔回答〕

もちろん、企ててそこまで行こうと思っている。たまたまいま日本株に焦点が当たっている。２０２３年4月以降の日本の株価は、国際的に見ても抜きん出たパフォーマンスを示した。確かに新命題づくりにふさわしい時期でもある。米国におけるシステミックリスクの恐れの発生、ＥＵにおける物価上昇持続を受けての金融引き締め持続という観測、中国における経済停滞長期化の兆し、等々が積み重なるなかで、日本経済の足元には大きな懸念要因はない、との見方が広範化したからだ。

また植田和男新日銀総裁の下でも、金融緩和はしばし続きそうだとの見方も広がった。２０２２年12月20日に長期国債の利回りの変動幅は拡大されたが、２０２３年4月から6月にかけては、その上限にまで達しなかった。歴史的低金利の余韻は持続しており、欧米とは区分された国債の流通市場といえた。しかも資産運用の達人ウォーレン・バフェットも、日本株の追加購入の意向を発表した。およそ30年ぶりの好条件の到来との見方も出た。

しかし他方では、日本経済の長期的な運営原則の確からしさという視点からは問題点が少なからずある。集約して表現すれば、課題は累積する国債の発行残高と、中央銀行のバランスシートの肥大という財政、金融の両面における不均衡の長期的放置といってよい。国際比較をすればその異常性は明らかである。日本だけなぜ許されるのか、という問いが出るほど、あるべき運営原則からの乖離が続いたままなのだ。国際的な投資家からの、「日本株は本当に買い進めてよいのか」という問いに正面から答えようという試みは、はたして成果を収めるのだろうか。

日本における認識科学という少し広目の分析視角をとれば、何を基準として因果解析を行えばよいのか、という問いが提示されねばならないといってよい。また、社会科学における認識視角からは、現状を根底から覆す可能性を秘めた要因を一つひとつ潰すことを重んずる保守主義の考え方や、そうした原則に沿った政治活動を行う集団は、なぜ日本で顕在化しないのか、という問いが発せられてもよいはずだ。しかしこれが見られないのだ。そもそも日本にこうした保守主義がなかった、ということはない。本居宣長を持ち出すまでもなく、日本社会の持続性を重んずる思想潮流が絶えたことはなかった。しかし、保守政権の長期的持続が日本政治の特徴といわれつつも、保守主義思想が日本の保守党に及んでいるとはいいがたいのだ。

われわれは因果解析にかかわってこの命題「保守主義思想の位置付けは変わるのか、その思想は蘇えるのか」への接近を図りたいと思っている。マクロ経済分析からの伝統的予測手法に依りかからず、データ群のなかからあえて交絡因子を取り出し、この因子より発する影響をデータに即して明らかにすることを目指す。モデル選択を繰り返しながら、予測値と実現値との差異をその都度新しい情報として拾い上げ、ＡＩＣによって検討課題を浮上させるという手法である。保守主義思想の位相の所存を探るということになるだろう。

5　5つの再検証過程浮上の背景

QQEからQTへの転換に伴うシステミックリスクの到来可能性予測も、当然のことながら簡単ではない。現実の経済経路を展望すれば、システミックリスクは回避できそうにも見えるが、他方で経済停滞が引き起こされる蓋然性は無視できそうもない。銀行群が自らの経営にあたって流動性の確保に傾斜し、与信量を絞り込む過程が想定されるようであれば、こうした帰結もありうることなのだ。ということは、データ群からこうした因果解析を組み立てるためには、交絡因子にかかわる調整も不可欠となるだろう。

このような問題意識を保持するならば、２０２３年から24年にかけて止むことなく浮上したシステミックリスクについての分析が求められよう。またウクライナ戦争が引き起こしたものにかかわって、地域的連帯の試みの点検も必要だ。エネルギーや穀物の世界的供給が脅かされたことから、世界的なインフレ懸念が飛躍的に高まった。インフレ抑制のために金融政策ができることは引き締めしかない。これに伴い不況到来の可能性が論じられるのは当然の成り行きだが、その前に点検せねばならないのが、システミックリスクの可能性の顕在化である。これはグローバルに展開する金融市場における金融商品の値決め過程に発するといってよい。

ウクライナ戦争の勃発は、エネルギー価格の高騰に直結した。インフレ抑制のための金融引き締めは不可避となる。ハイリスク・ハイリターンの金融商品から値崩れすることになった。商品設計ではハイリスクは織り込まれていたはずだが、コロナ禍以降はさらなる金融緩和策が採用されたため、ハイリスクという性格は奥に入ってしまっていた。ところがイベントの発生により、リスクは顕在化した。EUではまずイタリア国債が狙われ、価格は急落した。もしEUがこれを放置すれば、銀行の資産サイドに入っている国債の価格急落によって、銀行行動は変化を迫られる。貸し出しを抑制しなければ、もし預金の流出が生じたときにその銀行が流動性の危機に晒されることになる。これがシステミックリスクの引き金となろう。EUはこうした場合に備えて基金を用意することを決めていた。所得移転を図る部分と貸出の部分で基金が構成されることは決まっていたが、イタリア国債の価格急落のなかで、渡し切りの部分を厚くすることに、ドイツをはじめ北部欧州諸国が賛同に回った。このEUの地域包括性を重んじた決定により、イタリア国債の下落に歯止めがかかり、EU内部のリスク要因のひとつは封じ込められた。

この間の検証については、イタリア国債の利回りに関する予測経路の変化として行うことになろう。そしてこうした地域的包括性の確認が、他の金融資産価格の予測経路にも影響を及ぼしたことが、変動の中期的サイクルにおけるパワー寄与率を通じて行われることになろう。日本を含むアジアにおいては、こうした地域的包括性からの危機封じ込めのメカニズムの稼動は期しがたいのが実情だ。

続いて必要なのは、社会の内部における亀裂拡大の恐れという要因に関する考察である。エネルギーや穀物の価格の急騰は、物価上昇期待を刺激する。これは避けられないことだ。そしてこれは賃金を引き上げる要因にも当然なる。しかしこの過程を観察すれば、販売価格の引き上げや賃金の上昇に結び付けられる経営単位と、これが簡単ではないところとがあるのが現実だ。ということは、ウクライナ戦争のような突発的イベントによって社会内部の亀裂が拡大する可能性は高いと考えるべきだ。分析の視点に立てば、ウクライナ支援の長期化、すなわち終わりの見えないウクライナ戦争への、いわゆる西側からのコミットメントの持続は本当に可能なのか、というテーマの浮上である。ウクライナの国民や指導者は、少なくとも２０２２年２月24日以前の状態までロシア軍を撤退させる、という目標を堅持している。そこに早期の停戦交渉の開始という異なった到達点が提示されることはないのか、という検証命題に置き換えてみる必要があるとわれわれは考える。

米国企業の四半期ごとの経営指数の発表を見ると、ブランド名が通った商品を持つ企業群は、価格の引き上げにも賃金の改善にも取り組み、企業収益が基本的に損なわれているわけではない。Ｐ＆Ｇ、コカコーラ、マクドナルドなどがこうした分類に入る。しかしそうした価格支配力をもってしても、売上数量の伸び率についての楽観は許されない。ましてブランド名による差別化に成功していないところでは、収益の持続は難しく、賃金の引き上げにも二の足を踏まざるをえないという状況が基本となるだろう。こうした社会内部の分断状況が、どういう政治行動に繋がるのかは注意すべきだといえよう。

日本の場合は、2023年と2024年において、企業規模別の賃上げ率に大きな差異は発生していない。いわゆる人手不足がポストコロナのなかで支配的となり、企業規模にかかわらず、賃上げ率が横並びになった面がある。しかし来年以降となれば、国内の賃金格差の拡大の恐れは次第に現実性を帯びる可能性がある。

2024年の大統領選挙を控えた米国において、すでにさらなる内部亀裂の拡大が予想された。共和党の変容や民主党の内部の分断化状況にそれが反映していると見るべきだろう。すでに2023年の年央において、小売店舗の売上金額やトラック輸送のためのディーゼル油の価格には、明瞭な下押し圧力がかかった。MARモデルによる予測経路はこのことを示した。政治が荒れる可能性は間違いなく高まったのだ。日本だけが例外たりうる、という判断材料はないというべきであろう。こうした内部亀裂にかかわって経済社会の観察を続けることは容易ではないが、モデル選択を繰り返しながらこれに迫りたい。

中国経済の扱いも重い。われわれは2021年2月から、共産党による経済過程への介入が、民間経済主体の現実への関与姿勢に悪影響を及ぼし始めたことを確認した。そして2023年は、ゼロコロナ政策の終了による回復経路の現実化見通しが拡がったものの、3月の全人代を迎える頃から、予測経路の実現可能性が乏しくなっていく状況を記述せざるをえなかった。中国に関する公表週次データからだけでもこうした把握は可能だが、予測経路の導出にあたっては海外要因も当然のことながら貢献することになる。２０１８年からは、中国をdecouplingの対象とする米国の政策が次第に本格化してきた。先端半導体を巡る米国のfriend shoring政策はすでに本格化しており、decouplingはこの面では明らかである。

しかしより広範に見れば、deriskingという危険回避の行動がいわゆる西側の企業によってとられることになった。中国に対する直接投資の減速はもはや否定しようもない。われわれは時系列的にこれを確認するとともに、グローバルエコノミーの動向に与える影響をも予測しようとしている。習近平体制の強権的確立の単なる余波にとどまるのかどうかがポイントとなろう。

締めとしてはＡＩＣが、予測モデルの尤度の改善と、採用するパラメータが拾うノイズの抑制という2つの目標に適合すべく工夫されたことに鑑み、20世紀の最後の4分の1以降の歴史をたどるなかで、ＡＩＣの活用の現実的含意を探る。

赤池先生は、予測・制御という観点に立つ限り、尤度を上げるための工夫と検定という手続きの重視からだけでは目的に行きつけないことを、データ収集とモデル選択への注力のなかで確信された。また因果解析の手続きとの好縁性もＡＩＣの特徴である。

われわれが赤池先生から教えを受け、ＡＩＣの手法になじもうと思ってから40年近くが経つ。１

990年代の終わりのときには日本のシステミックリスクからの脱却のために、ＡＩＣを使って流動性供給の重要性に行きついた。そして21世紀に入ったところでは、新しく成立したグローバルエコノミーの下で、交絡因子としての米国とアジア新興工業国（ＮＩＣｓ）との関係性を認識し、日本経済の自立的回復経路を事前に描き出した。そして２０２０年は、COVID-19をきっかけとする世界的金融緩和のなかで、グローバルエコノミーは大きな振れを見せる。そして期待インフレ率が高まるなかで、さらなる要因としてウクライナ戦争の勃発を迎えた。ＡＩＣの駆使による因果解析を通じて、グローバルエコノミーの新しい姿を捉えようとする。そしてアブダクション（誘拐）という企みによって、新命題を浮上させるまでがこの章の目的でもある。

〔質問〕
経済予測がそもそも簡単ではなくなって久しい。そして新規の構造変容要因が目白押しだ。そうした最中にあって、モデル選択を繰り返しながら、変化に対する寄与要因を浮き彫りにする作業が可能だ、とするお二人の主張は、余りにも欲張りすぎに思える。

〔回答〕
ＡＩＣという規準はもちろん万能ではない。しかしデータ群から尤度を改善する変数を見出すとともに、その変数のもたらす寄与度についての尺度を得ようとする努力は、至極真っ当な分析方法である。こうした事例をいくつか提示したい。

6　グローバルエコノミーにおけるイベントの帰着にかかわる分析

２０１６年からわれわれは、グローバルエコノミーに大きな変動が押し寄せていると感じていた。その最初の感想は中国経済の変容がもたらしたものである。２０１１年から中国「写真機」プロジェクトを開始したが、経済の足元を示すＣＩＰＰＳ中国指数も、ＣＩＰＰＳ中国指数の予測経路も、２０１５年以降は明らかに低迷を示すようになったのだ。

２００８年から09年にかけてのリーマンショックにあって、中国は「4兆元」の臨時国内投資を行い、結果としてグローバルエコノミーの下支えを行うことになった。しかし、このときの国家による投資が中国経済の変容に直結し、技術進歩に直結しない投資増がもたらすことの中期的な意味合いを内部的にも問わざるをえなくなった。

こうした中国経済における「空振り」は、勃興する中国経済に投機するように資源配分を行ってきた国々にも、次第に深刻な意味合いを持つようになる。ひとつは西欧の中国への視線の変化である。たとえばドイツは、中国向け輸出増に直結するはずの対中投資に熱心だったが、「空振り」はドイツの輸出や工業生産にもはね返った。ＥＵのなかでドイツのマクロ経済指数の伸びは、次第に他と区別することができなくなり、むしろ一部では相対的に不振の部類に入ることさえ出てきた。

当時のメルケル首相は1年間に複数回訪中するほど中国経済への肩入れをしていたが、結局成果には繋がりにくくなっていた。

　習近平総書記が2013年から唱えた「一帯一路」は巨大プロジェクトになるはずだったが、2016年頃になると、中国における基礎工業資材における需給失調のなか、需要創造のための仕組みなのか、という解釈さえ登場する状況となった。途上国の開発金融における中国頼みの非持続性が明らかとなってきたのだ。4兆元の発表直後には、米国と並ぶ中国を意味するG2（2大国）という表示が広がり、現実に米国のオバマ政権の内部にあっても、こうしたG2という把握に意味あり、とする見解の広がりがあったほどだ。しかし2016年にはこうした認識は消えようとしていた。

　東アジアの各地においても、中国経済の将来図についての見極めが重要なものになりつつあった。確かに対中貿易の急拡大によって、新しいモメンタムが生まれたとする認識は広がりを見せていたが、他方で中国における過剰能力の発生は、電力や鉄道というインフラから始まり、鉄鋼、セメント、石油化学などの基礎資材分野にも広がっていることを認識せざるをえなくなっていたからだ。

　2016年がグローバルエコノミーの転機となったのは、ロシアによるサイバー攻撃が西側に対して本格的な展開を露にしたからでもある。2016年の米国大統領選挙はヒラリー・クリントン対ドナルド・トランプで行われた。当初はクリントン民主党大統領候補の勝利を疑う声は小さなものだったが、選挙期間中に米国内部における政治的亀裂の拡大に焦点が合わせられるなか、トランプ共和党候補が接戦州で勢力拡大を示すようになったのだ。

ロシアからのサイバー攻撃は、ケンブリッジアナリティカ（英国の情報解析企業）による米国におけるＳＮＳの接続資料の集積を非合法で利用することにより、米国における分断されたネットワークの内側に入り込んで、一群の有権者の認識誘導を図ったとされる。これが成果を発揮するなかで、トランプ候補が抜け出した、とされたのだ。

もちろんその背景には、鉄鋼製品等の輸入急増によって、ペンシルベニアやオハイオなどの白人労働者が苦境に立たされていた、というグローバルエコノミーの一側面があったことは確かだ。すでにオバマ政権の下においても、環太平洋パートナーシップ（ＴＰＰ）という自由貿易の枠組みの外側に米国は立つという意思決定が行われた。グローバルエコノミーの下、米国内雇用に与える過酷さが中西部を中心に明白に示されたが、ロシアによるサイバー攻撃はこの亀裂の拡大に勢いを与えたものといえるだろう。

２０１６年のブレグジットという英国のＥＵ離脱を巡る国民投票にあたっても、ロシアによるサイバー攻撃があった。サイバー攻撃だけでブレグジットが実現したのか、という問いに「然り」と回答することは難しい。しかし、サイバー攻撃の見境のなさについての認識において、２０１６年は決定的な年となった。

2017年のフランス大統領選挙においても、ロシアからのサイバー攻撃はあった。エマニュエル・マクロン候補に対抗するマリーヌ・ルペン陣営が、プーチンのモスクワと親しかったことは広く知られていた。こうしたなか、サイバー攻撃に対するフランスの防衛は本格的なものにならざるをえなかった。フランスの軍事戦略研究所所長のジャン・バプティスト・ヴィルメールは、このときのフランス体制側の決意とロシアからのサイバー攻撃の弱点のいくつかについて語ってくれた。そしてこれはロシアに限定されたものではなく、たとえば中国からの台湾に対するサイバー攻撃がいかに過酷なものになっているのかについて、日本では十分に認識されていない、とわれわれに述べたのだ。ここでもグローバルエコノミーの前提条件がすでに脆いものになっていることを知らざるをえなかった。

トランプ政権になると、中国に対する基本姿勢に大きな変化が生まれた。最大25%の制裁関税の賦課になったのは、脆弱化した米国内の産業基盤のテコ入れの意味もあったが、すでに対中投資を行った米国の企業群が、知的所有権を巡って中国批判を強めていたという事情もある。中国市場の急速な広がりが前提ならば、知的所有権軽視の中国のやり方にも目をつぶらざるをえないが、収益増への寄与度が中国市場から余り期待できないとなれば、制裁関税賦課は話し合いの入口として適切との判断が生まれていたともいえる。制度的枠組みの安定性を前提としてグローバルエコノミーへの踏み出しを行ってきた企業主体に、新たな交渉力の確保を織り込むある種の市場分断措置に対する受認過程が観察される事態は、認識上まったく新しいものの登場といわねばならない。

その後、グローバルエコノミーの変容過程に大きな影響を及ぼしたものに、COVID-19という新型感染症がある。世界的な供給網の遮断や需要の落ち込みへの懸念が世界的に広がったのが、２０２０年3月だった。世界的な倒産事例の多発と経済の落ち込みが予想されると、西側各国政府と中央銀行は、離職者等への給付金支給と金融の超緩和措置に踏み込んだ。結果として世界の金融資産価格は膨れ上がることになる。米国という金融大国の内側で、年金拠出金の運用を含めてもともと資産形成に対して積極的だった層は、思わざる評価益を得ることになる。1年も経つとコロナ感染への恐怖もあり、就労形態からの離脱も目立つようになった。ＦＩＲＥ（金融上の独立と早期退職の組み合わせ）と呼ばれる現象が広がり、物価上昇が賃金上昇を追いかけるという側面も見られるようになった。そしてＱＱＥからＱＴへの流れが２０２１年末の米国の金融市場で観察されるようになった。ここからは金融資産価格の調整と、これが実態経済に及ぼす影響とについて、想像力と経済メカニズムの稼動に関する構想力とが問われる局面が到来した。２０２２年の年明けは、こうした諸予測が交錯するときでもあった。

21世紀に入って中国のＷＴＯ加盟実現があり、金融緩和の広がりが観察されるなかで、グローバルエコノミーは間違いなく展開の新局面を迎えた。ところがすでに述べたように、２０１６年頃を境にして、一筋縄では行かない状勢が生まれていた。そしてさらにＱＴが不可避となれば、グローバルエコノミーは全体としてこれをどう受け止められるのか、が問われるに至った。諸々の出来事が重なるなかで、その帰結やいかに、という局面の到来である。

イベント（出来事：event）がどのように帰着する（attribute）のかという推論とその立証とに関する順序立てた取り組みを、イベントの帰着（event attribution）にかかわる分析と呼ぶことにしよう。われわれの問題関心に引き寄せれば、グローバルエコノミーの諸形態や諸現象にどのような影響が及んだのかを、イベントごとに素描しようとする努力である。

以上のような分析枠組みを整えようとしていたところに、２０２２年2月24日のロシアによるウクライナ侵攻がさらに重なった。グローバルエコノミーの成立と、その下における経済の因果連鎖の分析が不可欠になったのは40年前だが、大規模な戦争行為が欧州大陸で起きたのは第二次世界大戦の終了後初めてである。グローバルエコノミーのみならず、国際秩序の根幹をも揺るがす事態となった。イベントの帰着が大きく問われる局面となったのだ。

7　COVID-19：給付金支給と金融緩和による状況の封じ込め

日米比較を通じて、今回もまた米国の政策展開の特徴が明らかになる。２０２０年2月下旬には、武漢発症のCOVID-19の伝播力が明らかになった。金融市場は当然大混乱に陥る。米国では社会的弱者への給付金支給が4月には早くも実現する。短期国債を中心に財源の確保が図られるが、財務省はブラックロック社のラリー・フィンクCEOに相談を持ちかけた。年金基金を中心にして1500兆円規模の運用資金を預かるフィンクは、国債の引き受けに万全を期す、と約定する。このような資金手当ての手順を通じて、G－H（政府から家計）という資金の流れが起き、しかも金融市場に波風は立たなかった。そしてこれにかかわる政府赤字は、臨時異例という位置付けのゆえに、どこかで財源の補填がなされることは当然視された。米国の金融市場の動向は世界各国への波及が確実視されることから、ブラックロック社のような大きな腹中で初期的な処理を図ることが望ましい、という点についての暗黙の社会的同意もある。もちろんフィンクにも思惑はあろうが、ここでとやかくのことは起きていない。日本流ならば日銀が市中から買い増しをすればそれですむ、ということだろう（事実、そのような展開を日本ではたどった）が、米国国民が連銀に委ねている機能はそれではないといえよう。米国政府も慣行を尊重したのだ。

この間の6カ月物から2年物までの連邦債の価格、そして10年物の価格動向を週次データで確認すれば、COVID-19は米国の金融市場の懐において抱かれた。連銀はもちろん緩和策という一般的金融手段により状況への独自の対応を行ったため、COVID-19の広範化のなかでも株価はむしろ上昇に向かった。イベントの帰着という視点からは、金融および財政措置により、異常な帰属、帰着を回避する状況展開となった。

COVID-19が実態に影響を及ぼしたのは供給網の一部、とりわけ輸送部門の逼迫を通じてである。これは具体的な労働過程を通じるもので回避できない。これが物価動向に影響を与え、やがてQTへと展開する流れをつくった。そして金融資産価値の上昇と新型感染症への恐怖がFIREにつながり、1年も経たない2021年の年明けからの労働市場での需要逼迫になった。こうした経験を通じてイベントの帰着を見たのである。

2018年より中国からの輸入品に対して制裁関税が課されるようになったため、もし米国の物価上昇率に懸念が生ずれば、制裁関税の撤廃という手立てがあるはず、との発言がグローバルエコノミー尊重派から相次ぎそうなところだが、帰着はそのようになっていない。メキシコをはじめ、他の輸出国からの輸入増が観察されたのだ。切り離し（decouple）の芽の広がりが確認されたといえよう。

11月24日の米国商務省発表の10月の個人消費支出デフレーターが、対前年同月比で5・0％の上昇となり、米国連銀が従来唱えてきた2・0％プラス程度の物価上昇を大きく上回った。しかし、週次データを各系列で点検すると、11月24日を境に移行が生じた、と判断するのは難しい。むしろ11月24日以前から市場は状況適応を図っていたといってよい。

なぜ、商務省発表の個人消費支出デフレーターがイベントを形成しきれなかったのか。第1は、連銀の金融政策の基礎策定は個人消費支出デフレーターの推移を基本にする、という宣言が10年以上も前から発表されており、この方針の積み重ねはあるが、政策変更のきっかけはまた別の機縁を必要とするのだ。11月24日は物価を巡るデータの確認の日付けとなっただけであり、イベントを構成したわけではない。第2は、個人消費支出デフレーターの推計は論理的に見ても決して困難な部類に属するわけではない、という事実がある。スーパーマーケットやコンビニエンスストアなどの小売業の現場では、物価情勢を背景とした売り手業者からの諸提案と、こうした提案を前提とした消費者の選択が繰り返し行われる。そして消費者が手にとり、購入した商品の値上がり率の加重平均がデフレーターを構成していく。ということは、無数の選択をまとめあげる仕組みを工夫すれば、商務省のデータに接近できるのだ。市場関係者は小売業の現場での消費者の選択に接近する手法に磨きをかけてきた。商務省に先んじて、デフレーターについての近似値を手にし、連銀の行動を予測したうえで金融商品の値決めに参加していた金融関係者は多い、といえよう。事実、週次データの系列を点検すれば、11月最終週よりも前から、商務省のデータ発表を出し抜くような金融商品の値決めが進行していたのだ。イベントからの帰着という反応式が明確に見られたわけでなく、ジワジワと新状況への移行が進行していたと表現できよう。

11月24日をもってイベントの形成となったとは表現できず、状況の緩慢な確認過程こそが注目されるべきである。金融市場での行為者は反応を確かめつつ、徐々に進むという行動をとったのだ。連銀のＱＴへの移行がどのような金融資産の価格決定に繋がるのかの点検作業を、われわれは観察したことになる。

これと対比されるのは、2022年2月24日以降の状況の進展である。ロシアによるウクライナ侵攻については、米国をはじめ西側の軍事分析家はかなりの確度でその前兆を掴んできた。しかし市場関係者でそこまでの確度で予想できた人は多くはない。このため、2月24日は間違いなくイベントを構成することになった。それではその帰着についてはどうか。

われわれがこのイベントを解析するにあたっては、2月の最終週から3月いっぱいまでと、4月第1週からとを区分する必要がある。キーウ近郊ブチャでのロシア軍による戦争犯罪行為が明らかになった4月第1週以降は、戦争の長期化不可避を誰しも想定せざるをえなくなった。国際刑事裁判手続の開始が想定されれば、プーチンが休戦を提案する可能性は著しく乏しくなる。またウクライナ側も、3月の時点で停戦後のウクライナにとっての安全保障措置を、中立化や非軍事化を前提として大国間の保障によるウクライナ安全担保協定への道を考えることも可能であった。国際社会の動向把握を進めつつ、休戦への踏み出しは不可能ではなかったはずだ。しかしブチャの事態が判明すると、こうした案が事実消えたことを国際社会も知らざるをえなくなった。

それでは3月末までの状況（第1段階）と4月以降（第2段階）とでは、どのような違いが最も大きいのか。第1段階においては、エネルギーや穀物の輸出困難化は生ずるだろうが、長期的、持続的なものになるかどうかは定かでない、という見方が多かった。世界へのこうした財の供給は一時的にはストップするため、供給遮断に伴うインフレ圧力は覚悟せざるをえなかった。だが、こうした状況の持続化を前提とした世界的な取り組み、たとえば中東やアフリカ諸国向けの新規食糧供給策を論ずるまでには至っていなかった。もちろん民間の大規模事業者は、対ロシアの事業の継続性について早急な結論を出さざるをえなくなっていた。西側諸国の消費市場の内側の需要者や消費者は、ロシアへの経済制裁は徹底して行われるべきだ、との態度を明らかにしていたからだ。オイルメジャーズ、自動車やビールなどの消費財供給者は相次いで、既存のロシア向け投資について減損措置の発表を行うに至る。ロシアとの付き合いについてdecoupleを前提として動き出していた。

第2段階の特徴は、戦争の長期化がもたらすグローバルエコノミーのdecoupleに対して、どう対処するのかという課題が登場したことである。足元におけるエネルギー価格をはじめとした価格上昇に対して、金融引き締めの強化と長期化とはもはや避けられなくなっていた。ということは財政、金融の逼迫に対して西側は耐えうるのか、という視点が生まれたのだ。

たとえばＥＵをとってみれば、２０２０年からのコロナ禍の下、域内の結束は揺るがざるをえなかった。２０２１年に入ってやっと、ＥＵの結束を前提とした投資資金の一部贈与と借款供与との組み合わせを決めることができた。これでコロナ禍に悩まされたイタリアへの方策が成立し、結束の確認がＥＵ内で成立したばかりであった。ところがウクライナでの戦争の長期化はもはや回避できないという状況の下、ウクライナ支援の本格化と長期化は、ＥＵにとって可能なのか、というテーマが登場したのだ。

グローバルエコノミーの亀裂を論ずる以前に、ＥＵ域内での遠心力の封じ込め手法を論じなければならなくなった。まずはイタリアが俎上に上がった。市場でイタリア国債が売り込まれ、利回りの急騰が生じたのだ。国家債務の相対的な重さを問う市場の声に対して、とりあえず手を打ったのは欧州中銀（ＥＣＢ）で、市場からのイタリア国債の買い付けは、ＥＣＢに賦与された権限の、ぎりぎりの行使だったといえる。一時代前ならば、ユーロ圏でも北方の堅実財政主義をとる国々からの苦情が出たところであろう。しかしウクライナ戦争の閉じ方を模索せざるをえない状況展開が予想されるなか、臨時応急の策としてこれは黙認されたといえよう。イタリア財政は一挙に危機へ、というような活字が戦争局面の当初から浮上するようでは、戦争の閉じ方を論ずることはできず、足元での困迷をロシアに見透かされてしまうだろう。イベントをこうした帰結に持ち込むことはどうやら回避できたのだ。イタリア国債の利回りの上昇テンポは一服した。

ところで、ウクライナ戦争の第2段階が「日本売り」の引き金になる蓋然性についてここで触れておくべきだろう。潜在的な財政危機を抱えるイタリアの国債が売り込まれる状況において、対ＧＤＰ比の国家債務がイタリアより１００％も上回る日本はどうなのだ、という声が市場で出たとしても不思議はない。そもそもこうした類推は何を通じて、どのように働くのか。さらに踏み込んでいえば、ＥＵの内部亀裂が域内における国家債務の多寡を巡って起きる状況に対して、イタリア売りの圧力を軽減するため、他の売り候補をしつらえておく必要がある、というのがＥＵの知恵者というものだろう。日本国債の上場投資信託（ＥＴＦ）が組成され、先物取引を含む決済の仕組みを欧州において登場させていた。短・中・長期の国債の組成比率を明らかにすれば、ＥＴＦのユーロ建ての値段はその都度引用（quote）できる。そして先物についても商品構成は明らかなので、決裁期日の値段は売りと買いの双方の同意の下で決められる。この日本国債のＥＴＦは、ウクライナ戦争の第2段階においてイタリア国債への売り圧力が強まったとき、やはり値崩れとなった。日本国内で無制限の「指し値オペ」で10年物国債の値崩れを防いでいても、第2段階での日本国債の値崩れは、ＥＵの状況のはね返りとして映し出されていたのだ。このように、欧州から日本国債のＥＴＦというかたちで商品価値の正味がたたき出される状況は、日本国内における無制限の「指し値オペ」の中長期的な無効化を意味する。そして、２０２２年12月20日に、日本の債券市場に対して10年物国債利回りの変動幅を０・25％から０・５％へと拡大する措置が日銀により突然発表されたのは、遅きに失ししたものの、市場の意味を多少とも受け入れざるをえなかったからだ。

8　世界経済の不振と中国における長期調整の顕在化

ウクライナでの戦闘状況の第2段階で、長期化という予測経路が固定化し始めたとき、生じたのはインフレ加速だけだったのか。興味深いのは、非エネルギーの鉱産物や基礎資材については、むしろ価格の下押しが市場で見られたことだ。ロンドン金属取引所（ＬＭＥ）における銅、アルミ地銀の価格、米国クッシングにおけるＬＮＧ価格、またエチレンや尿素価格をとってみれば、第2段階はむしろデフレの進行との見方が定着する局面だったともいえる。米国では２０２２年11月に中間選挙が予定されていたため、バイデン政権は夏場までに価格上昇スピードを抑制したいとしていた。路上交通用のディーゼル価格やＬＮＧ価格については、第2段階において下押しの力も働いていたことがわかる。イベントからの帰着として何を読みとることができるのか。

第1に指摘できるのは、市場は厳しいＱＴを予想するがゆえに、その直後の段階から景気の落ち込みが始まると判断したのでは、という市場の先読み能力についてである。市場関係者は２０２２年4月からでさえ、こうした読みとりを行おうとした。これが全面化したのは、２０２２年の11月から12月にかけてである。世界的な景気後退が２０２３年にやってくる、との判断の広がりが見られるようになった。それでは工業資材価格以外にも、リスク負担のできるだけの回避という、不況期に特徴的な行動様式の開始を示すデータはあったのか。

株式市場ではバリュー株（割安株）とグロース株（成長株）という区分がある。グローバルエコノミー下において、ＱＴによる金利高への移行は、新規参入を図る企業がコスト高の資金を使って上もの設備を整えようとする状況をつくり出し、すでに工場や機械設備への投資を実施した企業にとって競争上決定的に有利だといえる。第2段階の当初、すなわち２０２２年4月以降の状況にあって、バリュー株はそれなりに好調に推移したといえよう。

グローバルエコノミーを構成するもうひとつのグロース株には、総じて調整が及ぶに至った。そしてグロース株に先立って、金融緩和の長期化のなかで投機的な資金を吸収してきたビットコインの価格調整も進んだ。ＱＴを受けて、価格調整を不可避とする領域は次第に拡大してきたのだ。そしてＧＡＦＡＭ（Google, Amazon, Facebook, Apple, Microsoft）に代表される、デジタルプラットフォームを舞台とする企業の時価総額に調整が押し寄せた。グローバルエコノミーは間違いなく調整圧力に晒されるに至ったのだ。そしてこうした調整が相次ぐなか、グローバルエコノミーそのものの変調ありうべし、との見方が強まった。

ＪＰモルガンの調査資料が示すように、市場では強弱のセンチメントを繰り返しつつ、次第に２０２３年のグローバルな下降局面もありうべし、という下書が用意された。ということは、２０２３年の金融政策自体もＱＴ一本槍ですむのかどうかが問われつつあったといえよう。モロッコは北アフリカにあって対外経済開放の姿勢を明らかにしており、輸出加工区の存在もあり、グローバルエコノミーを映し出す面がある。モロッコにおける株価や為替レートの推移は、いかなる調整が及びつつあるのかを示し出していたともいえよう。それでは、グローバルエコノミーとそのdecoupleが広く論じられるなか、中国経済のリズムはどう理解すればよかったのだろうか。

9　中国経済動向における期待と思惑の持つ意味

われわれは2011年以降、中国経済の現状とその予測経路の提示の努力を続けてきた。その道筋については『経済セミナー』（2022年4・5月号と6・7月号）で発表した。その後ほぼ2年の経緯のなかで多少の修正を施し、本書に第1章として収録した。ここで活用したのは、CIPPS中国指数という月次ベースでの中国経済総体の記述、そしてAICに基づくその予測経路である。月次のCIPPS中国指数と、本書で扱う週次の中国にかかわる公表データとは平仄が合うのかどうかを試してみたい。

まず、香港島の地価の推移である。週次データが示すものとCIPPS中国指数とは同じ動きを基調としている。驚くべきほどの足並みをそろえた動きである。中国外航海運の週次運賃の推移も、内航海運の運賃の推移と比較して興味深い。中国では輸出に結び付いた経済活動と、もっぱら国内投資や消費にかかわる活動とを区別して「双循環」と呼び、また分析上も別の道具を用意しようとしているようだ。しかし実態が映し出すものは、中国経済の自己決定能力についての懐疑である。

まず、内航海運の運賃の変動への相対寄与度を見ると（図1）、3カ月から12カ月のサイクルのところで説明力があるのはビットコインであり、イタリア国債価格であり、日本国債のETFであ

図1　上海内航海運・バルク貨物運賃に対する相対パワー寄与率

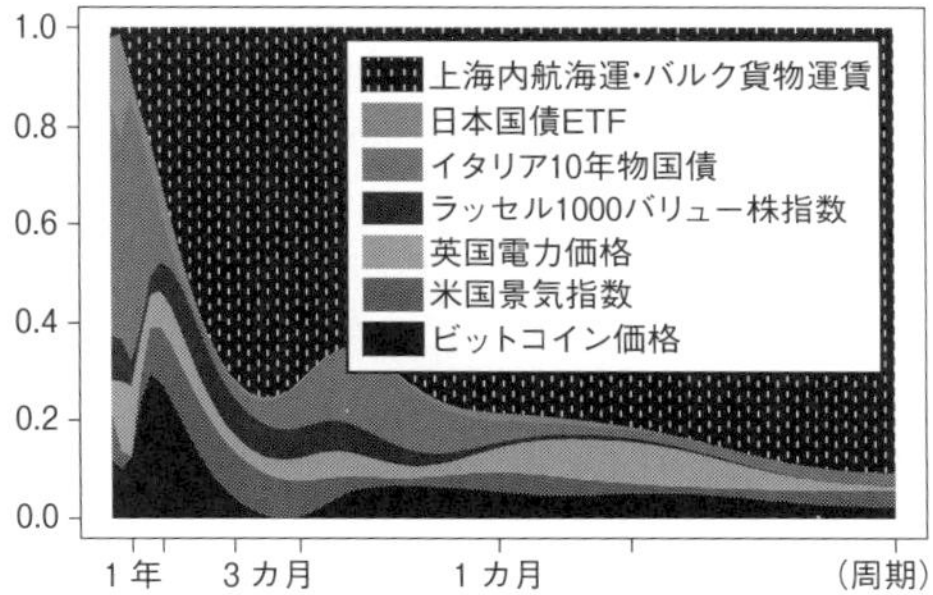

注：2022年12月の週次データによる。

図2　上海外航海運・コンテナ貨物運賃に対する相対パワー寄与率

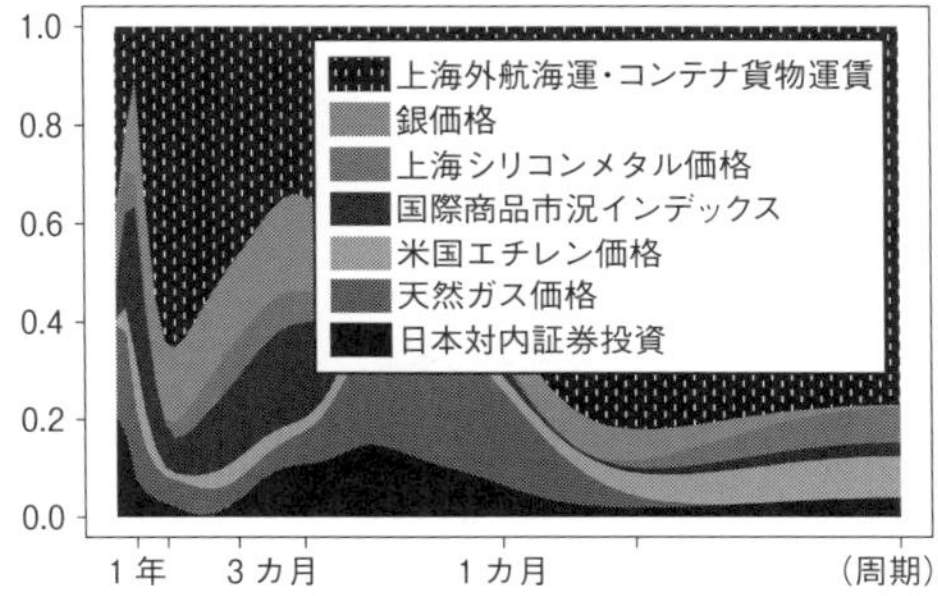

注：2022年12月の週次データによる。

り、ラッセル1000バリュー株等々であって、中国国内における熱延鋼板価格や鉄鉱石在庫などは、寄与度への貢献から結果として排除されているのだ。なぜ将来事態に対するグローバルエコノミーの思惑の部分が、内航海運市況に色濃く反映するのか。また外航海運運賃に対する寄与度を見ると（図2）、1年前後のサイクルで説明力が高いのは、国際商品市況、米国エチレン価格、日本に対する非居住者の証券投資などであり、中国におけるシリコンメタルの価格だけが中国経済要因として浮上するに過ぎない。グローバルエコノミーにかかわる価格変動やそれに関する思惑が、中国の海洋貨物の運賃決定に圧倒的な影響を及ぼしているといってよい。分析視角としての「双循環」にどの程度の意味があるのかは、今後の研究を待つべきであろう。われわれは2つの循環を識別することは困難だと睨んでいる。

外航海運の運賃がどうやら持続的下落の流れから脱せられないのは、グローバルエコノミーを映しとっているからだ。2カ月くらいのサイクルでは、米国ヘンリーハブでの天然ガス価格や、テキサス州のクッシングでの原油価格に見られる米国中心のグローバルエコノミーからのフィードバックが利いているし、3カ月から12カ月のサイクルではクッシングの原油価格だけでなく、モロッコの株価やメキシコ湾のエチレン価格からのはね返りが大きな寄与をしている。対外開放、そして輸出加工区を特徴とするモロッコは、EUを中心としたグローバルエコノミーによって景気の繁閑が決定されるという特徴を持つ。中国の外航海運の運賃指数は、こうしたグローバルエコノミーの反映ともいえる。とりわけ1年を超えるサイクルにおいては、グローバルエコノミーからの寄与率が圧倒的といえる。ということは内航、そして外航海運の市況分析にかかわっていえば、循環を形成するはずの中国国内の要因からの寄与度の検証のためには、相当の努力を要するといえる。

中国における鉄道貨物輸送や内航海運においては、石炭の比重が高い。電力供給のおよそ半分は石炭に依存している。中国におけるエネルギー需要を表示する石炭輸送の多寡は、グローバルエコノミーの推移によって相当程度決定される、とする推測は可能なのではないか。「双循環」の検証は決して容易ではない、と考えられるのだ。

〔質問〕

巨大な経済圏を形成した中国の経済変動の見極めは、世界中で関心を集める。経済構造を浮き彫りにする均衡モデルの構築は、中国内部の経済統計の不備から不可能とみなされてきた。しかし筆者のお二人は、そもそも均衡値を求める構造方程式構築とは距離を置き、時系列データ群の相互関係を描写しようとするＭＡＲモデルで経済実態に迫ろうとしてきた。ＡＩＣで予測値をはじき出すとともに、その後の実績値との誤差が新たな情報量（インテリジェンス）として意味を持ち、モデルの再選択に繋げるという作業を続けた。トレンドを外した確率的周期変動において、どのような要因からの寄与があるのか、という確認作業をしてきたといえよう。

ＡＩＣになじみのない分析者にとっては、そもそもトレンドを外すということは真実追求の道を降りることではないのか、という素朴な疑問もあると思う。しかし、今注目の中国経済のリズムともいうべき変動領域において、説明力を持つ意外な寄与要因を抽出しつつある。たとえばモロッコの株価の変動が中国の海運市況の説明要因として浮上するなどということは、構造方程式を追及してきた分析者にとっては驚天動地の大事件といえよう。

〔回答〕

モロッコは対外開放の輸出加工区を造成して、いわゆる西側のリズムを吸収してきた。このためモロッコの株価は、多国籍企業の活動水準の変化を拾い上げてきたといえよう。中国の内部にも、輸出依存度の高い地域があり、広東省はその典型といってよい。米国との間でG2という枠組みが取り上げられていた頃の広東省は、輸出活動がうねりを持っていた。電力不足から停電も頻繁に起きた。このとき石炭火力発電所の増設に踏み出した発電企業も多かったが、しばらくすると電力の売り先がないという状況に見舞われるに至った。こうした激しいリズムとなったのは、中国経済の内部事情を反映したものではなく、中国と西側諸国との間の貿易関係の推移を映しとったからといえよう。

モロッコはアブラハム合意の流れのなかでイスラエルとの国交正常化に踏み出した、アラブイスラム国である。しかしその株価の推移は、西側経済の動向を映しとる。中国とモロッコとでは、トレンドにかかわるところでは、相互関係を抽出する意味はないが、周波数領域では寄与度が浮かび上がるほどの関係として抽出される。AICの適用による成果として、その関係性を抽出できたひとつの代表例といえよう。中国経済のリズムの一端が浮き彫りになったのだ。

10　中国の内部のフィードバックは依然としてcouple

1992年の鄧小平の南巡講話によって、中国の人民は「走資派」の烙印を押される恐怖から解放された。これは「先富論」と総括されるに至る。商才のあるものは先に進んで、他に対して範を示せという意味に解された。深圳の地で行われた南巡講話に先立ち、シンガポールを訪れた鄧小平に対して、リー・クアンユーは対外開放の意味するものを熱く語ったという。シンガポールではこの地は公園施設の一部になっており、一連の経緯を解説する碑も用意されている。

リーも鄧小平も「客家」と呼ばれる広東省出身者で、外国への移民を通じて経済活動を展開する、いわゆる華僑のうちの主要なグループに属する。シンガポールの繁栄ぶりに目を見張る鄧小平への、リーの呼びかけの内容は想像できよう。利益追求はもう咎められることはない、と受けとめた人民にとって、そのお手本はまさしく華僑だったといってよい。開放路線とは、基準は北京にない、ということと同義だったといってよい。その後ほぼ20年にわたってこうした改革開放路線の下、中国経済は走り続けた。21世紀に入ってからのWTO加盟はその仕上げでもあった。すでに見たように、外航海運はもちろんのこと、内航海運の運賃においても、拾い出される要因は異なれども、海外からの影響を色濃く反映している。

習近平総書記の登場を告げた2012年は、リーマンショック後の「4兆元」という財政面からのテコ入れのなかで、「民進国退」から「国進民退」への移り替わりを象徴する時期に重なった。ここからさらに「中華民族の歴史的復興」が重ねられることになる。中国経済の足元の検証にあたっては、政策的な資源配分はいかなる原則で行われているのか、という論点に移りたいところだが、実態的には地方政府ごとの債務負担によって、いわゆる公共投資が続けられていたと総括せざるをえない。財源は土地の利用権の売却である。しかしこの不動産投資によって持続的成長を期す、という路線に綻びが生まれたことは、大手不動産開発企業である恒大集団の行き詰まりが象徴している。これが内航海運市況においてさえ、海外のリズムを拾うというフィードバックがかかっていることを示した。

われわれはCIPPS中国指数によって、月次ごとの中国経済の素描を続けている。2020年11月になりアリババのジャック・マーの経営路線ひとつをとってみても、傘下の金融企業アントグループの株式公開（IPO）が阻止されることを通じて、「改革と開放」が本格的な転機を迎えたと判断せざるをえなくなった。CIPPS中国指標としては2021年2月が転機となる。当初はアントグループの株主構成において、当局が腐敗の臭いを嗅ぎ付けたがゆえの株式公開阻止か、との受け止めが大半だったが、2021年に入ると、共産党一党支配体制と、巨大化した企業グループとの対立の構図との受け止めが広がった。そしてもしそうだとすれば、アリババグループに限定された話ではない、と解釈せざるをえなくなったのだ。CIPPS中国指数にこうした理解は重くのしかかる。そしてこのことは、香港島の地価の週次データと軌を一にしていることからも、広範な理解枠組みとなり始めたといわねばならない。

2022年秋の共産党大会によって、習近平体制の確立はより明瞭になった。鄧小平の「改革と開放」という路線は完全に否定されたかのように映るが、とりうる限りの中国に関する週次経済指標の解析によれば、中国経済の内部におけるフィードバックメカニズムは、鄧小平の設計路線を基本的に反映したものになっている。こうした構図の食い違いはいつまで持続するのか。

11　米国の中国切り離し（decouple）戦略の論理付け

習近平体制についての米国の猜疑心の出所は、サイバー空間における中国の攻撃が一因といえる。米国議会の調査体制の一翼に、U.S.-China Economic and Security Review Commissionがある。ここでは民主党、共和党を問わず、中国の軍事的攻勢に対する厳しい対応策が練られている。以下に紹介するのは、2022年2月に公表された委員会の報告書に記載された事項である。まずは中国におけるサイバーアタックの行為主体が、習近平体制の下で再編合理化されたとする論述だ。指揮系統が整頓され、攻撃対象の選定やその効果測定が系統的になりつつある、とされる。

第2は、そのための技術的力量の継続的向上策についての、米国側の理解の仕方である。まず計画段階では、データ科学と機械学習を駆使して観察対象の選定を行い、状況によっては自らの陣営への取り込みを図る計画が策定されている、とみなしている。ここからTikTokのような一見たわいのない情報伝達に対しても、連邦政府の翼下にある人物のみならず、民間人も露されるべきではない、という基準がつくられることになる。次の段階は具体的なデータ収集である。デジタル空間での新段階技術5Gを駆使して、データ収集とその関連付けを期す段階を指す。大量のデータを扱うための技術革新の重要度は高い。

続いて、分析とそれに基づく利用システムの構築がある。量子コンピュータによる高速の因果関連付けを目指すことになる。この過程において、集められた情報に新たな意味付けが行われることになる。こうした一連の過程で暫定的な解が生まれると、引き続いてこの過程が繰り返されることになる。米国が半導体分野において、中国の能力向上阻止策を練るのは、こうした中国の内部における情報解析力に重大な懸念を持っているからだといえよう。

第3は、米国の対中政策が人物交流阻止にも及ぶ可能性を示唆するものである。サイバー防衛を考えるとき、米国企業がそもそも誰にサービス対価の支払いをしているのかを押さえる必要があるというわけだ。対中国人への報酬支払いは10%に達している。ちなみに、日本人に対する支払いは1%にも達していない。米国企業はこの分野での日本人による貢献を前提にしていないといえる。逆に中国人の比重のここまでの高さの背景について、インテリジェンス（諜報）の視点からの考察を加えているのがこの報告書ともいえる。

米国の大学、研究機関等で働く中国人研究者に対して、相当な圧力が加わる可能性はもはや無視できない。decouple は諜報の視点の突出を通じて、米中間で進行する可能性は高いとみるべきだろう。

ここから中国は、独自に自らの先端研究体制を整えていくとの見方も広がる。これが、グローバルエコノミーの本格的な分断に至るとする仮説に繋がる。それは何を意味するのか。すでに見たように、中国経済内部のフィードバックメカニズムにおいても、グローバルエコノミーは無視できないというよりは、むしろ骨格を形成している。decoupleが進行すれば、中国経済のメカニズムの基調には何が据わるのか。誰も考えていなかった状況といえよう。

12　金融資産価格とグローバルエコノミー

われわれは、日本の不動産投資信託（Ｊ－ＲＥＩＴ）の価格決定に、国際的要因が大きな役割を果たしている可能性について点検する。この点については2つの側面を指摘すべきだろう。ひとつは、日本の不動産の床面積需要にかかわる決定要因だ。物流倉庫の使用は景気の繁閑による。日本の物流倉庫使用は海外との取引状況に大いに左右されるので、結果として海外、とりわけ米国の実質成長率の推移との関係が強まる。これがオフィスの床面積の需要となれば、グローバルエコノミーの動向に左右される側面を無視できない。そのとき日本は、米国というよりはＥＵの置かれた立場に親近性が高いといわねばならない。米国経済が持つ自らの活力に随伴する側面を日本が持つというよりは、グローバルエコノミーの動向次第という面において、日本はＥＵとの近似性があるという命題に関する検証は興味深いものというべきだろう。日本におけるオフィス需要の動向に寄与する要因を探っていけば、ＥＵ内部の新経済情勢が拾われるという側面をわれわれは観察しているのだ。

もうひとつは、ミドルリスクとミドルリターンの組み合わせがＲＥＩＴ市場の特性であるため、日本のみならず世界の年金基金が米国に次ぐ日本のＲＥＩＴ市場に大きな関心を寄せているという側面がある。そして年金基金の運用責任者は、環境変化への対応がすばやい「炭鉱のカナリヤ」を注視せざるをえない。低格付け債の動向によって運用の態度を決めるという側面がある。Ｊ－ＲＥＩＴ市場においても、たとえばイタリア国債の利回りの変化が大きな意味を持ってくる局面がある。ユーロ圏の内部における亀裂拡大が懸念されるときは、イタリア政府部門の債務過多を年金基金の運用者らが思い浮かべざるをえない局面である。そしてウクライナ戦争の長期化不可避という状況になると、日本の政府債務の水準も同時に想起されるという関係性が成立する。とりあえずは欧州における日本国債（ＪＧＢ）のユーロ建て上場投資信託（ＥＴＦ）への売りの先行が見られるが、国際的な投資運用者にとっては、円建ての金融資産全般への投資の手控え、ないしは売却への踏み出しに繋がることになる。Ｊ－ＲＥＩＴの価格形成に、欧州諸国の国債の利回りがフィードバックされるという局面とは、こうした連想が働く局面でもある。これを意外と受け止めるのか、それともやはりと確認するかは、日本の内部でも立場によって異なるだろう。世界第2位のＲＥＩＴ市場の動向は注目すべきなのだ。

２０２２年9月から１０月にかけての英国政変を導出したのは、英国債の利回りの急騰だった。財務規律を無視した刺激策が発表されると、英国債には本格的な売り圧力が及んだ。ここで注目を集めたのは年金基金の行動だった。そもそも、英国の年金基金は十分な利回り確保が難しいため、金利低下（国債価格の上昇）が続くなかで、借入金増加でバランスシートを膨らませるという苦肉の策を採用してきた。ＱＱＥが持続する状況では、国債の売却益の計上が可能であり、Ｂ／Ｓの拡大策は勝利の方程式のように思えた。ところがＱＴへの移行がウクライナ危機の長期化で不可避な情勢となり、しかも9月に登場したリズ・トラス新政権は、景気刺激策の採用に財源の手当てが不十分ななかで踏み出そうとした。国債価格の急落のなかで、英国の年金基金には損失を確定するためにもさらなる国債売却が不可避となるという状況が到来したのである。このときはユーロ建てＪ－ＲＥＩＴにも英国債の利回りの変動からのフィードバック効果が及んだ。「殷鑑《いんかん》遠からず」という、ある種の類推からの帰結を、ユーロ建ての金融資産は受けざるをえなかったのだ。

グローバルエコノミーは、サプライチェーンの再編がいまやoffshoring（岸を離れて遠くに生産地を移す）ならぬfriend-shoring（友好国への生産基地移転）という性格を帯びることから、分断の転機の到来という文脈で語られることが多くなった。しかし年金資産の運用という側面に注目するならば、グローバルエコノミーを形成する多国間関係が密接に関連しているといわねばならない。

グローバルエコノミーを考慮するなかでしか金融資産価格の決定はありえないのだ。

こうした金融の特徴は、ベビーブーマーズと呼ばれる一定の年齢層の膨らみが確認されて以降の特徴といえる。日本では１９４７年から49年までをベビーブーマーとして確認してきたが、米国の場合は復員兵の帰国の時期は１９５０年代末まで続いた。米国のベビーブーマーは生年１９４７年から64年までになる。こうした広範な年齢層が年金拠出者となったとき、年金運用の課題は金融の根幹に位置することになった。それではどのような仕組みで、実態的な価値創造とこれにかかわる金融資産化が図られたのか。金融の証券化や資産運用における受託者責任の流れは米国を中心に展開した。こうした専門性や責任の明確化を背景として、金融資産市場はグローバルエコノミーを体現することになった。われわれが確認しつつある金融関連経済の因果関係に、decouple という要因が根を張ったわけではないという重い事実は無視されてならない。

ＲＥＩＴ市場として米国が圧倒的だということは、商業用ビルディングや物流施設、そして住宅市場の形成に、米国以外の年金拠出者の資金が使われているということを意味する。そしてこうしたグローバルエコノミーの下での資源配分が持続しているということは、米国における投資が収益を生み続けるという経済活力の持続性が担保されていることでもある。日本のＲＥＩＴ市場が米国に次いで世界第2位の地位を得ているということは、日本の活力の、少なくとも潜在的な持続性を示しているといえるだろう。しかし実際は、取引の安定性を担保する制度の持続性や公平性への評価が、これまでのところ米国に次いでいるという側面の反映でしかないと解するべきかもしれない。

２０２２年12月20日、日銀から10年物国債の利回りを、従来０・25％の変動幅だったものを０・５％の幅まで拡大することが発表された。日本の市場関係者はこれを驚きと表現したが、もし本当にそうだったとすれば、それは認識上の手抜かりだったといわねばならない。すでに見たように、ＪＧＢのユーロ建てＥＴＦが、短・中・長期のＪＧＢの組み合わせ比率で組成され、日々取引が行われている。Ｊ－ＲＥＩＴの規模が米国に次ぐ位置にあり、金融取引についての規制が撤廃されている日本の市場において、日銀が長期にわたって「指し値オペ」で価格を実質上固定化していることの異常性は明らかだった。ＪＧＢのユーロ建てＥＴＦ価格が、日本経済を取り巻く変動極まりない環境下において、想定されるような動きをするのは当然だ。国際的なポートフォリオの構成で投資を行う経済主体が、ＪＧＢのユーロ建てＥＴＦを見逃すわけはなかった。12月20日を迎える前から、価格は下落（利回りは上昇）下にあった。そして12月の最終週にこうした動きはダメ押しとなったが、決して「驚き」ではなかった。日本の市場関係者がこうしたＪＧＢのユーロ建てＥＴＦの値付けを無視し続けていたとは、信じられないというべきだろう。

それでは、ＪＧＢのユーロ建てＥＴＦに動意が生じたのはいつか。ウクライナ戦争の長期化不可避の流れのなかで、「指し値オペ」という極端な人為性はもう続かないと、日本という経済システムに組み込まれるに至った人為性のうす皮を外す行為が開始されていたのだ。２０２２年12月20日の日銀の決定は、「指し値オペ」を見切った国際的な投資家にとって特段の出来事だったわけではないのだ。むしろこの時点において問われていたのは、翌２０２３年のグローバルエコノミーに忍び寄る不況の深度をどう読みとるかであった。12月に入ると成長株は再び値を崩し始めていたのだ。ウクライナ戦争の長期化予想が広範化した２０２２年4月以降の推移のなかで特徴的だったのは、工業用資材であるアルミニウム地金、銅、エチレン、尿素、アンモニアなどの価格下落傾向であった。他方でインフレ懸念の広範な浸透があるにもかかわらず、工業用資材価格の調整をどう見ればよいのか、という議論設定は、われわれが見る限り世界的にも観察されないものだった。

われわれは、①公表される週次データの収集を図る、②予測経路の導出にあたってＡＩＣに基づくモデル選択を行ったうえで、週次データの発表を待つ、③予測経路平均値と実績値とのズレ（誤差）をもって新たな情報量とし、尤度（likelihood）の改善を期しつつも、次数の絞り込みを図るモデル選択を行う、という3つの作業を継続した。

予測のための道具としてＡＩＣを尊重し、イベントが相次ぐなかでモデル選択を繰り返し、現実に寄り添う努力を積み重ねた。それからすれば、グローバルエコノミーの下方シフトも、「指し値オペ」という人為性の持続力も、それがより広い脈絡で論じられるようになるのは時間の問題、という認識を持つに至ったといえよう。グローバルエコノミーの動向に対する新たな分析視角の確立というテーマに、われわれはこだわっているといえよう。

〔質問〕

お二人がＡＩＣに沿ってモデル選択を繰り返すという作業を行ったのは、本書の記述からも明らかなように、１９９７年、１９９８年、２０００年、２００３年であり、見過ごしたと残念がったのは２００７年である。いずれもいわゆる危機の構図の解明が求められるときだった。そして改めて統計量の創出となれば、ＣＩＰＰＳ中国指数に仕上がった中国業況調査開始の２０１０年である。そこから２０１５年の「人民元危機」の同時代解明に至った。そして今回は本書の出版を期して、２０２０年以降の世界経済分析に注力を始めた。なぜ２０２０年以降がＡＩＣの適用による因果解析の集中適用となったのか。

〔回答〕

第5章のジェームズ・マクスウェルの悪魔の理解にかかわってくる。完全気体はマクスウェルの分布と名付けられる。ここに情報を獲得しようとする悪魔が登場する。情報はエントロピー（不秩序）に負の符号を付ける行為のなかで生まれる。悪魔が粒子を仕分ければ、このなかで情報が生まれ、エネルギーの伝達に至る。ここで仕事をしてもらうわけだ。しかし、悪魔自身も不規則な運動のなかで、次第に「目まい」を起こし、活動を続けられないことになる。ＡＩＣによるモデル選択の有効性持続にも限度があるというわけだ。われわれは、この悪魔の活動期間である準安定（metastable）の状況下において、エントロピーの減少（すなわち秩序化）という果実を手にして、因果解析に繋げたいのだ。以下でその過程を見てみよう。

13　新状況の整理

２０２０年以降、グローバルエコノミーに大きな変化が相次ぐ事態となった。このため経済変動要因が輻湊《ふくそう》する状況が目の前で展開している。当然のことながら、経済変数間のフィードバックを無視したマクロ経済モデルの使用価値は極端に低下した。とりわけ、モデルの内側において互いに影響し合うことを前提とした内生変数とは明瞭に区別された外生変数に、大きな変動が押し寄せるという実態を無視すべきではない。いうなれば、内生変数から外生変数へのフィードバックである。われわれは、モデル構築にあたってのこうした新状況に対し、時系列モデルを利用して、予測や制御という課題に対応しようと決意した。まず、新状況について月日を追って整理する。

①２０２０年秋の時点で、中国の習近平体制の新局面が明らかになった。共産党による企業活動への明白な介入が開始され、中国経済は新局面に入らざるをえなくなる。

②２０２１年秋以降、米国の物価上昇率は明確にテンポを上げ、やがてＱＱＥからＱＴへの局面変化は避けられないと各経済主体が受け止めるようになった。

③２０２２年２月24日以降、ロシアによるウクライナ侵攻による打撃が経済面でも世界レベルで

確認されるようになる。

④物価上昇率の高騰を受けて、ＱＱＥからＱＴへと先進国の金融情勢に四半世紀ぶりの変化が生ずる。

⑤derisking の対象国として、ロシアに続いて中国が一挙に浮上することになる。対ロシア向けの軍備体制強化がＮＡＴＯ加盟国で生ずると、中国の軍事力増大に歯止めをかけることについての優先順位が高まらざるをえなくなり、グローバルエコノミーの下でのサプライチェーンネットワークにおいて、専制主義国家の切り離しというテーマが浮上せざるをえなくなった。

⑥２０２３年10月７日のハマスの対イスラエル蜂起は、中東情勢を一挙に不安定化させることになった。伝統的エネルギー資源について、価格にも供給量にも不安定性が拡大すると、米国をはじめとした非中東の資源国では、脱炭素のエネルギー政策の推進に足踏み状況が生まれることになった。原油や天然ガスの発掘プロジェクトに再び日が当たる状勢となった。

⑦２０２４年に入ると、日本の株式市場に資金流入が相次ぎ、中国情勢の遮断幕が一衣帯水の地に降りたかのような状況が現出した。

⑧日本では「物価と賃金の好循環」の成立が見通せるかどうかという命題が浮上するものの、新検証命題は本当にこれなのか、という内なる声も登場せざるをえない経済情勢が生まれつつある。

⑨　米国においてはＱＱＥからＱＴへの変貌のなかで、商業用不動産市場での調整の開始とその持続とが見られ、実質個人消費の停滞も確認されつつある。
⑩　ＥＵ経済の停滞の背景に、ウクライナにおける2年以上の戦争継続があることから、停戦を望む声の広がりが見られる。

14　ＱＴの開始に伴うコンテクスト（脈絡）の変化の読みとり

２０２1年11月24日の米国商務省による10月の個人消費支出デフレーターの発表が、ＱＴ開始の号砲となった。２％程度のデフレーターの上昇を、金融政策の持続的目標とも表現してきた連銀にとって、対前年同月比５・０％の上昇は耐えがたいものと受け止められた。そしてこのコンテクストから、次の政策展開という経済についての読み筋が浮上したというのが一般的理解である。ではこれ以外のコンテクストの読みはなかったのか。

まず点検すべきは、個人消費支出デフレーターの推移について、商務省統計以外には手掛かりはなかったのかどうかである。小売業の店頭におけるＰＯＳデータからは、11月24日だった商務省の発表以前から推測は可能であった。少なくとも3週間以上前から、商務省発表に近似した10月のデフレーター確認は可能だったはずだ。だとすれば、8月、9月の数字の延長線に推計した10月の数字を置けば、他の時系列データと組み合わせたモデルが、その後の予測経路をはじき出したはずだ。

公表データで点検を行うと、リスクの顕在化による値下がりがハイイールド債を最初に襲うはず、という仮説の真贋がまず試されよう。金融緩和から金融引き締めへの転換が生じた折、ハイリスク・ハイリターンの金融商品の値崩れが先行するという過去の事例の積み重ねがあるゆえに、コンテクスト（脈絡）の読みに大きな迷いはない。今回もこれが実証された。すなわち週次データによれば、10月に入ると、早くも値崩れの徴候が明らかだった。このことはハイイールド債のゆらぎの部分に対する他の変数からの寄与度をチェックすれば、コンテクストの読み違いは生じないだろう。そして予測経路平均値で、その後の推移に見当を付けることも可能だ。ＭＡＲモデルは有用だったことがわかる。

米国の長期金利についての予測経路を点検すれば、上昇の気配を感じとれるが、それではそれがすぐに日米金利格差から対ドル円レートの下落に直結したかとなれば、それには直結したといえないのが実際だった。円レートの異変ともいえる状況は、ロシアによるウクライナ侵攻がきっかけとなった。このコンテクストは次のように解すべきだろう。

ウクライナ侵攻はＥＵ各国、とりわけ財務上の負債残高が経済規模に比して大きいイタリアにまず重要な影響を及ぼした。欧州平原の一角に生じた軍事上の衝撃は、和平への道筋が揺らぐなかで、財務基盤の弱い国から国債価格の急落に襲われるという経緯をたどった。そしてここでコンテクストの読み替えが生じたのだ。日本はイタリアに比しても財務基盤が脆弱だから、イタリア国債売りが生ずれば、日本国債はさらに売られて然るべし、との見立てに根拠を与えたのだ。

ここから円建ての金融資産が総じて売り込まれる、という引照基準への引き渡しが起きたといってよい。日本国債のユーロ建てETFが欧州で取引されている。これは日本国債の集合商品にかかわって、先物の値付けが売りと買いの双方が見合うようなところで行われていることを示す。日本国債の先行きについて、売り先行を予想する向きは、特定期日決済の日本国債のETFに関して、多少とも低い値のところで売り注文を出す。そこまで値下がりしないとの判断する投資家は、その値段ならばと買いに回るだろう。これで取引価格は決定する。売買は双方反対の買いと売りで事後的に相殺されねばならない。東京市場で日銀による長短金利操作（イールドカーブコントロール）が続けば、予想したほどにはETFは下がらないかもしれない。このときには先物で売り手に回った側は結果的に高値で現物を買って、売り玉を用意せねばならない。しかし、他の投資ポートフォリオ構成との関連で、こうした日本国債の先物取引によってヘッジ機能を満たしたいとする投資家は存在する。痩せても枯れても、日本国債はポートフォリオ構成の対象たりうると考える投資家は世界に多く存在するのだ。

日銀は長期にわたって10年物国債の金利を0・25％に押さえつけたが、欧州のユーロ建てのETFでは明白な下落に見舞われた。何が寄与しているのかを見ると、たとえばイタリア国債の利回りが重い意味を持つ。

これはコンテクストの解釈からくる値付けといえる。モデル選択と予測経路の提示を通じて、日本財政の立ち位置が丸裸にされているともいえよう。次の因果関係に関する図3は、日本におけるトリプル安の構図がもし浮上するとすれば、因果の図式はかくなるものなるべし、として例示したものである。

〔質問〕

誰がいい出したのか、「物価と賃金の好循環の成立」という検証命題が登場したかのごとしであった。永田町・霞が関・本石町（日銀の所存地）というトライアングルの代表者らがいずれも、この好循環の成立こそが日本の目指す政策体系の帰結といわんばかりだった。多くの市民は変だ、焦点ボケだ、と思ったものの、では何が焦点たるべきか、については不明と返さざるをえなかった。因果解析をもっと絞り込んだものにできないものかと思う。

〔回答〕

ここに至れば、事態の関連付け（アソシエーション）、推定すべき因果律を浮上させる想像力、時系列に沿って生起するダイナミズムの解明のすべてを、予測モデルに集約するなかで追求することになろう。それがわれわれの追求すべき道程でなければならない。

図3　ウクライナ侵攻の長期化不可避論の登場と、引照基準の変貌

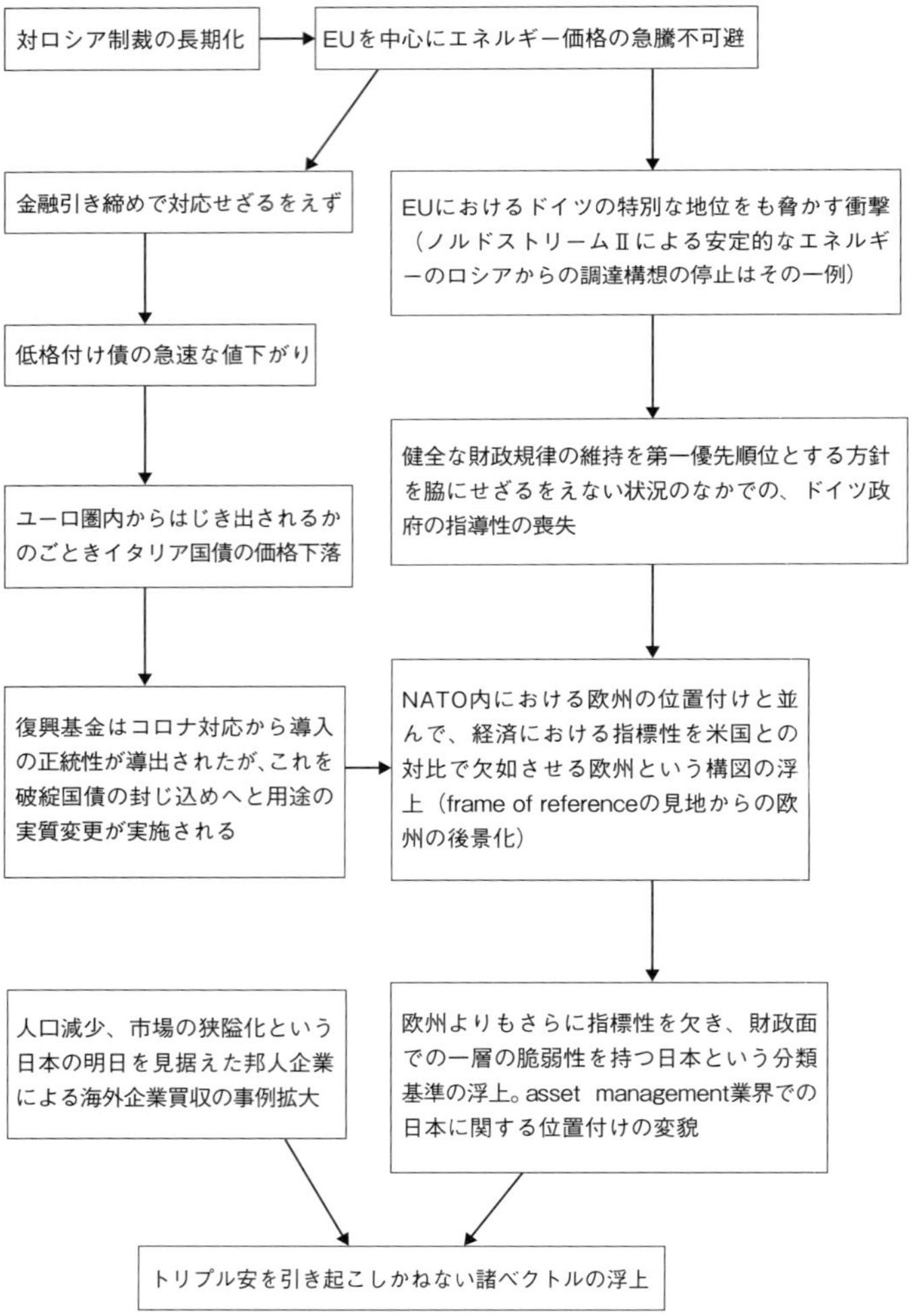

15　世界の金融市場における日本の位置付け

世界の金融市場での日本の位置付けにかかわる命題として挙げられものに、次の3つがある。

①「危機の折の円高」に象徴された世界のなかで選好される、円建ての金融資産という構図の変貌
②ウクライナへのロシア侵攻後に「トリプル安に襲われた日本」が顕現したような、脆弱性の腹を見せる日本
③「運用の場としての日本市場の魅力度の低減」を象徴するように、為替リスクのヘッジのための余分の費用を支払ってでも、外貨建て資産を恒常的に選好する日本の資金運用者の増加

為替管理の施行が日常的に、あるいは、金融不安の折にはさらに強度の為替管理が導入される通貨が、いざというとき選好される通貨になることはない。この点については、日本の資金市場は世界のなかで最も自由な部類に属する。中国の人民元がこうした位置につくには相当の時間経過が予想されるため、米ドルに次ぎ、ユーロと並んで円の位置は揺るがないだろう。

ユーロについていえば、世界経済におけるいくつかの種類の危機のシナリオにおいては、域内における潜在的亀裂の表面化懸念が浮上するときには、円に対しても売られる立場になることも多か

った。「危機の折の円高」は、ユーロ圏が抱える内部の調整コストに相当するものを日本が持たないことを示したものであった。

それでは、危機が円高に結び付く局面は今後もありうるのか。ここでは危機の種類の仕分けも必要となろう。米国政府が国内的政治亀裂によって揺らぐ事態は、トランプ政権以来排除できなくなった。こうした米国の国内政治の困迷は、もちろん米国の対外関与能力に影響を与える。日本に米国の対外関与の補完勢力としての十分な備えがあるわけではないが、相対的には若干の円高局面として、その位置付けがなされることはありうる。週次データ系列のなかで、結果としての因果解析が可能な局面もありえよう。

今後注目すべきは、中国を取り巻く政治経済環境の激変という、十分想定しうる事態が現実化した折である。2つのまったく異なる反応がありうる。ひとつは、中国にかかわる危機の顕在化によって、「危機の折の円高」という現象に直結する場合である。中国経済に関していえば、システミックリスクの顕在化が最も懸念される。労働生産性の伸び率の低下や雇用吸収力の行方に関心が集まるのは当然だが、これは長期にわたって論じられる種類のものである。これに対して金融面での円滑な支払い環境が一挙に損われるシステミックリスクの顕在化は、瞬時に広範な反応を引き起こす。中国の巨大不動産開発企業の債務支払い遅延によって、すでに外債の借り換えにあたっては2ケタの支払い金利という事例が、中国不動産業界で相次ぐ。中国の金融当局はこの問題の封じ込めを図ろうとするが、影の銀行と呼ばれる銀行以外の経済単位の債務過多問題については、当局によってもその深刻さが十分に把握されているとはいえない。

週次データによって、この課題への接近を図ることはできるのか。中国企業のうちで外貨建て社債の発行を行うところは増大した。一種の格付けが行われていることから、特定のカテゴリーに属する企業の社債の利回りの推移は、経済状況に対しての現実的な接近の第一歩となるだろう。こうした観点に立ち、中国企業の金融上の手詰まりが確認されたとき、これに対比して日本はどうなのか、という比較の視点が浮上すれば、これもある種の「危機の折の円高」現象に繋がるであろう。しかし、もし中国に本格的なシステミックリスクが浸透すれば、日本は巻き込まれないですむのかどうか、という論点も浮上するかもしれない。中国からの悪影響を日本に到着する前に遮断するオイルフェンスが敷かれていれば、「中国は中国、日本は日本」という遮断が可能となる。しかし、サプライチェーンが日中をまたぎ、かつ中国発の不況に日本が遠からず巻き込まれるとなれば、日本円は人民元に追随して安くなる（つれ安）ということになる。これも週次データによる因果関係把握の対象となるだろう。「危機の円高」か「つれ安の円安」か、という2つの命題を巡る因果のフィードバックが探れるとすれば、それは週次データによる以外にないだろう。

16　ロシアのウクライナ侵攻がもたらしたもの

ロシアによるウクライナ侵攻は、欧州大陸において巨大な衝撃となった。過去のどのイベントに匹敵するのかを考えるとき、ひとつはフランス革命後のナポレオンのモスクワへの進撃だろうか。フランス国民軍がドイツを通過するとき、軍事的には実質的に何も起きなかったが、冬将軍に見舞われたナポレオンの退却時には、封建諸侯の下で分断されたままのドイツに変化が生じ、小規模の軍事攻撃は相次いだ。白馬にまたがりロシアへと進軍するナポレオンをイエナの地で見たヘーゲルは、「見よ、世界精神が行く」と表したというが、フランス国民軍はドイツ人の世界認識に大きな変化をもたらしたのだ。プロシアによるドイツ統一は、それから2世代しか経っていない。このイベントは新たな結集力となったのだ。

軍事産業基盤の民需転換というテーマをロシアがまったくこなせないまま、プーチンによる実質上の統治は長びいた。陣取りゲームのような発想からの脱却こそがロシアの課題であったにもかかわらず、冷戦後の西側の対ロシア接近は、焦点ボケの privatisation（民営化）の勧めだったりした。結果として旧軍事産業基盤は自らの変革ができず、ウラル山脈の麓のエカテリンブルクは核兵器や化学兵器の生産基地からの脱却にもがくばかりだった。水道水は飲まないようにという注意を、ソ連崩壊から数年後でも現地では受けたものだ。

そうしたいわゆる西側のロシアへの無関心のなかで、ロシア人の発想転換は遅れた。勢力圏の確保という発想をロシアの知識人が越えようとしても、新たな価値創造の基盤を欠く以上、新しい統治の概念は根付きようもなかったといえる。「陣取り」の勧めの正反対を、「陣取り」意識を刺激させないという観点から説いたのが、ズビグネフ・ブレジンスキーだった。ウクライナを巡るロシアとＮＡＴＯ諸国との関係について、ＮＡＴＯ側の無神経さの抑制を説くブレジンスキーの英知はさすがだった。

論ずべきは、冷戦崩壊から30年以上経ってもロシア経済や社会の構図の基本は変化しておらず、国家主義的に振る舞う以外の立脚点を、ロシアのリーダー群の多くが持ち合わせていないことだ。いわゆる西側もこの点において抜かりがあったといわねばならない。そしてこの溜め込まれたマグマが、ウクライナ進攻というかたちで流出したといえよう。短期的な弥縫策はないことを欧州人は知るがゆえに、ウクライナ進攻の衝撃は相当程度後を引くと受け止めざるをえないのだ。ＮＡＴＯ加盟の欧州各国は、軍事費増強を中長期的に回避できないと受け止めた。ここでは軍事予算の膨張は避けられない。そしてロシアからのエネルギー資源の輸入への依存は早急に解消せねば、となったのだ。イタリアは財政赤字の封じ込めは可能か、長期債務残高の積み上がりに見られる脆弱性の打破をどうするか、さらに軍事支出増が不可避とすれば、財政の健全性の尺度は守りうるのか、などの検討項目が相次いで浮上した。

EUを取り巻く中長的課題が表面化すると、日本についてもまたこの認識による仕分けの実施が不可欠なのでは、とされるようになった。日本についての引照基準を否が応でも変更する以外になくなったのだ。週次データによる引照基準の変更到来の跡付けは可能なのだろうか。

2014年にロシアによるクリミア侵略が行われると、いわば問題の局地的封じ込め手法がまず考えられた。ヘンリー・キッシンジャー元米国国務長官が引っぱり出され、ウクライナの国際的位置を保全すべく、ロシアとドイツ、フランスを中心にミンスク合意が取り決められた。これはいわゆる西欧にとっても、また武力での局面打開を狙ったロシアにとっても、それなりの「解」と受け止められる面があったが、実際には新たに展開する当事国の、いわば情念とでもいうべきものを封じ込めることはできなかった。

そもそも冷戦秩序崩壊後については、ロシアと中央アジアや東欧との関係にかかわっていえば、微妙なものがあった。ポーランドを離れて米国に移住したブレジンスキー元大統領補佐官は、1997年に *The Grand Chessboard*（巨大な譜面）を執筆し、「ウクライナについては中央アジア以上に、ロシアにとって歴史的にも心情的にも微妙な関係性が存在する」と指摘し、「ウクライナを西側にとり込むという政策が展開すれば、ロシアの反応は計り知れない」と警告した。「欧州的ロシアが登場する前の段階においては、西側による軍事的なウクライナへの接近は慎むべきで、ロシアの内なる変容を待つのが上策」とした。オスマン（トルコ）帝国の滅亡の後、ケマル・アタチュルクが登場して欧州にとっての地域的不安定は一挙に好転したが、「ロシアにアタチュルクの登場の兆しはない」とブレジンスキーは状況についての判断を述べた。しかし、ブレジンスキーほどの歴史観は、その後の西欧と米国の指導者にはなかった。そして筆者の一人である田中がよく知るクレムリン事情の解説者は、プーチンは *The Grand Chessboard* の先のくだりについて、大声で「そうだ、そうだ！」と叫んでいたという。２０１４年のウクライナ侵攻の前の時点のことである。

われわれにとっては、分析の対象はとりあえず地政学ではない。２０２２年のロシアによるウクライナ侵攻によって、グローバルエコノミーの変容と、それによって引き起こされる新展開によって新たに誕生するであろう経済メカニズムの考察である。２０２２年2月24日は、エネルギーと食糧という2つの資源の配分に大きな変化を与え、それがグローバルサウスという枠組みを登場させるとともに、資源の生産国、そして消費国を巻き込む新枠組みの模索を導出させることになった。中国、インド、中東産油国、イスラエル、そしてグローバルサウスを分析することの必要性は一挙に高まった。残念ながら、日本への注目度は世界的に見て低下せざるをえなかった。

外貨建て資産の運用はリスクヘッジなのか、それとも望ましいポートフォリオ形成への一助なのか。年金拠出と年金給付のあり様が、経済社会の骨格のひとつを決めることになるという意識は、土光臨調（第二次臨時行政調査会）のときにも、細川護熙内閣の規制改革の開始のときにもなかったといってよい。これに対して米国の場合は、ベビーブーマーによる年金拠出の積み上がりが観察されると、まず年金資産の運用責任者の規律付けの必要という視点が提示された。本来の依頼者（委託者）に対して、業務の受託者が払わねばならない注意義務の範囲、委託者との利害関係に関する相反性の排除、などの基礎的な論点をこなさなければ、年金拠出者、また年金受給者の納得が得られないことは明白であり、米国議会はこのテーマをこなすなかで、資金運用受託者にとっての規律の部分を法的にも規定した。こうした年金基金の運用受託者にとって、戦場と戦場のルールは明確になった。1980年代は米国の金融にとって大きな分岐点となった。そしてエコノミストの役割は、金融資産の王様である国債の流通利回りの推移を予想すること、との明確な定義がなされたかのごとくであった。

17　産業大国から金融価値重視国家へ

1980年代に入って、ニューヨークの投資銀行のエコノミストらと面談を繰り返したことがある。日本の金融機関の多くは、米国の投資銀行にとって顧客でもあったから、日本からの来訪者が米国の実質成長率の推移についての見解を知りたがっていることを熟知するため、日本からのエコノミストの来訪に対して、いわば合わすように、最初の話題の切り口を景気動向にしてくれることが多かった。しかし、これは資産運用責任者へのサービスということならば違ったであろう。これを実感したのは、当時有名なエコノミストだったヘンリー・カウフマンの講演会場に足を運んだときだった。このときのニューヨークの聴衆が聞きたがったのは、自己の意思決定メカニズムの下にある金融資産ポートフォリオのパフォーマンスのゆくえに大きな影響を与える、米国債の流通利回りの先行きについてだったのだ。カウフマンはこうした顧客の要望に答えるように、金融資産市場の動向についての彼の見解を述べ続けた。そして60分の講演時間の最後のところで、この見通しの変更があるとすれば、として、経済成長率の想定外の変動の可能性に触れたのだ。これは日本のエコノミストの講演の展開とはまったく異なるものだった。日本では、マクロ経済モデルの構築に多大なエネルギーを割いてきた。そして、個人消費や民間設備投資などの需要項目別の予測モデルに国債の流通利回りは入っていなかった。

筆者の一人である田中は、景気討論会に出席することも当時はあった。経済モデルで予測を行っていたある大学教授と、討論会でたまたま隣席となった。討論が金融逼迫の可能性に移ったとき、司会者は現先（買い戻し条件付きの国債の売却による金融機関の資金繰り）市場について触れた。

そのとき彼は私にひそひそ声で、「おい、国債の流通利回りの水準はいくらと見ればよいのだ」と聞いた。当時の予測モデルにはまず金利が入ることはなかったのだ。

当時、いわゆる団塊の世代は30歳台後半に入り、彼らの年金拠出額は膨れ上がっていたにもかかわらず、である。しかし、この点について注目する知的潮流に見るべきほどのものはなく、マクロ経済予測モデルは実質GDPの推移の展望に傾斜したままだった。

カウフマンがエコノミストの代表選手とするならば、日本にはまだエコノミストは十分に育っているとはいえない、と私は断ぜざるをえなかった。そして日本の金融業界に対して、年金拠出者や年金受給者に奉仕する仕組みづくりの重要性を説かねば、と思った。背景には、第二次世界大戦後の日本の保守主義の発生上の歪みにかかわる認識があった。敗戦と被占領が重なったことが米国にかかわって日本を分けることとなった。反米は旧日本支配層に広がる可能性はあったはずだが、現状維持に利益を見出す層は、ずぶずぶの親米勢力となった。そしてこれが日本の支配層として再編されていくと、日本の反支配層は次第に反米に傾斜することになる。そしてこれが、ベトナム戦にあたって米国が爆撃を繰り返すようになった1960年代においては、反米行動の源泉のひとつに正義感が伴うことになる。

米国を巡る日本社会のこうした二分は、日本における米国研究を本格化させない要因となった。自らの利益体系に沿った米国への親近度は、米国社会研究を遠ざけるものであり、また米国における共産主義への厳しい断罪は、米国社会の探求を通り一遍のものにする可能性があった。結果として、受託者責任という金融資産運用にかかわる大原則の社会的意味を問う視点が日本に欠如し、高齢社会の到来にもかかわらず、不十分な説明の下で、金融引き締め時には価格の大幅な下落となる「仕組み債」が日本社会の根底のところで売られるという、恐ろしい現実に結実したのだ。

われわれが日本の保守主義を定義できないでいるもうひとつの要因は、ＧＨＱによる日本占領前の、日本の軍国主義のゆえである。大正デモクラシーの後に、結果として日本軍国主義が居据わり、近隣への軍事侵略と日本敗戦に直結したのは、第一次世界大戦後の不況の長期化、とりわけ農村恐慌であった。農村の疲弊が日本社会の根底を揺さぶり、これが軍国主義の台頭に直結したとの理解は、日本の支配層に定着したといってよい。結果として戦後日本の保守思想にどのような影響を与えたのか。

深層学習のメカニズムの解析で、残差接続（リジデュアルコネクション）がある。時系列分析において２つ、３つの段階を飛ばして突然影響力を発揮するような因果連鎖である。これを戦後の日本についてみれば次のごとくである。

敗戦、被占領にあっては、ＧＨＱの下で結果として緊縮財政の施行となった。ドッジデフレと呼ばれるに至った均衡財政主義の下、日本の企業群の多くが一息ついたのは、朝鮮動乱によって資材調達が相次いだ１９５０年の後半以降のことである。そしてその後の景気循環のなかでも均衡財政主義は持続した。変化が生じたのは、1965年の不況時において、税収不足から財政赤字が不可避となったときである。このときは歳出削減策も増税策もとられず、国債発行によってまかなわれた。この赤字国債の発行以降今日に至るまで、新規国債発行によって歳出を組み上げるという手法が続いた。第二次世界大戦後をとって見ると、均衡予算の編成は20年間、国債を抱く当初予算の編成はその後の59年間に及ぶ。そしてその政権のほとんどは保守党なのだ。地域社会の内部に失業増や倒産事例の多発が生ずれば、日本の社会構造の保守の根幹が脅かされる恐れがあるため、歳出増のために国債発行による次世代への負担の先送りが生じたとしても、そこは目をつむるべき、という声が保守党の内部で圧倒的だったのだ。しかもこの構図は今日においても覆る気配はない。しかもこの日本の保守政治の危さを指摘する声は、今日といえども大きいとはいえないのだ。その真因はどこにあるのか。残差接続という解析がからくも説明になるのだろうか。

不況が深刻化して日本軍国主義が復活するようなことがあれば、日本の内外に禍根を残す、という命題は、占領期には登場の余地はなかった。1952年の日本の独立以降も、当初予算が決算段階で歳入不足に陥る事態は回避できてきた。歳入の範囲内に歳出を絞り込むという規律が持続したといえよう。しかし1965年の不況下にあっては、赤字国債の発行は何が何でも回避すべきだとする声は大きくはならなかったのだ。ケインズ主義の定着があったことを論証するのは簡単ではない。被占領期にあっても、その後の経済安定期にあっても、残差接続に関する認識が20年間は表面化することはなかったといえよう。説明要素としての構成をとらなかった農村不況への恐れからの財政上の手当て措置は、「40年不況」をきっかけに突然登場したことになる。そしてその後は接続（connection）の面が無視できなくなる。日本の保守政治には不況恐怖症がついて回ったといえる。ではなぜ、90年も前の記憶が残差接続の要因であり続けるのか。

債務負担の先送りがもたらす財政と経済システムに対する不安定化要因は、たとえ潜在的であっても社会基盤の安定を損う可能性がある以上、封じ込めようとするのが保守主義者の態度であろう。ところが半世紀以上にわたって、こうした保守主義者が日本政治の表舞台に立つことはなかった。そして財政支出の配分先ごとに、カネと票とを選挙時には用意するから、という仲介を主業とする保守主義者が群をつくることになった。今日では、日本軍国主義からの返り血を恐れるという残差接続からの要因は消失したといってよい。しかし、今日の日本流の保守主義の源流を構成したことは間違いない。それでは、こうした来暦を持つ日本の保守主義に脆弱性はないのか。

この検証は簡単ではないと覚悟してきたが、ロシアのウクライナ侵攻は、いわゆる日本の保守主義の脆弱性を垣間見させることになった。欧州大陸にとって第二次世界大戦以降初めての、本格的地上戦の展開が始まったのだ。そしてこれがきっかけとなって、日本の保守政治の先送り構造の脆弱性が突かれたといえよう。週次データによる解析においては、たとえばイタリア国債が売り浴びせられる局面が登場すると、次の局面において円建て金融資産の位置付けが問われるという局面に繋がる。たまたまイタリアでは、日本国債の組み合わせを合成証券とするユーロ建てのETFが市場で取引されている。イタリア国債の下落リスクに直面した投資家は、先行きのリスクのヘッジを考える。使える材料がJGBのユーロ建てETFなのだ。10年物国債はイールドカーブコントロール(YCC)で動かない。しかし、満期20年物や残存期間が8年、9年物国債については日銀も部分的にしか介入しない。組成されたETFはそれなりに役割を果たすことが期待されるのだ。

18　2022年12月の日本の金融市場

日銀は、2022年12月20日の金融政策決定会合で、大規模な金融緩和策に関する修正を決め、長期金利の変動許容幅を従来の0・25%程度から0・5%程度へ変更した。2016年のマイナス金利導入以来、日銀は異常なまでの金融緩和措置を続けてきたが、その後6年余りで市場機能の回復へと舵取りを変更せざるをえなくなった。日本の金融市場において、10年物国債の入札が相次いで不調に終わる事態に陥ったとすれば、「債券市場の王様」の値が決定されない状況に立ち至ることになる。地方債や社債の発行も不調に陥らざるをえなくなるはずだ。日本の内部において十分な説明がなされないまま、結果として国際金融市場としての東京の位置の陥没が現実化しつつあると判断せざるをえない。さすがに日銀も、市場機能の回復を掲げて政策変更に向かわざるをえなかったと解すべきだろう。

こうした日銀の意思決定に至る状況を予知し、その点を表示していた市場が海外にあったと解釈してみてはどうか。ＪＧＢの集合商品のＥＴＦは欧州でユーロ建てで取引が行われ、東京でのＪＧＢの下落を先取りしていたのだ。

ＪＧＢの発行量は半端ではない。日本の債務残高は対ＧＤＰで世界最大の2・6倍となるなか、10年物国債利回りを0・25％で釘付けにする政策の持続性には疑問あり、と判断する市場関係者は世界中にいた。ＪＧＢの残存期限に幅を持たせて商品構成を固定すれば、ＥＴＦとしての値決めは市場において決まる。このＥＴＦの先物（たとえば半年後に決裁）市場において、足元が異常な高値と判断する投資家は、相当値引いた価格でならば買いたいと考える。そこで現状よりも安い価格で買う権利書（コール）を買ったとする。半年後に値下がりが実現すれば、買いを実行する意味はないので、この権利書の価値はゼロになる。しかしＥＴＦの値段がこの価格よりも上ならば、この投資家は先物で買う権利書の入手に踏み出したことの意味が出る。

他方、ＥＴＦの値下がりは相当に進行すると判断した投資家は、ほどほどの下落した値段で売る権利書（プット）を買っておく。大幅な値下がりが思惑どおり実現すれば、安値で現物のＥＴＦを拾い、プットという売りに利益が出る。欧州におけるＪＧＢのユーロ建てＥＴＦ市場では、先物取引を中心に現物市場も整備され、日本政府や日銀の手の及ばないところで発展してきた。そしてこの市場が存在感を飛躍的に高めたのが2022年であった。それまではJGBの売りや通貨としての円の売りを先物市場で仕掛けたとしても、十分な成果に直結したとはいえなかった。そういう意味では、JGBのユーロ建てETF市場にさしたる注目がなされなくとも不思議はなかった。

ところが2月24日のロシアによるウクライナ侵攻は、日本政府の財務構造の脆弱性を明瞭なものにした。第1は、EU内の諸々の亀裂が表面化するなかで、イタリア国債に売りが先行することになる。GDP比で見たイタリアの国家債務の水準を100%も上回るのが日本である、という事実に改めて焦点が当たることになった。引照基準としての飛び抜けた債務比率の水準は、誰の説明も要しない異常なものだった。

2022年はイタリア国債、そして英国債の大幅な値崩れがあった。JGBのユーロ建てETFは連想安を十分に刺激するものとなり、イタリアや英国にかかわるリスクのヘッジのために使われたといえよう。

〔質問〕

リフレ派によって支配されたと評された日銀の意思決定過程でも、2022年の国際状況はもう受け入れていかざるをえない、という判断だったのだろうか。もしそうだとすれば、遅過ぎたとの評価もありえよう。

〔回答〕

金融市場は投資家に対して判断材料を次々と提示する。こうした情報を日々こなそうとする金融市場の一端をみてみよう。

19　バリュー株をグロース株から区分する意味

米国経済の多様性の点検に興味はつきないが、ＧＡＦＡＭに代表されるデジタル空間を駆使する情報企業の存在は際立っている。そしてその動向は、一般的な経済情勢から区分される諸要因からの影響が濃厚だ。

日本経済の諸指標やサプライチェーンへの影響を考えるとき、また中国経済の動向を展望するとき、米国のバリュー株を抽出して、フィードバック関係の分析に入ることが有力な方法としてありうる。すでに見たように、中国の外航海運市況と米国バリュー株との動きには、フィードバック関係が成立しているとみなしうる。そこで相対パワー寄与率をとってみると、このことが明瞭になる。バリュー株を構成する企業群は、設備を実装し、ということは通常、借入を増やして建設投資や機械購入という実物投資活動を行い、受注に応ずることを通じて稼働率を高める、という手順になる。もしバリュー株が株価を下方に転ずるとすれば、受注は必ずしも順調ではなく、やがて稼働率も下方に向かうという可能性を示唆するものといえよう。こうした状況においては、中国からの対米輸出の先行きは良好とはいえず、外航海運市況にもこれが映し出されるという関係性、すなわちフィードバックがかかるといえるだろう。

このことは日米の経済活動についてもいえる。物流系のREITの値動きに米国バリュー株からフィードバックがかかっていることは、相対パワー寄与率からも明らかだ。米国における実物セクターの動きに好転の兆しがあれば、米国向けの産業機械に動きが出る。このことは、対米輸出が拡大する前に物流倉庫の稼働率の好転が見られる、という関係性を示している。中国と日本には、この点で同様のフィードバックがかかっているともいえる。

グロース株の大きな動きは米国の金融情勢によって支配される。金融引き締めによって金利が上昇すれば、将来利益の拡大が期待されるグロース株に属する企業群の将来利益の割引率が高まる。結果として、時価総額は足を引っ張られるという関係になる。日本の企業群の経済活動にまったく影響が出ないとはいえないが、関係性、すなわちフィードバック効果は比較的薄いといわねばならない。そういう意味で、米国の株価動向を総じて論ずるよりも、日本への直接的な影響をさぐるうえでは、バリュー株という括りで観察することの意味が重い。逆にいえば、グロース株の動向からのフィードバックがかかる産業分野への日本の関与は限定されているともいえる。

20　バックドア基準と交絡因子の存在

われわれは2021年11月以降のグローバルエコノミーの記述にあたっては、因果解析にかかわって大きな踏み込みが必要だと捉えている。

第1は、物価安定と低金利との組み合わせは、はたして持続するや否やという新命題が生まれたことだ。グローバルエコノミーの下における調達ネットワークの急拡大がもたらす物価安定効果のゆえに、低金利や低物価上昇率は半ば永続的に持続しそうな状勢が10年以上も続いた。マクスウェルの悪魔の働きは極めて人工的で、かつその持続性（永久運動）は疑問のはずだが、そうした状況の継続が当然視されるような歴史的瞬間がないわけではない。

しかし、ここにウクライナ戦争が勃発し、エネルギー供給の遮断の恐れは全面化した。そしてロシアと中国とは専制主義体制として並んで対置され、供給のネットワークの近未来のあり様を巡って derisking という動機が民間企業群にも押し寄せた。ネットワークにかかわっては decoupling が、将来へのさらなる関与姿勢については derisking が、という2つの視点が全面化することになる。財の需給との関連でいえば、当然のことながらインフレ要因としての関連（交絡）が発生する。こうした従来のネットワークの遮断の恐れは、システミックリスクに繋がるひとつの要因となる可能性もある。インフレ圧力、decoupling、deriskingは、2021年までは潜在的でしかなかった。

また交絡因子として、各国中央銀行のバランスシート問題も抽出せねばならない。COVID-19の突然の登場による経済遮断がもたらす影響の軽微化を図るため、2020年の春からは各国の中央銀行はバランスシートの拡大のペースを上げるかたちで対応した。これが金融資産価格を引き上げることに寄与したことは間違いない。そして感染症への恐れと金融資産評価額の上昇は、米国において高齢者の離職率の上昇に繋がった。賃金の引き上げで職務の持続性担保を図るというやり方が、2021年に入ると米国で次第に一般的となった。パウエルFRB議長が過小評価したのは、このことの物価上昇への影響であった。そしてウクライナ戦争が物価上昇圧力に直結する段階になると、各国中央銀行はまず肥大化したバランスシートの是正に入らざるをえず、さらには圧縮へと対応を強める以外になかった。図4のZ_2からZ_3への影響が有意に検証されることが望まれたが、実際にはまずハイリスクの金融商品に大きな影響が及んだといえる。システミックリスクが顕在化するにあたっては、こうしたバックドアの基準（クライテアリア）が稼動していたといえよう。

2023年3月からは、システミックリスクの顕在化にかかわる命題が急浮上した。結果として、銀行セクターは与信増に慎重になることも予想され、2023年下期から24年の上期にかけて、その影響が需要水準の下押しというかたちをとる可能性も出てきた。そしてこの検証過程において、MARモデルによる予測経路の導出に関心が寄せられることになる。

図4　バックドア基準と交絡因子

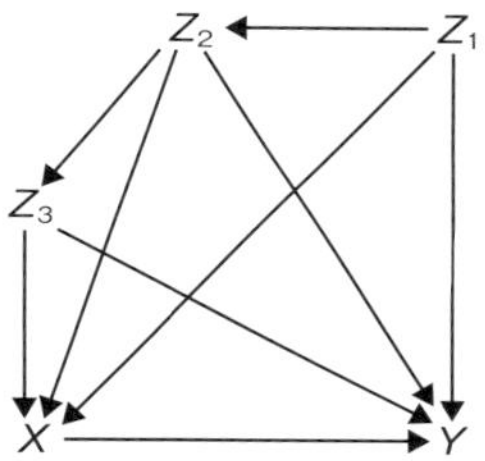

X：ハイリスク・ハイリターンの金融商品動向
Y：システミックリスクの顕在化命題
Z1：インフレ圧力にかかわる交絡因子
Z2：諸中央銀行のバランスシートの拡大（圧縮）にかかわる交絡因子
Z3：物価と金利の動向にかかわる交絡因子

グローバルエコノミーの骨格に大きな変化を及ぼす諸要因を並べ上げ、かつその相互関係を見極めることは簡単ではなく、経済データにかかわっていえば、不十分な整備状況といわざるをえないだろう。しかし、因果解析という一点にこだわって展望を開こうとするとき、ひとつの新事実の登場によって、事柄と事柄との相互関係にかかわってどのような関連性が浮上するのか、という考察ならば開始できるであろう。そして絡みあう因子を拾い上げながら、影響が及ぶ方向性についての表記も可能になるかもしれない。諸因子の変化をデータ群として確実に整備するには準備も必要だが、その前に、予測したい変数に裏側からでも影響を及ぼすであろう因子と、因子と因子との関係性の把握が重要であろう。バックドアからの差し込みがあるのか、それともバックドアの段階で抜き去る操作を想定するかはともかく、表での反応を引き起こす要因とは区別されるバックドアからの影響経路についての考察が望まれる。そして、こうして拾い上げた交絡因子については、トレンドの部分を外した周期的変動にかかわって、バックドアからの関与についての寄与率を導き出すことができる。われわれは、交絡因子によるパワー寄与率を表示しつつ、因果解析を前に進めることができるだろう。新しい発見が因果解析を通じて可能になることを信じて作業を前に進める。

21　COVID-19の発生が中国GDP統計の意味を変えた

国際公共政策研究センター（CIPPS）が中国経済の実態を映しとることに注力したのは、中国政府が発表する経済全体の動向を示す、たとえばGDP統計が余りにも不正確だったからである。中国で売上を計上している進出邦人企業の約60の事業現場からの月次報告に接することができる手続きを、各社の本社との間で開始したのは2010年のことである。そして2011年4月からは、これを生データとして活用し、CIPPS中国指数の発表を行うことになった。報告義務を果たしてもらう本社とその在中国の事業所に対しては、中国経済の現況を示すCIPPS中国指数、および他の6変数を使ったMARモデルに基づく予測経路を提示してきた。「情報共同体」の一員という意識が高まったため、脱落事業所は少数にとどまった。そしてその後、新規参加事業所も募ってきた。彼らが評価したのは、中国経済の持つ変動の部分（変動の方向性とその大小）の表示が行われ、かつ予測経路の表示が持つ意味が少なからずあったからだ。何しろ中国政府発表のGDP統計は、何が起きていようとも棒を呑んだような表示だったからである。

ところが、COVID-19がただならぬ状況になると、政府は足元の本当の動向を広く知らしめる必要が生じたといってよい。現状確認と状況改善策の追加的措置の必要性という、政府業務遂行のための当然の共通尺度が求められたといってよいだろう。２０２０年第１四半期からは、従来とはまったく異なる「動きのある」表示が行われるようになった。ＧＤＰの変動の方向性については、ＣＩＰＰＳ中国指数に寄り沿うかたちとなったのだ。あくまでも推測に過ぎないが、中国政府職員のなかの「現実主義者」らは、共通の尺度なくして施策の正当性を裏付けることは難しい、という主張を従来から続けてきたが、COVID-19によって「守旧派」さえもこうした主張を受け入れざるをえなくなったのではないか。

問われたのは、２０２３年のＧＤＰ統計の発表についてである。ゼロコロナ政策の撤廃後の中国経済像については、当然のことながら見解や見通しは多様であった。２０２２年暮れの段階で中国式のロックダウンが解除されたことから、世界の商品市況には変化が訪れた。銅、アルミ、ニッケルの市況は間違いなく上方に転じた。これが中国経済の復調を裏書きするようなものなのか、それとも持続性に乏しいペントアップディマンド（元に戻るだけの需要拡大）に過ぎないのか、という検証命題が投げかけられた。われわれのモデル選択も真価が問われたのだ。

それでは、ＣＩＰＰＳ中国指数とその予測経路の提示にかかわって、中国経済の骨格の部分における因果解析において決定的なモーメントと、その展開時期は拾い出せるのか。現在進行形で今日もまたその途上と位置付ける以外にはないが、われわれは２０２１年２月からの予測経路の下方展開を注目すべきだと考える。中国共産党の歴史に照らしてみても、決定的だったのではないか。２０２２年秋の中国共産党大会の人事において、最高位の７人の政治局常務委員から共青団出身の人物が消えたが、これは国進民退という事態の人事的反映といえるだろう。ではなぜ、２０２１年２月から予測経路は下に転じたのか。

ジャック・マーの率いるアリババグループは、米国のアマゾングループに匹敵する経営動向を示してきた。プラットフォームの形成によって消費者群を結果として束ねることにより、物販、金融、情報などの多角的ネットワーキングに成果を収めてきた。個人向け金融ネットワークの部分を担うアントグループの上場を企図したのは、当然の成り行きといえよう。しかしこのネットワークが国有銀行群との間にどういう関係性に入るのか、については事前の仕切りはなかったであろう。物販の分野にｅコマースとしてアリババが入り込むとき、結果として割を食ったのは伝統的な小規模販売事業者であったが、消費者金融となると、アントグループの前に立ちはだかったのが、大手の国有銀行だった。どのような抗争の枠組みが生まれたのかについては推測の他はないが、２０２０年11月の時点でアントグループの上場は不成立となった。当時の臆測の多くは、背後における一部の共産党関係者の所在や、汚職の廉で摘発されるはずのネットワーク関係者にかかわる嫌疑であった。ところが２０２１年に入ると、共産党による経済への本格介入が指摘されるようになり、とりわけ情報上のプラットフォームの形成にかかわる民間企業群（代表的なものとしてアリババ、ＳＮＳのテンセント、検索エンジンのバイドゥ）に対して、共産党が明瞭に介入の意図を示し、その最初の適用がマーに対してなされた、という受け止め方が広がった。翌２０２２年の共産党大会を控えて、こうした意図を習近平指導部が持っていることは、そろそろ知らせた方がよい、という広報的視点さえも感じさせるものであった。そして２０２１年8月には突然のように「共同富裕」が唱えられ、この潮流に棹《さお》させば流される可能性は高いと知りつつも、もう無視はできないという雰囲気がビジネス世界に広がった。こうした変化の最初の兆候が確認されたのが、２０２１年2月頃であった。ＣＩＰＰＳ中国指数は業況見通しとしてこれを拾ったのである。２０２２年にかけて指数の改善は見られなかった。

ゼロコロナ政策が展開中だったので、共産党による経済への本格的介入の影響は見過ごされる気配もあったが、実態としてはビジネス部門の萎縮が背後にあったというべきだろう。そこで問われるのは、ゼロコロナ政策が撤廃された２０２３年以降の経済動向ということになる。

22　香港の金融機能の逆転の可能性

２０２３年3月に予定された共産党中央委員会の会議である三中全会にかけて、ポスト「ゼロコロナ政策」の効果と、三中全会における習近平体制の新確立を巡る思惑とが交互に関連して、それなりのまとまったイメージが結果として形成されるという経緯が見られた。ここではまず、香港島の地価の推移を点検してみよう。従来、ＣＩＰＰＳ中国指数と香港島の地価指数は重なるように推移してきたのだ。中国のビジネス環境の動向と香港の地価とがあたかも一体のように推移してきた。コロナ禍においても同様であった。ところが２０２３年に入ると、ＣＩＰＰＳ中国指数とはまったく異なるような上昇テンポとなったのである。

因果解析の骨組みとしては、まず次の2つのシナリオが考えられた。ひとつは、ポスト「ゼロコロナ政策」の成果ゆえに、中国経済は旧来のような活力を取り戻すと考えられることから、香港島の地価にもこれが反映した、というものである。大中華圏という把握の仕方が戻ってくるかもしれない、という推論にも結び付く可能性が秘められていたと表現できたかもしれない。

もうひとつの見方は、香港島の地価を決めるものは、香港の金融機能発揮への期待に関連付けられると一般的に受け止められることから、西側の金融ビジネスの活性化に繋がるような動きが背後であったはず、というものである。それでは、中国経済の再活性化シナリオが香港の金融機能を包摂化する、と表現できるだろうか。

われわれは、中国に実物投資を巡る資金流が再び生まれつつある、とする仮説に対しては否定的である。decouplingを進めようとする米国の議会や連邦政府の動きはいよいよ本格化しつつあり、中国への西側からの直接投資は相次ぐ減額となりつつある。中国内の消費動向も活発とはいえず、ましてや投資の渦が生ずるような展開は考えにくい。共産党による経済活動への介入はこれから本格化するところで、民間投資の渦が観察されることはないだろう。ではなぜ香港島の地価は急上昇し始めたのか。

これは、中国から資金が海外に流れるという動きが強まるなかで、中国の内部に蓄えられた資金の、海外での運用を企てる手助けのための金融活動が活発化しつつある、ということではないか。西側の投資銀行業務のなかには、資金の海外への脱出の支援という項目も厳として存在する。すでに中国の内部には蓄えられた資金の塊がある。運用仲介という業務は、西側の基準でいえば投資銀行業務といえるであろう。中国への西側からの投資が手控えられることから、これにかかわる香港の業務人口はむしろ減少するだろう。しかし他方で、中国を脱出しようとする資金は次々とリストに加えられるという状況が生まれている。三中全会において、共産党トップ層の周辺事情が国内経済運営に直接浸透するという状況の浮上が考えられた。そしてこのことは、2021年以降一つひとつ確認されてきた。一時代前の香港の金融機能は、西側から中国に資金を持ち込む過程にかかわってきた。しかし今後は逆で、西側での運用資金の吸収が香港の役割になるのではないか。

ちなみに、こうした香港島の一時的な地価の上昇動向には、さっそく反転の動きが生じ、傾向的下落に戻った。共産党当局が新しい流れを察知し、これを抑制する手段をとったとも考えられる。

23　簡単ではないフィードバック関係の抽出

変数間に働く因果連鎖は本当に確認できるのか。われわれの目的が予測や制御である場合、その当初の段階において、因果解析の過程のすべてを詳細に記述できるわけではない。すぐに2つの理由は思い付く。

ひとつは、関連するデータ群にかかわっていえば、統計的には未整備だが、因果連鎖の環は想定できる場合である。このときは、未整備の統計データへのこだわりはまず脇に置く。そして、手元に用意できる変数間のフィードバック関係の解析にまず注力し、本来は媒介するであろう変数群についての記述は後回しにする。ということは、当初の因果解析にあたっては傍証を介在させる。もちろん、こうしたやり方については、ストーリーテラー（物語りづくり）を気取るのか、という批判もありうるだろう。しかし、推論が先行して実際には後追い的に因果関係が検証されることも多い。事態の推移の織り込みが、当初の命題にかかわってなされていることも稀ではないからだ。

第2の理由はここに発する。勘のよい行動主体は因果関係にかかわる推論を行い、すなわち、ストーリーの展開の読みとりを行って投資行動や価格設定に出るからである。われわれはこれを中期的な周期のところで相対的なパワー寄与率として確認することになる。

われわれが最初にこうしたストーリーの読み込みを行ったのは、20年以上も遡る。西暦2000年の到来を控えてY2K問題が浮上した。それまでは経営や機器の制御にあたって、時間の表示は、たとえば1996年10月1日ならば01/10/96と表記された。この延長線で考えれば、2000年に入ると日/月/○○と入力されることになる。digital control（数値制御）において、/○○は従来どおりこなせるのか、という疑義が多方面で抱かれることになった。これがY2K騒動を引き起した。制御システムの点検は、生産、流通、運輸、在庫管理などのそれぞれにおいて実施され、それぞれを統御するシステムの点検も繰り返された。結果として膨大な半導体需要にはね返った。こうした経済システムのあらゆる段階での点検もあって、Y2Kの乗り切りに大きな問題は生じなかったが、半導体業界はこれに振り回された。2000年に向かって巨大な需要増が生じ、そしてその後Y2Kが話題から去ると、今度は需要水準の急収縮が生じ、過剰投資や過剰能力の処理という新しい問題群が発生した。日本の半導体産業の足をすくったのはY2Kだった。その後は、半導体のサイクルにかかわっていえば、リスクだけが言い募られる状況と化した。それほど経営への衝撃は大きかった。日本の半導体産業の衰退の原因となったともいえよう。

われわれは、Y2Kのときの異常な機械機器需要の盛り上がりに尺度を与える必要があると考えた。他の経済変数との関連に思いを馳せながらMARモデルに工夫を加えた。Y2Kを介在させない、いわば正常な半導体サイクルに基づく機械受注像が導出された。これに実現値を重ねると、Y

2Kを控えて「異常性」が際立ち始めたことがわかった。21世紀に入ると在庫調整圧力が半端でないことも推測できた。Y2Kという外側から到来したイベントに、結果として振り回されたのが日本の半導体業界だったといえる。

MARモデルによる、「もしY2Kがなかったとすれば」という想定に基づく半導体需要と、実際に生じた半導体需要との巨大なズレについての所見を、日本の半導体産業を担う巨大企業の会長に示した（第6章の図1を参照）。日本の機械受注回復の可能性を示す予測経路を示した2002年のことだが、彼は「この図表1枚が手元にあれば……」と残念がった。少なくともdigitalizationの進展スピードというテーマとの仕分けを担当責任者に指示することは可能だったはずだ、と述べた。フィードバック関係についての抽出と、イベント発生との関連性については、ストーリーテリングの手法の挿入は不可欠のように思われる。これは、命題の検定手続きとは区分された領域における、現実への関与が具体的に求められることの反映ともいえよう。

24　グローバルエコノミーの変容と新しい因果連鎖の登場

21世紀初頭のグローバルエコノミーの特徴は4つあった。第1点は、WTO加盟後の中国の経済成長がかかわるものである。第2点は、米国経済のデジタル情報基盤の急拡大である。第3点は、韓国・台湾に代表されるアジアの国々の成長が、日本の産業革新の経路をたどるように本格化し、米国市場、そしてしばらくしてからは中国市場への進出を図り、それに成功を収めたことである。第4点は、ＥＵにおける広域的な経済調整手法の練磨のなかで、域内における共通の仕組みづくりが動き出し、排出権取引に代表される標準化手法で世界の先頭を歩み始めたことである。

以上の4点に関していえば、日本は枠外に位置し続けた。しかし逆にいえば、日本経済の動向に関する因果解析において、新しいフィードバックメカニズムにかかわる考察が不可欠なことを証明するものだった。われわれは第2点と第3点とにかかわって、日本経済の回復局面が描き出せるのではないかと、２００1年以降の時点で思うに至った。まず第2点の米国で、サービス産業（非製造業といってもよい）における情報化投資の盛り上がりが観察された。そして台湾や韓国からの情報関連機器の対米輸出拡大が見られた。これが第3点である。そして日本はといえば、半導体関連機器やその製造装置の東アジア向け輸出の堅調が裏付けられた。２００1年からの小泉純一郎政権では、不況だからといって財出拡大予算を組むという政策展開にはならなかった。「日本経済の背骨を折るのか」との発言も官界や財界の一部にはあったが、財政規律維持に関する小泉首相のコミットメントに揺るぎはなかった。しかし、日本経済は底入れから上昇のチャンスを手にしたのだ。

日本の高度成長期においては、米国経済が活況を示せば日本の対米輸出は拡大に転ずるという、比較的単純な因果連鎖が存在した。ここでは全般的なマクロ経済環境の記述で十分だったといえよう。そして輸出環境が悪化すれば、日本財政の出番となり、歳出拡大の予算が組まれるという関係性が色濃く存在した。1965年（昭和40年）が「40年不況」と結び付けられたのは、ただ単に景気が悪かったからではない。このときに戦後一貫して持続してきた均衡財政主義が脇に追いやられ、当初の段階では財政赤字は一時の便法との受け止め方もあったが、このとき以降、財政赤字を前提とした予算編成が続いたのだ。これに賦与された名称が「ケインズ主義」だった。

21世紀に入ったところで、たまたま小泉内閣が登場し、財政規律について従来の内閣よりは格段に踏み込んだ姿勢が示されることになった。他方、2001年から03年にかけて不況局面が到来していた。しかし、グローバルエコノミーの変容は確実に日本の内外に新しい因果連鎖をもたらしていたのである。財政規律への傾斜は「日本経済の背骨を折る」ことに繋がらなかっただけでなく、新しい因果関係の存在を明らかにしたのである。

この間のダイヤグラムを表示すると次のようになる。まず、米国における情報化投資の活況である。インターネットの開放は冷戦構造の崩壊に端を発するが、1995年のWindows 95をきっかけとして大きなうねりが生まれた。Y2K問題が2000年を挟んで生じたが、米国の非製造業の情報化投資は、21世紀に入る頃には本格化した。これがいわゆるGAFAMと総称される情報化企業にとっての仕込み時期と重なったといってよい。

韓国、台湾などからの半導体製品の調達を米系情報企業が行うと、日本の半導体製造機器企業への発注増が続くことになる。もちろん、日本の半導体生産にも米国からの刺激があった。そしてさらに注意深い観察が必要だったのは、台湾や韓国の企業の対中進出が本格化したことである。中国における半導体関連投資の一翼を台湾や韓国の企業群が行っており、結果として彼らは部品調達を中国から行うことになる。中国経済のこの方面での活況は日本にも及んだ。

当時、こうした因果ダイヤグラムの存在を明確に述べる論文は決して多くはなかった。日本にかかわっていえば、ほとんどなかったのではないか。われわれは日本の機械受注の好転という予測経路を導出するなかで、この因果ダイヤグラムを構想する手掛りを得た。

25　経済の前提条件の急変と物価問題からの帰結

「物価上昇が見られず、金利が消えた世界」から「継続的な物価上昇が予想され、にもかかわらず金利上昇率に目処がつけにくい世界」への転換が生じた。米国においては２０２１年秋から、日本については２０２２年夏頃からこうした経済社会の変化が生じたといってよいだろう。それでは、この間の変化を記述することができる経済モデルは存在するだろうか。マクロ経済を記述するモデルに信頼性がない、という指摘は、１９９０年頃には米国の学者の多くがすでに指摘するところだった。ＯＥＣＤ諸国にあっても、マクロモデルで減税や金融緩和の効果を測定する試みは、日本を除いては見られなくなっていた。そして日本でも、こうした政策効果の測定で学術論文が書ける、と考える若い学徒は極端に減っていたといってよい。

それでは、経済の先行きについての関心は低くなったのか。そんなはずはないことは誰でもわかる。若い人々にとって、就業先に見当を付ける作業は決して疎かにできない種類のものだ。年金拠出世代にとって見れば、年金資産の運用成績次第で将来の生活の基本が変化する以上、将来にかけての金融資産価値の変動に注意深くならざるをえない。また年金受給世代にとっては、金融資産価格の変動に関する、運用にあたる受託者の見通し策定は大いに気になるところで、下手をすれば、年金水準の大幅な切り下げさえ想定せざるをえない。このように経済社会を構成する一人ひとりにとって、経済の先行きを展望する手掛りは何をおいても確保したいところだ。

ところが、経済構造を模写するような構造モデルの構築を試みる企ては、ほぼ四半世紀にわたって実質上の成果に繋がっていない。当然のことながら、予測や制御にあたって頼りになるものはないのか、という問いが発せられることになる。そしてときあたかも、経済構造そのものの変化が世界レベルでも加速している。大きなところでは、戦争による破壊行為が次々と観察されることになった。内戦レベルではミャンマーやサブサハラでの事態は深刻化している。そして破壊や死亡者数で巨大な、ウクライナ戦争やイスラエルとガザ地区のハマスとの間での戦闘激化がある。資源価格の下げ要因となる世界的不況が、結果として価格安定化効果を発揮するかもしれない、という逆転情勢さえ生み出されようとしているともいえる。また、サプライサイドの再編という課題が、専制主義国家の膨張とともに訪れようとしている。移行期に伴い、供給側の事情による価格の上昇圧力は避けられそうもない。

(1) 四半世紀以上続いた4つの頑健性の喪失来たる

２０２１年以降は、それまで質的変容を遂げたとでもいわんばかりに受け止められてきた、グローバルエコノミーの骨格に相次いで変化が生じた。それ以前の四半世紀はいったい何だったのか、との問いも生まれようというほどの変容ぶりだ。①ＱＴを不可避とする物価新情勢、②供給網の整備を巡る derisking という視点の登場、③中国経済に中長的不振局面が到来、④中東のエネルギー供給を巡る不確実性の再来、という4要因は、COVID-19という新型感染症の襲来までには予測されなかったもの、といってよい。そしてこの4要因が並列的に、そしてときには相乗りするようにして、グローバルエコノミーに圧し掛かってきたのが実際だ。こうした局面の現状分析を要因ごとの寄与度にかかわって分析するのは、一言でいって困難と受け止められている。

これまで、一般的なマクロ経済分析では構造モデルが使われてきた。そしてこの構造とは、安定性、持続性を前提としていた。ところが、均衡値を導き出す構造方程式群を基準としたモデリングの適用が最も不向きな事態が、足元に到来したといってよい。ということは、ＡＩＣの出番ということだ。よい予測を行うモデルを模索する過程では、モデル選択の繰り返しが行われることになる。ＡＩＣによるモデル選択の肝は、予測の悪さが小さいモデルを選ぶことに他ならない。極めて実務的な使命を帯びたものといえる。われわれは、予測の悪さが許容範囲内のモデルの選択を通じて、どのような変数がいかなる周波数領域のところでどの程度の寄与をしているのか、という視点に従って、状況の記述を試みようとしているといってよい。

(2) 頑健性の喪失の後を襲うもの

こうしたなかで、労働供給にも変化が及びつつある。一言で表現すれば、先進国の労働者の高齢化がある。もちろん各国ごとに特徴はある。米国の場合は、ＱＱＥの時代に勤労者クラスも株式投資に踏み込んだといえる。これが結果として、financial independence（財務的独立）という手持ち金融資産残高の改善に直結し、COVID-19という新型感染症の流行の下での早期退職という選択肢に繋がった。これはＦＩＲＥと呼ばれるようになる。２０２１年になると、賃金水準の上昇が明瞭に観察されるようになった。

日本の場合は、いわゆる団塊の世代の職場からの退出と、新規の労働力の供給減少とが重なる局面の到来がある。物流や建設労働の現場での労働需給の逼迫から始まり、流通や飲食の市場でも人の手当てが難しくなる状況が生まれた。コロナ禍の3年間が終わった頃に、ちょうど供給面からの労働需給逼迫要因が押し寄せたことになる。

物価上昇率と賃金上昇率との時系列的な関係の究明は、いわば古典的なテーマといってよい。しかしわれわれは、多分ここで止まることはできないだろう。経済社会の内部のイノベーションの促進要因としてＩＴ革命がある。ここに労働需給の逼迫という、現場からの経営への打ち返しが生まれることが予想され、ＩＴを含む新規システム投資への動意が生ずるという予測が登場する。そして、こうした投資増が現場の労働需給に与える効果も時系列的に押さえる必要性がある。ここでは反事実（もしそうでなかったとすればどうなったのか）という視点から、現実のなかでの調整過程を把握する必要が生まれる。われわれはこうした過程を把握し、状況の制御を期すために、ＭＡＲモデルにかかわってモデルの再選択を行い、新しい現実に添う努力をすることになるだろう。

量としての消費や投資、そしてその背景にある消費財や投資財の価格体系は、いまやどの時点をとっても変化相のなかにある。そういう意味で、均衡値や均衡する価格体系とは無縁といってよい。それでは、変化相にある変数を、モデル選択を通じて追い続けようとするわれわれの努力は、虚しい試みなのであろうか。われわれは決してそうとは思っていない。変動要因が相次いで登場するグローバルエコノミーにおいて、構造モデルや長期均衡を構想すること自体に無理がある以上、均衡モデルの構築を通じて真理の側にいようとしてもそれは望むべくもない。相互に関連する動きを測る尺度の入手がとりあえずの目標なのだ。ＡＩＣという規準は、われわれにこうした動きを追い続ける覚悟を迫るものだといってよい。永遠の実践者という称号が、得べかりし最もふさわしいものといえよう。

26 「物価と賃金の上昇の好循環は成立するのか」という問題設定の是非

四半世紀ぶりに物価と賃金の凍結が終焉しつつあることをもって、日本経済に好循環が成立し始めたという見方が、政府・日銀の内部で高まりつつある。しかし、これはどこかで他の重要な因果連鎖をあえて断ち切っているのではないか。断ち切られているもののひとつは、仕入れ価格の上昇を、出荷価格の引き上げに容易には転稼できない業種や中小企業等の収益悪化を無視している点である。もうひとつは、労働力人口の減少を背景とした、供給面での企業収益の圧迫要因が十分に取り上げられていないことだ。もし企業収益の圧迫が特定の業種や中小企業に対して差別的に及んでいるとすれば、好循環の成立が妨げられる可能性を無視できない。2023年10～12月期や2024年1～3月期の個人消費には、すでにこうした面からの圧迫要因が働いていたといわざるをえないのだ。

もちろん、好循環論が期待する新産業体系への移行を促す投資増の側面を確認できれば、懸念は減少する。しかし、物価と賃金の上昇が引き起こすであろう因果連鎖の点検にあたっては、事項の関連付けが重要になる。投資増に結び付かない経路についての点検は欠かせない。

物価上昇によって、実質所得の毀損が起きている可能性は誰も否定できない。シュリンクフレーションという厳しい状況の到来である。個人消費のうち、生活のゆとりの消滅とともに、一部の商品の売上は期待外れになりつつある。意図せざる在庫増から在庫調整の開始も見られる。「沖に白波が立つ」という特定の構図が成立しつつあるといってよい。これをデータ群からどのように確認し、かつ、その後についての因果解析をどのように進めればよいのか、という課題が生じているといってよい。沖にある海底の出っぱりが白波を生む原因だとすれば、その海底の出っぱり具合について素描しなければ、その後について、「足元もやがて洗われるだろう」という波及を見通すことはできない。日本経済を構成する諸業種において、大企業と中小企業を区別しつつ、データ群を的確に入手することは簡単ではない。しかし、因果解析に必要な材料を見出すなかで、立論の補強を可能とせねばならない。

すでに第2章で見たように、P&Gの公表四半期データからも、興味深い特定要因の寄与度が周波数領域にかかわって観察できた。世界の180に達する国々での売上が記録されるP&Gの場合でも、グローバル要因として抽出できる変数よりも、特定の地域における一般的経済活動に関する変数が、少なくとも特定の時期においては大きな寄与を生み出しているのだ。これを一般化した命題に仕立て直すと、インターナショナルというよりも、インターリージョナルな因果連鎖枠組みが重要なものとして浮上していることを意味する。
このことは、一般的な経済変数、とりわけ為替レートや長短金利の動向においては、インターリージョナルな要因が決定的に重要である、というわれわれの長年の観察に見合うものともいえる。国際収支動向や資金の流れを展望するとき、われわれはインターナショナルというよりも、インターリージョナルな経済要因に焦点を絞ってきた。このことはミクロレベル（企業ごと）の経営データの展望についても当てはまることなのだ。月次データや週次データに基づいて、ミクロレベルでの経営動向の予測に踏み出すべきだというわれわれの思いは募るばかりだ。

〔質問〕
赤池先生は、経済データも通信データの扱いと同様であると受け止めるべきだとされた。通信データが宇宙からの雑音も、また他領域からの雑音も拾うであろうことは、素人でも類推できる。赤池先生は、経済データもまたこうした状況に対比できるとされた。均衡値の模索に出発点を置くようでは、現実妥当性への到達放棄に他ならないと受け止められたのだ。
では、予測を通じて因果解析に至るというお二人の作業を、最後に例示してもらおうか。

〔回答〕
円建ての金融資産価格の変動に関心を寄せざるをえない、というのが大方の読者の判断だと思われる。通貨変動における尤度（当てはまりの良さ）の分析を通じて、インターナショナルというよりも、インターリージョナル要因の方が、因果関係に迫りうることを示して、結びに替えたい。

われわれはウクライナにおける戦争の勃発をきっかけとして、円為替が売り込まれる状況を見てきた。専制主義国家の行動予測資料をいくら集めても、最後はその体制のトップの行動様式次第だ、という予備的結論に行きつかざるをえない。となれば、ロシアにおけるのと同様、中国や北朝鮮についても状況は同様だということになる。世論調査において、日本の保有する軍事力の充実は欠かすことのできない視点だ、という問いに対して「然り」との回答は確実にこのとき以来増えた。問題は、軍事支出の増大に対する財政上の対応であろう。①増税、②他の歳出の削減基準の作成、③国債の増発、という3パターンが考えられる。日本以外のいわゆる先進国では、①と②の組み合わせという選択が提示されるが、日本では①も②もなく、もっぱら③ということになりつつある。将来世代へのツケ回しが熟慮もなく、平然と決定されることに、資本市場の内側では違和感が増大した。対ドル円レートが大きく下落に転じたのは、2023年度予算案が論じられるようになった2022年の秋が深くなってからだった。その後は対ドル円レートの底を探る動きを繰り返している。

対米ドル円相場の変動に関する限界寄与率を見ると、1年前後のサイクルにおいて、中国経済要因とタイ・バーツの動向が意味を持ってくる。中国の鉄鉱石在庫の変動がピックアップされたのは、日本経済は中国経済要因を遮断できていないというインターリージョナル要因を拾ったからであろう。では、タイ・バーツの推移が拾われたのはなぜか。われわれはタイ・バーツの対米ドル相場を点検する。第1に指摘すべきは、尤度という把握がすぐ思い浮かぶことだ。ほぼ同じときに円とバーツは売られたり、多少の回復局面を迎えたりしているのだ。バーツの場合は中期的波動のところで、ブラジルの鉱工業生産や銀価格を拾っているが、これは中国経済要因の拾い方のひとつの表れと見ることができる。

しかしそれにしても、円とバーツがウクライナ危機以降において、姿見に映し出したようになっていることをどのように受け止めればよいのか。タイは軍事政権の成立以来、米国からの兵器は入らなくなり、中国からの兵器に取り替わりつつある。そして選挙は実施されるものの、民意を反映した政権づくりとは程遠くなった。開放経済の下、日本をはじめ各国からの直接投資が相次いだ時期は、完全に過去のものとなった。結果として、東南アジア諸国連合（ASEAN）のなかでも経済成長率は低く、しかも停滞感は際立ってきている。中東や東アフリカへの輸出が盛んだったときの面影はもう見られない。他方、中国経済の影響力は強まってきたが、中国市場の内部では、価格競争が厳しいものになった。対中輸出に依存するという路線も今や考えにくい。

タイ・バーツもまた、インターリージョナルな要因を拾わざるをえなくなっている。結果として、バーツ建ての株式市況も、通貨としてのバーツの動向を反映する。バーツ建ての金融資産価値は減価の方向をたどっている。こうしたタイ・バーツと日本の円とが、その変動において当てはまりの良さという点で際立っている、という事実をどう見るのか、という研究課題が浮上したといえる。

今後、次の3点からの注視が必要であろう。

① 中国経済からの影響力の遮断は、両国ともに容易ではない。

② 国内における構造要因の脆弱性の克服は、将来世代への負担の先送り（日本の場合）であれ、民主主義からの逸脱（タイの場合）であれ、すでに歴史性を帯び始めていることから容易ではない。

③ インターリージョナルな要因から抜け出すことは簡単ではない、と考えられることから、通り一遍の国際協調主義の主張にとどまっていては、事態の改善は期しがたい。

われわれは、経済予測のためのMARモデルを通じて、因果解析の道に踏み出した。そして、拾い上げた多様な因果の関連性に正直驚くばかりである。しかし、こうした手法を通じて明らかにせねばならない経済事象は、いままさに増加の一途をたどっている。読者諸氏とともに、因果解析の道をたどり続けたいものだ。

図　機械受注の逐次予測（1998年１月～12月）

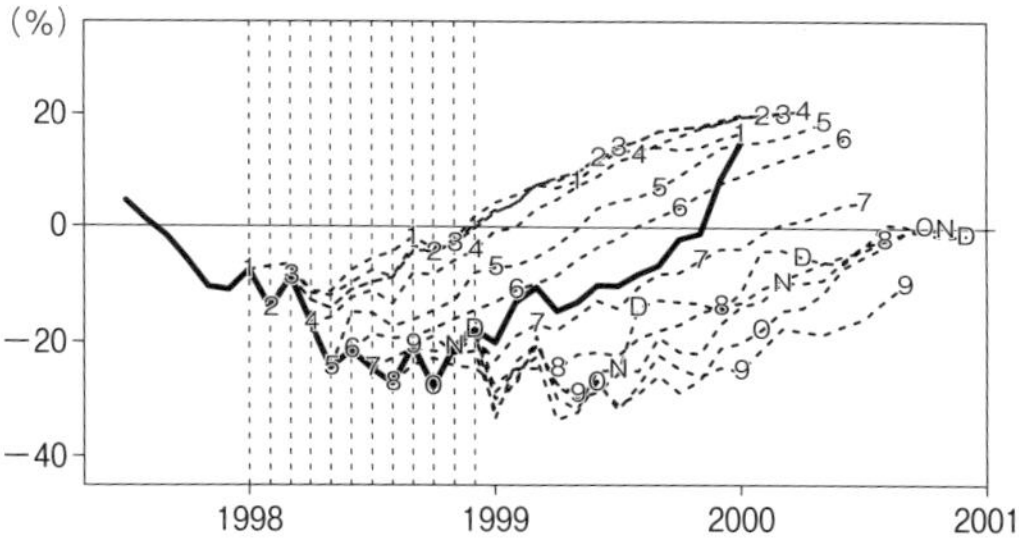

注：実線は実績値（機械受注)、破線は各月までのデータに基づいた予測値。

タ（B_i など）と、現在から l 時点前までのデータによって構成される。各時点でのパラメータの変化についてはそれほど大きくないと考えられるので、予測値のパスの大きな「ぶれ」は、直近の観測値に何らかの変化が起きたと考えるのが自然である（通常は、より現在に近い時点のデータに大きな比重がかかっているのが普通である)。また、パラメータに大きな変動があるとすれば、それを引き起こすぐらいの「異常値」が観測されたことになる。いずれにせよ、前時点と比べたときの予測値の変化に、現時点の状態が表されているといえる。

通常、経済システムは、時系列解析や統計解析で想定されるような定常的なシステムではない。したがって、そこから得られる予測値は、構造変化等が起きると信頼できないものになってしまう。われわれが採用した手法の特徴を述べると、この性質を逆に応用して、予測値を足元の状態を計る尺度として活用しようとする試みといえよう。

図では、1998年の機械受注に対する逐次予測を描画した。破線は、各月の６変数データを観測し、その都度モデルを推定して予測したものである。システミックリスクの顕在化過程が表示されたといえよう。

たとえば、「５」と入っている破線は、５月までのデータを入れて６変量自己回帰モデルを推定して（ラグの同定も含む)、そのパラメータと直近の６変数のデータから機械受注の予測値を求めプロットしたものである。月を追うごとに大きく変化していることがわかる。

$$\boldsymbol{y}_t = \mathrm{C}_0\boldsymbol{y}_t + \mathrm{C}_1\boldsymbol{y}_{t-1} + \mathrm{C}_2\boldsymbol{y}_{t-2} + \cdots + \mathrm{C}_l\boldsymbol{y}_{t-l} + \boldsymbol{e}_t$$

ただし、$\boldsymbol{e}_t$の分散共分散行列は対角行列で、C_0は下三角行列（対角成分とそれより上が0の行列）とし、同時的な相関を表す部分とする。この式の未知パラメータを、左辺の変数ごとに最小2乗法により推定する。l のとり方は、以下のAICの最小化によって決定する（被説明変数ごとに異なってもよい）。

$$\mathrm{AIC}_i = N\log(\hat{\sigma}_i^2) + 2kl_i + \mathrm{const}$$
$$l_i : \min \mathrm{AIC}_i \quad \rightarrow \quad l_i^{maic}$$

なお、$\hat{\sigma}_i^2$は誤差分散の推定値である。係数の推定ができたら、上式を以下のように変形する。

$$\begin{aligned}\boldsymbol{y}_t = &(\mathrm{I}-\hat{\mathrm{C}}_0)^{-1}\hat{\mathrm{C}}_1\boldsymbol{y}_{t-1} + (\mathrm{I}-\hat{\mathrm{C}}_0)^{-1}\hat{\mathrm{C}}_2\boldsymbol{y}_{t-2}\\ &+ \cdots + (\mathrm{I}-\hat{\mathrm{C}}_0)^{-1}\hat{\mathrm{C}}_l\boldsymbol{y}_{t-l} + (\mathrm{I}-\hat{\mathrm{C}}_0)^{-1}\hat{\boldsymbol{e}}_t\end{aligned}$$

これを整理すると、

$$\boldsymbol{y}_t = \mathrm{B}_1\boldsymbol{y}_{t-1} + \mathrm{B}_2\boldsymbol{y}_{t-2} + \cdots + \mathrm{B}_l\boldsymbol{y}_{t-l} + \hat{\boldsymbol{e}}_t'$$

となり、同時相関を考慮したモデルの推定ができたことになる。

予測

上記で推定したパラメータを使って、p期先までの予測値を考える。

$$\hat{\boldsymbol{y}}_{t+p} = \mathrm{B}_1\hat{\boldsymbol{y}}_{t+p-1} + \mathrm{B}_2\hat{\boldsymbol{y}}_{t+p-2} + \cdots + \mathrm{B}_l\hat{\boldsymbol{y}}_{t+p-l}$$

というかたちで予測値が与えられる。ただし、$\hat{\boldsymbol{y}}_s = \boldsymbol{y}_s$（$s$が$t$以下のとき）である。

逐次的に適用することにより、p期先の予測まで計算することができる。これに、初めに引いた平均値を足すことで予測値ができる。この方法で計算される予測値を、さらに各時点で繰り返し推定していく。なお、各時点でMARモデルの係数や次数なども推定し直すことにする。こうして、各時点からp期先までの予測値が求まり、その予測パスの変化をもって変化の尺度とする。

この予測値は文字どおりの予測という側面以外に、推定期間のなかで見た現在値（および直近のl時点の値）の評価を表すと考えられる。上で解説したように、予測値は推定期間（データ期間）から求められるパラメーも利用することにする。すでに述べたように、MARモデルを当てはめると、その係数と過去数期の値から将来の値の予測値が簡単に導出できる。つまり、予測値は推定された係数の構造を表すひとつの尺度であるといえよう。そこで、逐次的にパラメータを推定し、数期先までの予測値を描くと、その変化をもって足元の状態を示していると解釈できる。したがって、前期に行った予測と今期の予測の違いは、パラメータの変化と直近のデータの変化の反映であるといえ、現在の状態の変化を探る手掛かりになる。

ここでは上記で見たような、経済データから足元の経済状態を評価するやり方について解説を行う。まずは変数の選択を行うが、とりあえず関心の対象となる時系列を選び出し、これに対して適切と思われる変数を見つけていく。いくつか候補がある場合はAICによって選択することも可能である。変数の数は得られるデータの長さによって変わりうる。そうして選んだ変数に対して適切な変換を施して定常化し、MARモデルの当てはめを行う（トレンドを外すという操作は、この定常化に対応するものである）。

MARモデル

$$\boldsymbol{y}_t = \mathrm{C}_1\boldsymbol{y}_{t-1} + \mathrm{C}_2\boldsymbol{y}_{t-2} + \cdots + \mathrm{C}_l\boldsymbol{y}_{t-l} + \boldsymbol{e}_t$$

ただし、$\boldsymbol{y}$はk次元の観測値ベクトル、$\boldsymbol{e}$はk次元のノイズベクトル、Cはk行k列の係数行列である。たとえば、kが2、lが1のときは、

$$y_{1,t} = c_{11}y_{1,t-1} + c_{12}y_{2,t-1} + e_{1,t}$$
$$y_{2,t} = c_{21}y_{1,t-1} + c_{22}y_{2,t-1} + e_{2,t}$$

となる。MARモデルを当てはめるということは、変数間の複雑な関係を一次近似することに相当し、上記のように現在のある変数の値は、それ自身の過去値と他の変数の過去値との線形和で表現されるというモデルである。

推定の実際

モデルを当てはめる前に、各系列の平均を求めてそれを引いておく。

$$y_{i,t} = Y_{i,t} - EY_i$$

実際の推定では、TIMSAC（TIMe Series Analysis and Control program package）法によるやり方を採用する。以下のような式を考える。

付録：多変量自己回帰（MAR）モデルを用いた逐次予測の手法

複数の経済変量が与えられたとき、その変数間の関係を調べるのによく用いられるのが（同時）相関を見る方法である。そして、変数間に関係があるとわかれば、回帰式を使ってモデル化するというのが一般的なやり方である。しかしながら、これだけでは時間差を伴う関係については捉え切れない。そこで、時間差をおいて相関をとった相互相関を考えるやり方がある。これをもとにモデル化したのが、多変量自己回帰（Multivariate Autoregressive：MAR）モデルである。

MARモデルでは、変数の選択さえ行えば赤池情報量規準（Akaike Information Criterion：AIC）によってほぼ自動的にモデルの当てはめを行うことが可能である。後で見るようにMARモデルでは、ある変数の今期の値は、自分自身および他の変数の過去の値の線形結合によって表される。これは、モデルの構造上、過去の値から将来の値を予測することが容易であることを示している。また、それぞれにかかる係数（パラメータ）は、モデルにとっては各変数間の関係を表す重要なもので、与えられたデータセットから推定される。変数間の関係が安定的であればこの係数はほぼ一定の値をとることが期待されるが、不安定であれば時間とともに変化する可能性がある。そこで、ここでは各時点でパラメータを逐次的に推定していくやり方を採用することにする。これによって、経済構造の変化を抽出することが可能になる。

次に、MARモデルを当てはめると、多数のパラメータの推定値が得られる。その値だけを眺めていても、そこから背後にある関係を見出すことは不可能であろう。そこで、得られたパラメータを解釈する方法が必要になってくる。時系列分析でよく行われるのがパワー寄与率の計算である。寄与率の詳しい解説については本書の範囲を超えてしまうので、専門文献を参照していただきたいが、簡単に説明すると、変数間の関係をいろいろな周期の波の強さで表現したものといえる。この量はMARモデルのパラメータから自動的に計算されるもので、変数間の因果関係を調べる鍵となる。また、ある変数に一時的なショックを入れた場合、他の変数がどのような影響を受けるかを表すインパルス応答などを調べるのも有効である。

さらに、時系列モデルが予測に威力を発揮することから、これについて

田中直毅（たなか・なおき）

株式会社 CIPPS 理事長
1968年、東京大学法学部卒業。1973年、東京大学大学院経済学研究科修士課程修了。21世紀政策研究所理事長等を経て、2022年より現職。この間、金融審議会委員・会長等、多数の政府審議会委員を歴任。
著　書
『中国大停滞』（日本経済新聞出版社、2016年）
『グローバル・エコノミー：アメリカの世紀からの巣立ち』（NHK 出版、1988年）
など多数。

佐藤整尚（さとう・せいしょう）

東京大学大学院経済学研究科准教授
1991年、東京大学経済学部卒業。1995年、東京工業大学大学院総合理工学研究科博士課程単位取得満期退学。2000年、博士（工学）取得。統計数理研究所データ科学研究系准教授等を経て、2013年より現職。
著　書
『計算統計 II：マルコフ連鎖モンテカルロ法とその周辺（統計科学のフロンティア)』（共著、岩波書店、2005年）

経済《けいざい》予測《よそく》と因果《いんが》解析《かいせき》

AIC《えーあいしー》（赤池《あかいけ》情報量《じょうほうりょう》規準《きじゅん》）が示《しめ》す世界経済《せかいけいざい》のこれから

●―――2024年11月15日　第1版第1刷発行

著　者――田中直毅《たなかなおき》・佐藤整尚《さとうせいしょう》
発行所――株式会社　日本評論社
〒170-8474　東京都豊島区南大塚3-12-4　振替：00100-3-16
電話：03-3987-8621（販売）　03-3987-8595（編集）
https://www.nippyo.co.jp/
印刷所――精文堂印刷株式会社
製本所――株式会社難波製本
装　幀――山崎　登・蔦見初枝
検印省略

Printed in Japan
ISBN 978-4-535-54064-4